U0922795

《史记》故事导读

王国忠 编著

黄河出版传媒集团
阳光出版社

图书在版编目（CIP）数据

《史记》故事导读 / 王国忠编著. -- 银川：阳光出版社, 2021.1
ISBN 978-7-5525-5766-4

Ⅰ. ①史… Ⅱ. ①王… Ⅲ. ①中国历史-古代史-纪传体-青少年读物 Ⅳ. ①K204.2-49

中国版本图书馆CIP数据核字(2021)第031542号

《史记》故事导读　　王国忠　编著

责任编辑　李少敏
装帧设计　赵　倩
责任印制　岳建宁

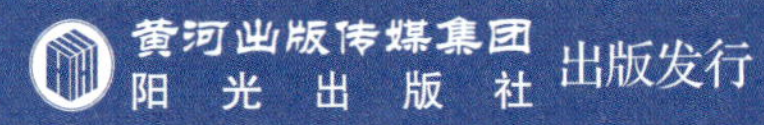

出 版 人　薛文斌
地　　址　宁夏银川市北京东路139号出版大厦（750001）
网　　址　http://www.ygchbs.com
网上书店　http://shop129132959.taobao.com
电子信箱　yangguangchubanshe@163.com
邮购电话　0951-5047283
经　　销　全国新华书店
印刷装订　宁夏凤鸣彩印广告有限公司
印刷委托书号　（宁）0020040

开　　本　710 mm × 1000 mm　1/16
印　　张　18.25
字　　数　240千字
版　　次　2021年1月第1版
印　　次　2021年2月第1次印刷
书　　号　ISBN 978-7-5525-5766-4
定　　价　32.80元

前 言

《史记》应该属于所有爱读书的人。

《史记》里的故事应该属于每一个华夏儿女。

《〈史记〉故事导读》，是献给不同年龄、不同文化层次的人的一本书。

书中的故事，全部选自《史记》原著，是文言体。虽是文言，但故事性、文学性、趣味性很强，也很有历史价值，经过编者的注释、导读后，不同文化层次的读者可各取所需。

全书共138个故事。其中，本纪24个，世家34个，列传80个。

编排上，先注释字词，对于较难读准的字音和较难理解的词句，用加黑字体的方法标示，并注释。再概述选文与原著相关的故事情节，使读者能在欣赏选文故事的基础上了解原著内容。最后引导阅读、评述选文故事。

选文尽可能选自一个完整的段落，如果不在同一段落，段落之间用空行隔开。同一个故事中，相同的词在几处出现时，只要意义相同，只注释前面的词。同一篇传记，选了几个故事时，只在第一个故事后叙述本篇传记的情节内容。

选文的标点符号，采用中华书局2014年版三家注《史记》,但个别并列名词或短语,为了便于读者理解,编者改为顿号。选文中涉及的年代、地名、官职,依据韩兆琦《史记评注》。选文字句的解释参考了三家注《史记》和李炳海《史记校勘评点本》。

本书旨在把《史记》这部富有创造性的史书与精美的文学作品,故事化地介绍给不同层次的读者,让他们在这些非常精彩的故事中体味历史的深邃,感悟文学的精妙,领略中国古代文化的博大。

如果读者是一个幼儿,晚上躺在床上听妈妈讲《史记》里的故事,是一种熏陶,也是一种历史与文化的积累。

如果读者是一个中学生,紧张的学习之外,欣赏一两个《史记》里的故事,是一种休憩,也是一种不知不觉中文言文阅读能力的提高。

如果读者是一个成人，尤其是一个喜爱中国传统文化的成人,闲暇之时,品读《史记》里的故事,是一种雅趣,也是一种享受。

然而,囿于能力,或选珠漏珠,或注释疏误,或导读失准,或评述偏颇。在此,敬请批评指正!

编 者

2020年12月

目录 CONTENTS

本纪部分

世家部分

列传部分

本纪部分

黄帝的传说

黄帝者，少典之子，姓公孙，名曰轩辕。生而**神灵**（有灵性），**弱**（幼弱，此指出生不久）而能言，幼而**徇齐**（思维敏捷），长而**敦敏**（敦厚勤勉），**成**（成年，二十岁）而**聪明**（耳聪目明，此指见闻广、能明察）。

轩辕之时，神农氏**世**（后代）衰。诸侯相侵伐，暴虐百姓，而神农氏弗能征。于是轩辕乃**习**（演习，操练）用**干戈**（干：gān，盾牌。戈：一种兵器），以征**不享**（不来朝拜的诸侯），诸侯**咸**（都）来**宾从**（归顺）。而**蚩**（chī）尤最为暴，莫能伐。炎帝欲侵**陵**（通"凌"）诸侯，诸侯咸归轩辕。轩辕乃修德**振兵**（整顿军旅），**治**（研究）**五气**（金、木、水、火、土），**蓺**（yì，种植）**五种**（五谷），抚万民，**度**（duó，丈量）四方，教熊**罴**（pí）**貔**（pí）**貅**（xiū）**貙**（chū）虎，以与炎帝战于**阪**（bǎn）泉之野。三战，然后得其志。蚩尤作乱，不**用**（听从）帝命。于是黄帝乃**征师**（征调军队）诸侯，与蚩尤战于**涿**（zhuō）鹿之野，遂**禽**（通"擒"）杀蚩尤。而诸侯咸尊轩辕为天子，代神农氏，**是**（这）为黄帝。

——《五帝本纪第一》

【故事导读】

中华民族有着五千多年的历史，今天，我们常说的"三皇五帝"之"五帝"即《史记·五帝本纪第一》记载的五个部落首领——黄帝、颛顼（zhuān xū）、帝喾（kù）、尧、舜。由于时代久远，史料缺乏，《五帝本纪第一》对五帝事迹的记载都非常简略。在记载五帝之首——黄帝时，司马迁通过漫游各地、实地考察，把民间传说与《春秋》《国语》等材料结合起来，写成了较为完整的黄帝事迹。

黄帝本姓公孙，名叫轩辕，出生不久，全家就搬到姬水，因此后来改姓姬；因为他带领人们在北方黄色的土地上耕种，所以被称为“黄帝”。

轩辕时代，正是神农氏统治的衰落时期。当时，四方诸侯相互争斗，百姓饱受战争之苦，神农氏却没有能力阻止。于是，轩辕用武力讨伐那些不驯服的诸侯，诸侯们纷纷归服他。轩辕实行宽厚仁爱的政策，给归顺的诸侯和百姓划分土地，教导他们根据土地的情况适时播种五谷，让人们安居乐业。同时，轩辕整顿军队，习练武艺，与神农氏部落首领炎帝在阪泉大战。经过三次较量，炎帝败北，同意与轩辕联合。

部落首领中，蚩尤实力强大而凶暴，不服从轩辕的命令，兴兵作乱，轩辕率领各诸侯军在涿鹿与蚩尤展开决战，最后将蚩尤活捉、处死，并平定了其他部落的作乱，统一了中原大地，成为各部落联盟的首领。随后，黄帝率众登上泰山之巅，会合天下诸部落，举行隆重的封禅大典，告祭天地。从此，黄帝被尊奉为天子。

尧让天下

尧**立**(在位)七十年得舜,二十年而**老**(告老),令舜**摄行**(代理)天子之政,荐之于天。尧**辟**(通“避”,退位)位**凡**(共)二十八年而**崩**(死。天子死叫“崩”)。百姓悲哀,如丧父母。三年,四方莫**举**(奏)乐,以思尧。尧知**子**(儿子)丹朱之不肖,不足授天下,于是乃**权**(变通,灵活处理)授舜。授舜,则天下得其利而丹朱**病**(损害);授丹朱,则天下病而丹朱得其利。尧曰“终不以天下之病而利一人”,而**卒**(最终)授舜以天下。尧崩,三年之丧毕,舜**让辟**(让位)丹朱**于**(到)南河之南。诸侯朝**觐**(jìn,朝见帝王)者不**之**(到)丹朱而之舜,狱讼者不之丹朱而之舜,讴歌者不讴歌丹朱而讴歌舜。舜曰“天也夫”,而后之**中国**(一国之中心,即首都)**践**(登上)天子位焉,**是**(这)为帝舜。

——《五帝本纪第一》

【故事导读】

尧是继炎帝、黄帝之后又一个很有威望的首领。他身为天下部落联盟的首领,住的是茅草屋,吃的是粗茶淡饭,穿的是粗布衣服。当人们劝他不要这样时,他却回答:“我之所以如此,就是想让你们都吃饱穿暖,过上富裕的生活,你们是我的臣民,我怎么忍心看着你们受苦而我自己去享乐呢?”听了这些话,人们非常感动,更加信任他、敬仰他。尧善于招纳贤才,让他们发挥特长。他任命羲氏、和氏推导日月星辰的运行规律,制定历法,把一年定为三百六十六天,确定春、夏、秋、冬四季,设置闰月,让人们依时按节从事生产。

除以上事迹外,《五帝本纪第一》还写了尧的六件事:洪水泛滥,尧征询四方诸侯长的意见,任用鲧(gǔn)治水;在帝位继承人上,他民主协商、从善纳谏,接受四岳建议,决定让位于舜;为了慎重,他把两个女儿娥皇、女英嫁给舜,通过女儿考察舜的德行;派舜负责推行德教,教导臣民以"五典"——父义、母慈、兄友、弟恭、子孝行事;让舜总管百官,处理政务,负责接待四方诸侯,百官服从,百事振兴,诸侯们和睦相处;让舜独自前往山林经受大自然的考验,在暴风骤雨中,舜不迷失方向,显示出很强的生存能力。经过三年考察,尧在太庙举行禅位典礼,舜正式登上天子之位。二十八年后,尧崩,"百姓悲哀,如丧父母"。

《尧让天下》描述了尧让天下时的思想过程。他认为,帝王的宝座应该属于贤人,而不是父死子继。在他眼里,儿子丹朱不成才,凶顽不化,他不能为了儿子而损害天下人的利益。于是,经过三年的多方面考察,他决定禅位于舜。这种不以天子之位私有化,帝位传贤不传子的禅让行为,使他成了几千年历史中贤君圣主的楷模。对此,孔子曾大加赞扬:"大哉,尧之为君也!巍巍乎!唯天为大,唯尧则之。荡荡乎!民无能名焉。"

大禹治水

当帝尧之时，**鸿**（大、洪）水滔天，浩浩**怀**（包围）山**襄**（冲上，淹）**陵**（丘陵），下民其忧。尧求能治水者，群臣四岳皆曰**鲧**（gǔn）可。尧曰："鲧为人**负**（违背）命**毁**（毁坏）族，不可。"四岳曰："**等**（相同，一样）之未有贤**于**（比）鲧者，**愿**（希望）帝试之。"于是尧听四岳，用鲧治水。九年而水不息，**功用不成**（治水没有取得成效）。于是帝尧乃求人，**更**（又）得舜。舜**登用**（进用），**摄行**（代理）天子之政，**巡狩**（巡视）。行视鲧之治水**无状**（无功劳，无成绩），乃**殛**（jí，诛杀）鲧于羽山以死。天下皆**以**（认为）舜之诛为**是**（正确）。于是舜**举**（选拔）鲧子禹，而使续鲧之业。

禹乃遂与**益**（传说中禹的大臣，掌管山泽）、后稷奉帝命，命诸侯百姓**兴人徒**（调派服徭役的人）以**傅**（通"敷"，布，治理）土，行山**表木**（砍削树木作为标记），**定**（测定）高山大川。禹**伤**（悲伤）先人父鲧功之不成受诛，乃劳身焦思，居外十三年，过家门不敢入。**薄**（节俭）衣食，**致**（表达）孝于鬼神。**卑**（简陋，低矮）宫室，**致费**（花费资财）于沟淢。陆行乘车，水行乘船，泥行乘**橇**（qiāo），山行乘**檋**（jū，登山时穿的有齿的屐）。**左**（身左带着）**准绳**（测定平面、直线的工具），右规矩，**载**（zǎi，记载）四时，以**开**（开发）九州，**通**（疏通）九道，**陂**（bēi，筑堤）九**泽**（湖），**度**（测量）九山。令益**予众庶**（给平民）稻，可**种**（种在）卑湿。命后稷予众庶难得之食。食少，调有余相**给**（供给），以**均**（均衡）诸侯。禹乃行**相**（察看）地**宜**（应该）所有**以贡**（以确定贡赋），及山川之**便利**（交通是否便利）。

——《夏本纪第二》

【故事导读】

禹也称“夏禹”“大禹”。夏是国号，禹是其名，故称“夏禹”；传说他治水有功，是划分九州的大圣人，故称“大禹”。

尧在位的时候，洪水泛滥，淹没了山冈丘陵，百姓流离失所，苦不堪言。尧寻求能治理洪水的人，群臣、首领们推荐了鲧。鲧前往治水，九年过去了，水灾反而更加严重了，百姓怨声载道。于是，尧又任命舜代替天子处理政事。舜通过实地考察，发现鲧治理洪水时一意孤行，没有成效，民愤极大，就处死了鲧。后来，舜任用鲧的儿子禹，让他继续鲧的治水事业。

由于治水有功，生产得以发展，人民安居乐业，禹受禅让而继承帝位。继承帝位后，他首先划定中国版图为九州，然后开始系统地治理山川。他开通了九条山路，疏通了九条河流，深挖了九个湖泊，铺平了国都通往各地的道路，确定了四方诸侯纳贡的五个区域。这样，东临大海，西至沙漠，从北到南，天子的声威到达了四方边陲。从此，民众安宁，天下太平。

大禹治水的故事在中国几乎家喻户晓，世代传颂。大禹治水十三年，跋山涉水，足迹遍布中华大地的每个穷乡僻壤；他兢兢业业，大公无私，三过家门而不入，得到了舜帝的信任，也得到了普天下黎民百姓的尊敬和爱戴，其精神感动着千千万万个胸怀天下的人民公仆。

大禹死后安葬在浙江绍兴市的会稽山上，至今山上还存有禹庙、禹陵、禹祠。作为中华民族的圣贤，浙江绍兴、安徽涂山、湖北武汉、四川汶川、山西夏县等地都有关于大禹的景观和大禹治水的故事。这些景观、故事成为中华民族乃至人类历史上重要的文化遗产。

网开三面

殷**契**(xiè),母曰简狄,有**娀**(sōng)氏之女,为帝**喾**(kù)次妃。三人行浴,见**玄鸟**(燕子)**堕**(掉下)其卵,简狄取吞之,因孕生契。契长而佐禹治水有功。帝舜乃命契曰:"百姓不亲,**五品**(五伦,即君臣、父子、夫妇、兄弟、朋友)**不训**(不顺),汝为司徒而**敬敷五教**(谨慎实施五伦教育),五教在**宽**(宽厚)。"封于商,赐姓子氏。契兴于**唐**(尧)、**虞**(舜)、大禹之际,功业著于百姓,百姓以**平**(安定)。

汤征诸侯。**葛伯不祀**(葛国的国君不祭祀),汤始伐之。汤曰:"予有言:人视水见形,视民知**治不**(治理得好不好。不:通'否')。"伊尹曰:"明哉!言能听,道乃进。君国子民,为善者皆在王官。**勉**(努力)哉,勉哉!"汤曰:"汝不能**敬命**(敬顺天命),**予**(我)大罚**殛**(jí,诛杀)之,无有**攸**(yōu,所)赦。"作汤征。

伊尹名阿衡。阿衡欲**奸**(通"干",求,求见)汤而无**由**(路,门径),乃为有莘氏**媵臣**(陪嫁的人。媵,yìng),**负鼎俎**(背着烹饪的器具。俎,zǔ,砧板),以滋味**说**(劝说)汤,**致**(送达,进言)于王道。或曰,伊尹**处士**(有才德而隐居不做官的人),汤使人**聘**(探访)迎之,五**反**(通"返"),然后肯往从汤,言**素王**(无王、皇名号而有王、皇之实,德高望重的人)及九主之事。汤举任以国政。……

汤出,见野张网四面,**祝**(祷告)曰:"自天下四方皆入吾网。"汤曰:"嘻,尽之矣!"乃去其三面,祝曰:"欲左,左。欲右,右。不**用**(从)命,乃入吾网。"诸侯闻之,曰:"汤德至矣,及禽兽。"

当是时,夏桀为虐政淫荒,而诸侯昆吾氏为乱。汤乃兴师率诸侯,伊尹从汤,汤自把**钺**(yuè,兵器)以伐昆吾,遂伐桀。……

桀败于有娀之**虚**(通"墟",旧址),桀奔于鸣条,夏师败绩。……于是诸侯毕服,汤乃**践**(登上)天子位,平定海内。

——《殷本纪第三》

【故事导读】

殷的始祖是契，契的出生很神奇，他的母亲简狄做帝喾的妃子时在河边洗澡，看见飞翔的燕子身上掉下一颗蛋，她捡起来吃了，结果就怀孕了。后来，简狄生下一个男孩，这个男孩就是契。契长大后帮助大禹治水，因为有功被帝舜任命为司徒，把商(河南商丘市)封赏给他。因此，商便成为商朝的国号；公元前13世纪，盘庚迁都到殷(河南安阳市)，所以商又称“殷商”。

契去世后，经过十四代，成汤继位做了首领。成汤是一个善良仁慈的人。有一次他外出巡查，在一个树木茂盛的林子里看见猎人正在东南西北四个方向张挂捕捉飞鸟的网。网张开后，猎人跪在地上祈祷说:“求老天保佑，网已经挂好了，愿天上飞的，地上跑的，四面八方的鸟兽们，都快快进入我的网中吧！”成汤很惊讶，说:“你这样做实在太残忍了，这不把鸟兽都赶尽杀绝了吗?”于是，他让猎人撤去三面网，留下一面网，祷告说:“你们想往左飞就往左飞，想往右飞就往右飞，想去哪里就去哪里，不听话的就到我的网里来！”然后对那个猎人和随从们说:“对待禽兽也要有慈爱之心，我们要捕捉的只是那一小部分不听天命的，怎么能把它们全都杀了呢?”

夏桀荒淫无道，残害百姓，民众怨声载道，诸侯昆吾氏趁机作乱。商汤指挥大军，先讨伐昆吾氏，随后进攻夏桀。

故事中的成汤，敬天尚德，善良仁慈，对飞鸟尚且网开三面，难怪人们都称赞说:“汤对禽兽都这样关爱，他的仁慈真是达到极点了！”最终汤赢得民心而灭夏，建立了商朝。作歹的资本，最终导致了个人的悲剧，更导致了亡国的灾难。

农师后稷

周**后稷**（主管农事的官），名弃。其母**有邰氏**（氏族名。邰，tái）女，曰姜原。姜原为帝**喾**（kù）**元**（正，嫡）妃。姜原出野，见巨人**迹**（脚印），心**忻**（通“欣”）然**说**（通“悦”），欲**践**（踩，踏）之，践之而身动如孕者。**居期**（怀胎十月）而生子，以为不祥，弃之隘巷，马牛过者皆**辟**（通“避”）不践；徙置之林中，**适会**（正逢）山林多人，迁之；而弃渠中冰上，飞鸟以其翼**覆**（覆盖）**荐**（草席，垫）之。姜原以为神，遂收养长之。初欲弃之，因名曰弃。

弃为儿时，**屹**（耸立的样子）如**巨人**（大人，成人）之志。其游戏，好**种树**（栽种）麻、菽，麻、菽**美**（茂盛）。及为成人，遂好耕农，**相**（观察）地之**宜**（适宜），宜谷者**稼穑**（耕种和收割）焉，民皆**法则**（效法，以之为准则）之。帝尧闻之，**举**（任用）弃为农师，天下得其利，有功。帝舜曰：“弃，黎民始饥，尔后稷播**时**（通‘是’，此）百谷。”封弃于邰，号曰后稷，别姓姬氏。后稷之**兴**（兴起），在陶唐、虞、夏之**际**（时代），皆有**令**（美）德。

——《周本纪第四》

【故事导读】

后稷是周朝的始祖，其部族活动在西北黄土高原。后来，后稷的后代古公亶（dǎn）父为了躲避戎狄的侵扰，率部族离开豳（bīn，陕西彬县、旬邑县一带），移居岐下，并营建城邑。经过公季、文王的苦心经营，到武王时，他率领诸侯，顺应民心，一举灭纣，建立了周朝。

《周本纪第四》和前几篇本纪相比，叙事由略趋详，许多故事细节描写生动传神。古公亶父避戎移居岐下；太伯、虞仲礼让王位给弟弟；文王敬老慈少，不暇食以待士；武王盟津誓师，战于牧野；成公即位，周公摄政；厉王谏谤；召（shào）公舍子救太子；幽王宠爱褒姒（sì），烽火戏诸侯。这些故事流传至今，成为中华民族的经典故事。

后稷的故事是从神话传说开始的。后稷母亲出身高贵，因踩了巨人的脚印而受孕，生下他后认为不祥，就把他扔到一个狭窄的小巷子里，但牛马从他身边经过都躲开不踩他；母亲又把他扔到渠沟的冰上，结果飞鸟飞来用翅膀盖在他身上，垫在他身下。姜原觉得很神异，就将他抱回家。因为母亲一度将他抛弃，故后稷又名弃。他从儿时起就立有大志，喜种五谷，民众效法，天下得利，于是帝尧举其为农师，帝舜封之为后稷。

中华民族是农耕民族，后稷是农耕业的始祖、五谷之神。

烽火戏诸侯

褒**姒**(sì)不好笑,幽王欲其笑**万方**(千方百计),**故**(通“固”,还是、仍然)不笑。幽王**为㷭燧大鼓**(点燃烽燧,擂鼓告急。㷭,fēng,同“烽”),有**寇**(入侵者,敌人)至则**举**(点燃)㷭火。诸侯**悉**(都)至,至而无寇,褒姒乃大笑。幽王**说**(通“悦”)之,为**数**(数次)举㷭火。其后不信,诸侯**益**(渐渐)亦不至。

幽王以虢(guó)石父为卿,**用事**(掌权),国人皆怨。石父为人**佞巧**(奸诈,花言巧语)善谀好利,王用之。又废申后,**去**(废去)太子也。申侯怒,与缯、西夷犬戎攻幽王。幽王举㷭火征兵,兵莫至。遂杀幽王骊山下,虏褒姒,尽取周**赂**(财宝)而去。于是诸侯乃**即**(到)申侯而**共**(共同)立**故**(原来,以前)幽王太子宜**臼**(jiù),**是**(这)为平王,以**奉**(供奉,继承)周祀。

——《周本纪第四》

【故事导读】

《烽火戏诸侯》写的是褒国美女褒姒与西周末代国王幽王的故事。司马迁写褒姒,赋予了其神话色彩。夏朝衰落时,两条神龙降落在宫廷,自称是褒国的两位天子。夏王找人占卜,想知道怎么处理它们才好。占卜的人告诉夏王:既不能杀掉它们,也不能赶走它们,更不能把它们留在宫廷内,只要将它们的唾液收集起来就行了。夏王派人献上祭品,宣读策文,告知神龙。神龙吐下唾液,转身飞去,人们赶紧把神龙的唾液收藏进匣子。夏朝灭亡后,这个匣子被传给了商朝国君;商朝灭亡后,又把匣子传给了周朝国君。三个朝代中,哪个朝代的帝王也不敢打开这个匣子。直到周厉王末年,厉王禁不住诱惑,偷偷打开匣子想看一看,谁知这一看竟使神龙的唾液流了出来,唾液洒在宫廷的地面上,怎么擦也擦不掉。于是，厉王派宫女对着神龙的唾液大喊。神龙的唾液化为一条黑色的蜥蜴，窜入后宫。宫中小婢女碰到了神龙的唾液，成年后怀孕，因“无夫而生子，惧而弃之”。后来，一对夫妇在逃亡途中“闻其夜啼，哀而收之”，带她逃到了褒国，并抚养她。女孩长大后出落得十分漂亮。后来，褒国人犯了罪，怕周王惩罚，就把女孩送到周王宫，这个女孩就是褒姒。

周幽王是个胸无大志、游手好闲、终日寻欢作乐的人。他即位后的第三年（前779年），在后宫见到了褒国献来的美女褒姒。从此，幽王不理朝政，迷恋美色。褒姒不喜欢笑，整日愁容满面，为了取悦褒姒，博其一笑，幽王竟点燃报警的烽火，使各路诸侯长途跋涉，紧急救驾。诸侯们急忙赶到城下救援，只见灯火辉煌，鼓乐喧天，一打听才知道是幽王在取乐，并没有敌人进犯。诸侯们敢怒不敢言，只好愤怒地收兵而回。褒姒见状，开怀大笑。幽王见这样做能使褒姒开口大笑，非常高兴，就一次又一次点燃烽火，戏弄诸侯。结果，犬戎侵犯，边关真正告急时，幽王点燃烽火，却再也无人前来相救了。幽王被砍死在骊山之下，褒姒被掳，西周灭亡。

五张羊皮赎百里傒

五年（前655年），晋献公灭**虞**（山西平陆县）、**虢**（guó，历史上虢有两个，河南三门峡市陕县东南是西虢，郑州市西北是东虢），虏虞君与其大夫百里**傒**（xī），**以璧马赂于虞故也**（晋献公用璧、马贿赂虞君，请求通过虞国向南袭击虢国，结果晋军灭虢后返回时又灭了虞）。**既**（已）虏百里傒，**以为**（以之为，将他作为）秦**缪**（通“穆”）公夫人**媵**（yìng，陪嫁的奴隶）于秦。百里傒**亡秦**（从秦逃亡）走**宛**（yuān，河南南阳市），楚**鄙**（边远地方，此指边境）人**执**（拘捕）之。缪公闻百里傒贤，欲重赎之，恐楚人不**与**（给），乃使人谓楚曰：“吾媵臣百里傒**在焉**（逃到了你们这里），请以五**羖**（gǔ，黑色公羊）羊皮赎之。”楚人遂许与之。当是时，百里傒年已七十余。缪公**释其囚**（解除了对百里傒的囚禁），**与语**（与他谈论）国事。**谢**（推辞）曰：“臣亡国之臣，何足问！”缪公曰：“虞君不用**子**（您，对人的尊称），**故亡**（所以亡国了），非子罪也。”**固**（坚决）问，语三日，缪公大**说**（通“悦”），授之国政，号曰五羖大夫。百里傒**让**（谦让）曰：“臣不及臣友**蹇**（jiǎn）叔，蹇叔贤而世莫知。臣**常**（通‘尝’，曾经）**游**（游学求官）困于齐而乞食**铚**（zhì，安徽宿州市）人，蹇叔**收**（收留）臣。臣因而欲**事**（侍奉）齐君无知，蹇叔**止**（阻止）臣，**臣得脱齐难**（指未卷入公孙无知等人的叛乱，未被齐桓公惩治），**遂之**（到）周。周王子颓好牛，臣以养牛**干**（求取禄位）之。及颓欲用臣，蹇叔止臣，臣去，**得不诛**（指未卷入王子颓的叛乱，未被郑庄公与虢叔所诛）。事虞君，蹇叔止臣。臣知虞君不**用**（重用）臣，臣**诚**（实在）**私**（私下，内心）**利**（贪图）禄爵，**且留**（暂时留了下来）。**再用**（两次采用）其言，得脱；**一不用**（就是这一次没有听他的话），**及**（陷入）虞君**难**（灾难）：**是以**（因此）知其贤。”于是缪公使人厚**币**（礼物，如璧、帛等）迎蹇叔，以为上大夫。

——《秦本纪第五》

【故事导读】

秦本是僻处西陲、被当作夷狄看待的一个小国，后来一步步壮大，成为战国七雄之一，最后统一天下。《秦本纪第五》从嬴(yíng)氏遥远的家世写起，至秦仲帮助周宣王抵御西戎，再到秦仲的长子庄公被封为西陲大夫，秦定居西陲。从庄公开始，经过几代国君到成公，尤其是成公的弟弟缪(通“穆”)公即位后，秦处于强盛期。殽(xiáo)山大战，五张羊皮赎百里傒，乡民报食马之德，收由余称霸西戎等，成为这个时期有名的历史故事。孝公励精图治，商鞅变法革新，秦又一次驶上了强盛的快车道；秦昭王，孝文王，庄襄王，直至秦始皇即位，秦国的领土已占华夏大地的大半。

《五张羊皮赎百里傒》中的百里傒，本是虞国大夫，晋灭虞后他成了俘虏。后来，秦缪公娶晋惠公的姐姐为夫人，百里傒成了陪嫁的奴仆。不久，他从秦国逃往楚国，被边境士卒抓获成为楚国囚徒。秦缪公听说他很有才能，便用五张羊皮赎回了他。用五张羊皮从市井中换回一个囚徒，而且这个囚徒成了一代名相，听来荒诞，却真实存在，让人推想出秦由一个西陲小国变为威震天下、八方来服的强国的原因。

秦缪公智收由余

戎王使由余于（到）秦。由余，其**先**（祖先）晋人也，**亡**（逃亡）入戎，**能晋言**（会说晋国话）。闻**缪**（通“穆”）公贤，**故**（所以）使由余**观**（观察）秦。秦缪公**示**（给他看，炫耀）以宫室、积聚。由余曰：“使鬼**为之**（做这些），则劳神矣。使人为之，亦苦民矣。”缪公怪之，问曰：“**中国**（中原）以诗书礼乐法度**为政**（处理政务），然**尚**（还）时**乱**（祸乱），今戎夷无此，**何以为治**（用什么来治理国家），不亦难乎？”由余笑曰：“此乃中国所以乱也。夫自**上圣**（上古圣人）黄帝**作为**（创制）礼乐法度，**身以先之**（亲自带头执行），仅以**小治**（小太平）。**及其**（到了）后世，日以骄**淫**（淫逸）。**阻**（凭仗）法度之威，以**责督**（要求监督）于**下**（民众），下**罢**（通‘疲’）极则**以仁义怨望于上**（怨恨统治者不仁不义），上下交争怨而相篡弑，至于灭**宗**（家族），皆**以**（因为）此类也。夫戎夷不**然**（这样）。上**含**（怀着）淳德以**遇**（对待）其下，下怀忠信以**事**（侍奉）其上，一国之政犹一身之治，**不**（不需要）知**所以治**（治理的方法），此**真**（真正）圣人之治也。”于是缪公退而问内史廖曰：“孤闻邻国有圣人，敌国之忧也。今由余贤，寡人之**害**（祸害），将奈之何？”内史廖曰：“戎王处**辟匿**（偏僻闭塞。辟：通‘僻’），未闻中国之**声**（音乐）。君试**遗**（wèi，赠送）其**女乐**（歌舞伎），以**夺**（改变，动摇）其志；为由余**请**（请官请禄），以**疏**（扩大）其**间**（隔阂）；留而**莫遣**（不让他回去），以失其期。戎王怪之，必疑由余。君臣有间，乃可**虏**（俘获）也。且戎王好乐，必怠于政。”缪公曰：“善。”因与由余**曲席而坐**（盘膝而坐在同一席上），**传器而食**（同一器皿里的饭食，你吃了我吃，不分彼此），问其地形与其兵势**尽察**（全部了解），而后令内史廖以女乐**二八**（十六个）遗戎王。戎王受而**说**（通“悦”）之，终年**不还**（不迁徙、不换草地）。于是秦乃**归**（放回）由余。由余**数**（屡次）谏不听，缪公又数使人**间**（暗中）**要**（通“邀”，请）由余，由余遂**去**（离开）降秦。缪公以客礼**礼**（礼待）之，问伐戎之**形**（形势）。

——《秦本纪第五》

【故事导读】

西戎是居住在我国西部的少数民族，其大臣由余很有才能，祖先是晋国人，会说晋国话，所以西戎王派他出使秦国，参观学习秦国的治国方法。秦缪公与由余交谈后很欣赏他的才能，为了得到这个人才，他想尽一切办法疏离西戎王与由余，赠送大量珠宝、美女给西戎王以消耗他的意志。由余回到西戎，见西戎王对中原的歌舞非常沉迷，很少过问国事，就屡次劝说西戎王将歌伎舞女送回秦国。西戎王不听。秦国又多次派使者暗中邀请由余，于是由余去戎降秦。降秦后，秦缪公任用由余为将，采用由余的谋略，伐西戎，“益国十二，开地千里，遂霸西戎”。

当时秦缪公已有骞叔、百里傒两位股肱朝臣，而且军事上有百里傒的儿子孟明视、骞叔的儿子白乙丙和西乞术三个名将，但缪公仍四处招揽人才。可见，秦之强大，亦属必然。

李斯奏请焚书坑儒

丞相李斯曰："……丞相臣斯**昧死言**（冒死罪进言）：古者天下散乱，莫之能一（统一），**是以**（因此）诸侯并**作**（起），**语皆道古以害今**（说话都称引古人，非议当今），饰虚言以乱实，人**善**（认为……好）其所**私学**（自己的学说），以**非**（非难，认为……错误）**上**（皇上）之所**建立**（政策、章程）。今皇帝**并有**（统一）天下，**别黑白而定一尊**（分别是非，一切取决于至尊至上的皇帝）。私学而**相与**（一起）**非法教**（非议法令教化），人闻令下，**则各以其学议之**（都各自以他们自己所学的那一套为标准来非议），**入则心非**（进了朝廷在心里诽谤），出则巷议，**夸主以为名**（在君主面前夸耀自己的主张以博取名声），**异取**（故意用不同的观点）以为高，率群下以造谤。如此弗禁，则**主势降乎上**（在上面君主威势就会下降），**党与**（朋党）成乎下。禁之**便**（有利）。臣请**史官**（掌管图书、文籍的官员）非**秦记**（秦朝的历史书）皆烧之。非博士官所**职**（职务），天下敢有藏《诗》《书》、百家**语**（言论、著作）者，**悉诣**（全部送到）守、尉杂烧之。有敢**偶语**（两个人聚谈）《诗》《书》者弃市。以古非今者**族**（灭族）。吏见知不**举**（举报）者与同罪。令下三十日不烧，**黥**（qíng，脸上刺字）为**城旦**（筑城四年的劳役）。所**不去者**（不烧毁的书），医药、卜筮、种**树**（植）之书。若**欲有**（有欲）学**法令**（似衍字，应删去），以吏为师。"**制**（下诏）曰："可。"

——《秦始皇本纪第六》

【故事导读】

秦始皇统一天下后，实行各种新制度，确立"皇帝"称号，确定历法"改年始"，统一度量衡，车同轨，书同文，废除分封制，实行郡县制，结束了中国长达五百年之久的动乱，顺应了中国走向文明进步的趋势，为中华民族奠定了不朽的根基，堪称“千古一帝”。但从始皇二十八年（前219年）开始，秦始皇巡游天下，征伐匈奴、南越；大兴土木，建造阿房宫，修建骊山陵；听信方士谎言，派遣徐市（fú）等人率童男童女数千人入海求仙，寻求不死之药；始皇三十七年（前210年），出游山东，得病而归，至河北沙丘尸横辒（wēn）车；沙丘政变，胡亥即位。

《秦始皇本纪第六》还记录了许多灾异和反常现象。或蝗虫蔽天，瘟疫流行；或冬雷夏寒，天下饥荒；有时彗星划过，有时河龟逆水而上；还有神秘的人深夜持璧遮拦秦使者，预言“今年祖龙死”。除此之外，秦始皇巡游时多次受阻，祭祀泰山时遇狂风暴雨，过江时遭遇大风，水急浪涌。作者把众多灾异写入传记，以灾异衬托当时天怒人怨，苛政失道。

《秦始皇本纪第六》不仅是秦始皇的传记，也是秦二世、子婴的传记。秦始皇倒行逆施，胡亥变本加厉。胡亥与赵高、李斯密谋，秘不宣丧，伪造诏书，以致赵高指鹿为马，朝廷噤声。他为巩固统治，滥杀公子、近臣，大兴土木，极尽享乐。子婴即位，虽有心杀贼，但无力回天，秦王朝的大厦终于在陈胜吴广、项羽刘邦起义的呐喊声中坍（tān）塌了。

《李斯奏请焚书坑儒》记述的是丞相李斯给秦始皇的奏书。李斯的奏言，揭示了当时“焚书”的真正根源。秦始皇统一六国后，妄想长生不老。齐人徐市等人投其所好，上书说海中有蓬莱、方丈、瀛洲三座神山，仙人们都居住在那里。始皇便派徐市带领几千名童男童女前往三山寻求仙人。四年过去了，杳无音讯，始皇又派卢生到海上寻仙，派侯生采长生不死之药。二人明知这是不可能的，但又无可奈何，便私下历数秦始皇重用酷吏、轻视儒生、武断专横之罪。始皇听到儒生们对自己的非议，大为恼火，派御史严加处治。御史要求儒生们必须互相告发，才可免除其罪。儒生们在淫威逼迫之下，只好互相揭发，受牵连的儒生达四百六十多人。最后，秦始皇下令将这些儒生在咸阳全部活埋，史称“坑儒”。

兴建阿房宫

三十五年，**除**（整治，开辟）道，**道**（取道）**九原**（内蒙古包头市）**抵云阳**（陕西淳化县），**堑**（挖）山**堙**（yīn，填塞）谷，直通之。于是始皇以为咸阳人多，先王之宫廷小："吾闻周文王**都**（建都）**丰**（陕西西安市西南），武王都**镐**（hào，陕西西安市），丰镐之间，帝王之都也。"乃**营作**（营建）**朝宫**（接受朝见的宫殿）渭南上林苑中。先**作**（建）前殿阿房，东西**五百步**（约 700 米。当时六尺为一步，一尺约今 23.1 厘米），南北**五十丈**（约 115 米），上可以坐万人，**下**（厅堂的高度）可以**建**（竖）五丈旗。**周驰**（周围）为**阁道**（空中通道），自殿下直抵**南山**（终南山）。**表**（标志）南山之**颠**（通"巅"）以为**阙**（宫门两侧的台观）。**为复道**（建空中通道），自阿房渡渭，**属**（zhǔ，连接）之咸阳，以**象**（象征）**天极**（北极星）**阁道**（星宿名）**绝**（跨越）**汉**（天河）抵**营室**（星宿名）也。阿房宫未成；成，欲更择**令**（美好）名**名**（命名）之。作宫阿房，故天下谓之阿房宫。**隐宫**（宫刑）徒刑者七十余万人，乃分作阿房宫，或作**丽**（通"骊"）山。**发**（采运）北山石**椁**（guǒ），乃**写**（xiè，通"泻"，运输）蜀、荆地材皆至。关中**计**（共计）宫三百，关外四百余。于是立石东海上**朐**（qú，江苏连云港市西南）界中，**以为**（以之为）秦东门。**因徙**（于是迁移）三万**家**（安家）丽邑，五万家云阳，皆**复**（免征赋税徭役）**不事**（服劳役）**十岁**（年）。

——《秦始皇本纪第六》

【故事导读】

阿房宫被誉为"天下第一宫"，与万里长城、秦始皇陵、秦直道并称"秦始皇四大工程"。阿房宫遗址位于西安市西郊十五公里处，被联合国确定为世界上最大的宫殿遗址。

秦始皇统一中国后，为了体现皇帝的尊严和供自己享乐，以咸阳人口众多、宫殿狭小为借口，在渭河以南的皇家园林上林苑营建新的朝宫阿房宫。从始皇三十五年(前 212 年)开始，征调受宫刑的刑徒和其他罪犯七十多万人分别修建阿房宫与骊山陵。《汉书·贾邹枚路传》记载，阿房宫整体规模“东西五里，南北千步”。杜牧《阿房宫赋》形容“六王毕，四海一。蜀山兀，阿房出。覆压三百余里，隔离天日”。由于工程太过浩大，直至秦灭，阿房宫仍未竣工。秦二世即位后，子承父业，下诏征集大批民工，继续修建阿房宫。

选文所述，只是阿房宫的前殿，仅仅是阿房宫建筑群的一部分。但其规模宏大，四周架起的天桥可供驰走，从宫殿之下一直通到终南山，在终南山的顶峰修建门阙作为标志。

病死辒车

至**平原津**（山东平原县）而病。始皇**恶言死**（讨厌说“死”这个字），群臣莫敢言死事。上病益甚，乃为**玺书**（盖着皇帝印章的诏书）赐公子扶苏曰：“**与丧会咸阳而葬**（回来参与丧事，到咸阳安葬我）。”书已封，在中车府令赵高**行**（管）符玺事**所**（处，地方），未授使者。**七月**（第二年的七月）丙寅，始皇崩于**沙丘平台**（河北广宗县）。丞相斯**为**（认为）上崩在外，恐诸公子及天下有变，乃秘之，不发**丧**（丧事消息）。棺载**辒凉**（wēn liáng，一种卧车，后因载尸遂为丧车。凉：通“辌”）车中，**故**（过去，旧日）**幸**（宠幸）宦者**参乘**（陪乘的人，充当警卫、侍应），**所至上食**（宫车所到之处，当地人照常给皇帝进献食物）。百官奏事如故，宦者**辄**（就）从辒凉车中**可**（肯定，批准）其奏事。**独**（只有）子胡亥、赵高及所幸宦者五六人知上死。赵高**故尝**（原来曾经）教胡亥书及狱律令法事，胡亥私幸之。高乃与公子胡亥、丞相斯**阴谋破去**（暗中密谋拆开）始皇所封书赐公子扶苏者，而**更诈为**（又诈称是）丞相斯受始皇遗诏沙丘，立子胡亥为太子。更为书赐公子扶苏、蒙恬，**数**（列举）以罪，**赐**（赐命）死。语**具**（通“俱”）在《李斯传》中。行，遂从**井陉**（xíng，河北井陉县）抵**九原**（内蒙古包头市）。会暑，**上**（皇上）辒车臭，乃诏从官令车载**一石**（秦汉时期一石约合今天30公斤）鲍鱼，以**乱**（混淆）其臭。

行从直道至咸阳，发丧。太子胡亥袭位，为二世皇帝。九月，葬始皇郦山。

——《秦始皇本纪第六》

【故事导读】

始皇二十八年到三十一年（前219—前216年），秦始皇连续到东边沿海、江淮流域以及北边上郡等地巡游，所到之处刻石颂功。始皇三十七年十月（秦历正月），秦始皇第五次巡游。这次巡游是五次巡游中行程最远、历时最长的一次。巡游到平原津，始皇患病；七月（秦历十月），死于沙丘平台。为了防止因皇帝驾崩而天下变乱，丞相李斯、宦官赵高、皇子胡亥三人密谋，封锁死讯，并假造两份遗诏：一份指责太子扶苏为子不孝、将军蒙恬为臣不忠，令他们自杀；另一份立胡亥为太子。

时值暑热高温，车内尸体散发出异臭。为了迷惑随从、掩盖尸体腐臭，三人在车上放上鲍鱼，以混淆其臭。为了继续欺骗臣民，车队摆出继续巡游的阵势，沿沙丘平台绕道当时长城所在地九原，从九原沿秦朝当时修建的直道（类似于今天的高速公路），日夜兼程，返回咸阳。到达咸阳后，李斯、赵高宣布了秦始皇驾崩的消息。胡亥即位，为秦二世。

指鹿为马

八月己亥，赵高欲**为乱**（谋反），恐群臣不听，乃先设**验**（试验），持鹿献于二世，曰："马也。"二世笑曰："丞相误邪？谓鹿为马。"问左右，左右**或**（有人）默，或言马以**阿顺**（迎合）赵高。或言鹿，高因阴中诸言鹿者以法。后群臣皆畏高。

阎乐**归报**（回去禀报）赵高，赵高乃**悉**（全，都）召诸大臣公子，告以诛二世之**状**（情况）。曰："秦**故王国**（本来也是诸侯国），始皇**君**（统治）天下，故称帝。今六国复自立，秦地**益**（更加）小，**乃**（竟然，却）以空名**为**（称呼）帝，不可。宜**为王如故**（像过去一样称王），**便**（有利）。"立二世之**兄子**（哥哥的儿子）公子婴为秦王。**以黔首**（以平民百姓的礼节）葬二世**杜南宜春苑中**（陕西西安市东南曲江池）。令子婴斋，当**庙见**（到祖庙拜祭，会见群臣），受王玺。斋五日，子婴与其子二人谋曰："丞相高杀二世望夷宫，恐群臣诛之，乃**详**（通'佯'，假装）以**义**（道义）立我。我闻赵高乃与楚约，灭秦宗室而**王**（wàng，称王）关中。今使我**斋**（斋戒）见庙，此欲**因**（趁机）庙中杀我。我称病不**行**（往），丞相必自来，来则杀之。"高使人请子婴数**辈**（次），子婴不行，高果自往，曰："宗庙重事，王奈何不行？"子婴遂刺杀高于斋宫，**三族**（灭了三族）高家以**徇**（xùn，巡行示众）咸阳。

——《秦始皇本纪第六》

【故事导读】

赵高利用二世的昏庸，陷害李斯，李斯被囚禁、处死。从此，朝中无人与其分庭抗礼，事无大小任他独断专行。为了让群臣绝对服从自己，赵高指鹿为马，打击陷害忠直的大臣。二世的昏庸残暴，赵高的为非作歹，使秦朝的社会矛盾急剧恶化。反秦起义军蜂拥而起；秦朝大将章邯与楚将项羽在巨鹿大战，损兵折将，受到指责后投奔项羽；赵高欺骗二世“关东盗毋能为也”的谎言被戳穿，六国“皆立为王”，向西攻秦。面对剧烈动荡的局面，赵高“谢病不朝见”，与其女婿咸阳令阎乐、弟弟赵成密谋，由阎乐率兵以缉拿盗贼为借口攻入二世居住的望夷宫，历数二世罪状。眼看大势已去，二世乞求退位为相，被拒；乞求做一个郡王，被拒；再乞求做一个万户侯，被拒；最后哀求做一个普通百姓，仍被断然拒绝。二世自杀。二世被诛后，阎乐回去将情况禀报给赵高。赵高立子婴为秦王，子婴趁机杀了赵高，灭其三族。

《秦始皇本纪第六》后半部分记述秦二世的内容，可读性远胜于前半部分记述秦始皇的内容。

破釜沉舟

项羽已杀**卿子冠军**(宋义),威震楚国,名闻诸侯。乃遣当阳君、蒲将军**将卒**(率领士兵)二万渡**河**(漳河),救巨鹿。战**少**(shǎo,稍微)利,陈余复**请兵**(出兵增援)。项羽乃**悉**(全)引兵渡河,皆沉船,破釜**甑**(zèng,古代做饭用的一种陶器),烧庐舍,持三日粮,以示士卒必死,无一还心。于是至则围王离,与秦军**遇**(相逢,交战),九战,绝其**甬道**(两旁有墙的驰道,此指粮道),大破之,杀苏角,虏王离。涉间不降楚,自烧杀。当是时,楚兵**冠**(位居第一)诸侯。诸侯军救巨鹿**下者**(方面)十余**壁**(军营,营垒),**莫敢纵**(驱,进)兵。及楚击秦,诸将皆从壁上观。楚战士无不一以当十。楚兵呼声动天,诸侯军无不人人惴恐。于是已破秦军,项羽召见诸侯将,入**辕门**(军营门),无不膝行而前,莫敢仰视。项羽**由是**(从此)始为诸侯上将军,诸侯皆**属**(隶属)焉。

——《项羽本纪第七》

【故事导读】

秦末豪杰蜂起,逐鹿天下,二十四岁的项羽无尺寸之地,却在短短三年时间里成为天下霸主,向各路诸侯发号施令,成为天下实际的统治者,这是一个奇迹。司马迁以无限饱满的热情歌颂了项羽在灭秦过程中的丰功伟绩。然而,仅仅过了五年,项羽就一路败北,最后自刎于乌江。对此,作者又寄予了极大的惋惜与同情。

项羽小时候学书不成,学剑也不成,后来学“万人敌”的兵法也半途而废。秦始皇巡游天下,车队浩浩荡荡,项羽指着说“彼可取而代也”,志向非凡。在反秦起义军蜂起之时,叔父项梁设计杀了会稽太守,项羽与项梁第一次有了一支八千人的军队。他们拥立楚怀王的孙子熊心为楚怀王，项羽做次将，在巨鹿与章邯率领的秦军主力决战，破釜沉舟，大获全胜。巨鹿之战结束，秦朝主力部队被消灭，项羽挥师向西，进军秦朝首都咸阳。当听说刘邦已率军抢先入关在咸阳称王时，项羽大怒，遂上演了家喻户晓的鸿门宴。

鸿门宴之后，项羽入咸阳、杀子婴、烧秦宫、收财宝、掳妇女，准备回家乡彭城称王。他不在地势险要、山河为屏、土地肥沃的关中称王，却一心回归故里，这种缺乏远见的举动被人讥讽为沐猴而冠。项羽听到后，将讥讽他的人施以烹刑。他将天下分封为十九个诸侯国，他自立为西楚霸王，率军向东，定都彭城(江苏徐州市)。刘邦被封为汉王，封地在巴蜀、汉中，在前往封地途中，他听从张良建议明修栈道，暗度陈仓，趁齐、赵造反之机平定汉中，杀向彭城。刘邦被围荥阳，“乃用陈平计间项王”，项王中了离间计，谋士范增离开。此时，“彭越数反梁地，绝楚粮食”，项王非常担心军队粮食，遂隔着广武涧威胁刘邦，要煮了刘邦父亲；在刘邦的狡辩、项伯的劝说下，项羽释放了太公。汉五年(前202年)，项羽被围垓下，“兵少食尽，汉军及诸侯兵围之数重。夜闻汉军四面皆楚歌”，于是连夜南逃，终因寡不敌众，觉得自己无颜见江东父老，自刎于乌江，年仅三十二岁。

《破釜沉舟》写的是巨鹿之战中项羽非凡的决心和勇气。楚怀王任命宋义为上将，项羽为次将，率军救赵。宋义率军到安阳后却按兵不动，四十六天过去了，天寒且下大雨，士兵忍冻挨饿。项羽进谏，遭到拒绝，便趁早晨拜见上将之机杀了宋义，自立为上将军。随后，命令将士每人带够三天口粮，砸碎军中做饭的锅，凿沉渡河的船只，以必死之心与秦军作战。两军交战，楚军杀声震天动地，秦军大败。战役结束，各国诸侯拜见项羽时“入辕门，无不膝行而前，莫敢仰视”。

中反间计

汉之三年,项王**数**(屡次)侵夺汉**甬道**(两旁有墙的驰道,此指粮道),汉王食乏,恐,请和,割荥阳以西为汉。

项王欲听之。历阳侯范增曰:“汉易**与**(对付)耳,今**释**(放弃)弗取,后必悔之。”项王乃与范增急围荥阳。汉王患之,乃用陈平计**间**(jiàn,离间)项王。项王使者来,**为太牢具**(准备了牛、羊、猪三牲皆备的食品。这是招待宾客的最高礼节。具:盛放食品的器具,后借指食品),**举**(举起,端来)欲**进**(献)之。见使者,**详**(通“佯”,假装)惊愕曰:“吾以为亚父使者,**乃**(竟然,却)反项王使者。”**更**(又)持去,以**恶食**(粗劣饭食)食项王使者。使者归报项王,项王乃疑范增与汉有私,**稍**(渐渐)夺之权。范增大怒,曰:“天下事大定矣,君王自为之。**愿赐骸骨**(告老还乡)**归卒伍**(归家为民。古代五家为一伍,三百家为一卒)。”项王许之。行未至彭城,**疽**(jū,毒疮)发背而死。

——《项羽本纪第七》

【故事导读】

汉三年(前 204 年),楚军多次切断汉军粮道,刘邦被困荥阳。刘邦请求以荥阳为界,东归项王,西属汉王。项王的谋士范增极力反对,力劝项羽一鼓作气,“急围荥阳”,绝不能像鸿门宴那样放虎归山。刘邦采用陈平的离间计,用酒宴诱使项王使者上当,归报项王。果然,猜忌多疑的项王开始怀疑范增,范增愤而归去。谋士范增的离开,预示着长达四年的楚汉战争胜负已初见端倪。随后,汉将纪信假扮汉王,乘坐汉王车驶出荥阳东门诈降,楚军涌向东门,欢天喜地地庆贺汉王投降。刘邦趁机从西门逃出。

幸分一杯羹

项王已定东海来，**西**(向西)，与汉俱临广武而军，相守数月。

当此时，彭越数**反**(通“返”，往返)梁地，绝楚粮食，项王**患**(担心)之。**为**(做)高**俎**(zǔ，切肉用的案板)，置**太公**(刘邦的父亲)其上，告汉王曰：“今不急**下**(投降)，吾烹太公。”汉王曰：“吾与项羽俱**北面**(面向北，即称臣)受命怀王，曰‘约为兄弟’，吾**翁**(父)即**若**(你)翁，**必**(如果，果真)欲烹**而**(通‘尔’，你)翁，则**幸**(希望)分我一杯**羹**(gēng，肉汤)。”项王怒，欲杀之。项伯曰：“天下事未可知，且**为**(为了)天下者不顾家，虽杀之无益，只**益**(增加)祸耳。”项王从之。

楚汉久**相持未决**(胜负未决)，丁壮苦**军旅**(征战)，老弱**罢**(通“疲”)**转漕**(运送粮草。车运曰“转”，船运曰“漕”)。项王谓汉王曰：“天下**匈匈**(纷扰混乱的样子)数**岁**(年)者，**徒**(只)**以**(因)吾两人耳，愿与汉王挑战决雌雄，毋徒苦天下之民父子**为**(句末语助词)也。”汉王笑**谢**(拒绝)曰：“吾宁斗智，不能斗力。”项王令壮士出挑战。汉有善骑射者楼烦，楚挑战三合，楼烦**辄**(就)射杀之。项王大怒，乃自**被**(通“披”)甲持戟挑战。楼烦欲射之，项王**瞋**(chēn，发怒时睁大眼睛)目**叱**(chì，呵斥，大吼)之，楼烦目不敢视，手不敢发，遂**走**(逃跑)还入**壁**(军营)，不敢复出。汉王使人**间**(暗中)问之，乃项王也。汉王大惊。于是项王乃**即**(走近，靠近)汉王**相与**(一起、共同)临广武**间**(通“涧”)而语。汉王**数**(列罪状)之，项王怒，欲一战。汉王不听，项王**伏弩**(埋伏弓箭手。弩，nǔ)射中汉王。汉王伤，走入成皋。

——《项羽本纪第七》

【故事导读】

项王东击彭越，打败了刘贾，平定东方后，又回过头来西进，在广武扎营，隔着广武涧与汉军对峙，两军各自坚守，持续了好几个月。

此时，彭越多次往返于梁地，断绝了楚军的粮食，项王为此很忧虑。为了迫使刘邦投降，项羽把俘虏来的刘邦的父亲拉到广武山上，放在高高的砧板上，隔涧要挟汉王说："现在你如果不赶快投降，我就把太公煮了。"刘邦为了天下，老婆、孩子都遗弃几次了，根本不理会项王的威胁，说："我和你作为臣子一起接受了怀王的命令，相约结为兄弟，我的父亲就是你的父亲，如果你一定要煮了你的父亲，希望你能分我一碗肉汤！"在刘邦的狡辩、项伯的劝说下，项羽最终释放了太公。

楚汉长久相持，胜负未决。年轻人厌倦了长期的军旅生活，老弱也因水陆运输而十分疲惫。项王提出与汉王决一雌雄，以结束战争。汉王一口回绝，说："我宁愿斗智，不也斗力。"项王先派勇士出营挑战，随后亲自披甲持戟出营挑战。汉王一桩一桩地列举了项王的十条罪状，项王一听，怒上心头；埋伏的弓箭手一支冷箭射中了汉王的前胸。受了伤的汉王急中生智，故意弯下腰摸着自己的脚趾头说："小子射中我脚了。"

这一次中箭，刘邦伤得很重，几乎下不了床。为了安定军心，也为了不让项王知道刘邦的伤病而乘机进攻，张良让刘邦强忍伤痛，视察了军队。楚汉双方对峙十个月后，楚军粮尽，将士疲乏，无奈之下与汉讲和。双方约定以鸿沟为界，以西为汉，以东为楚，这就是历史上所说的"楚汉相争，鸿沟为界"。

四面楚歌

项王**军壁**(驻扎军营)**垓下**(安徽省灵璧县。垓,gāi),兵少食尽,汉军及诸侯兵围之数重。夜闻汉军四面皆**楚歌**(楚地的民歌),项王乃大惊曰:“汉皆已得楚乎?是何楚人之多也!”项王则夜起,饮帐中。有美人名虞,常**幸从**(因得宠而跟从);骏马名**骓**(zhuī),常骑之。于是项王乃悲歌慷慨,自为诗曰:“力拔山兮气盖世,时不利兮骓不**逝**(奔跑)。骓不逝兮可奈何,虞兮虞兮奈若何!”歌数**阕**(遍,次),美人**和**(hè,应和,跟着唱)之。项王泣数行下,左右皆泣,莫能仰视。

——《项羽本纪第七》

【故事导读】

汉五年(前 202 年),楚汉战争接近尾声,刘邦率军将项羽围在垓下。楚军兵少粮尽,又被重重包围,完全处于生死存亡的关键时刻。为了瓦解楚军斗志,勾起这些跟随项羽转战了几年的江东子弟的思家厌战之情,汉军夜深人静时唱起了楚地的民歌,歌声飘飘悠悠,项王心烦意乱。经过痛苦的思考,项羽决定突围。他率八百壮士骑马突破汉军的重重包围,向南疾驰。汉军骑将灌婴率五千精骑追击。渡过淮河后,项王只剩下一百多人。到了阴陵(安徽定远县),项王迷路,问田间一老者,老者挥手一指:“向左!”向左,则陷入大沼泽,汉军再次将其包围。无奈之下,项王只好引兵而东,退守东城,“至东城,乃有二十八骑”,而“汉骑追者数千人”。项王虽然奋勇杀敌,所向披靡,但面对潮水般的汉军,不得不承认大势已去,难以脱身。一曲《垓下歌》,蕴含了他英雄末路的悲叹。

乌江自刎

于是项王乃欲东渡**乌江**（安徽和县东北）。乌江亭长**舣**（yǐ，移船靠岸）船待，谓项王曰："江东虽小，**地方**（地方方圆）千里，众数十万人，亦足**王**（wàng，称王）也。**愿**（希望）大王急渡。今独臣有船，汉军至，无以渡。"项王笑曰："天之亡我，我**何渡为**（渡江干什么呢？何……为：固定句式）！且**籍**（项羽的字）与江东子弟八千人渡江而西，今无一人还，**纵**（即使）江东父兄**怜**（同情）而**王**（wàng）我，我何面目见之？纵彼不言，籍**独**（难道）不愧于心乎？"乃谓亭长曰："吾知公**长者**（年长、有德望的人）。吾骑此马五岁，所当无敌，**尝**（曾）一日行千里，不忍杀之，以赐公。"乃令骑皆下马步行，持短**兵**（兵器）接战。独籍所杀汉军数百人。项王身亦**被**（遭受）十余**创**（chuāng，创伤）。**顾**（回头）见汉骑司马吕马童，曰："**若**（你）非吾**故人**（老朋友）乎？"马童面之，指王翳曰："此项王也。"项王乃曰："吾闻汉**购**（悬赏）我头千金，**邑**（封地）万户，**吾为若德**（我给你这个好处吧）。"乃自刎而死。王**翳**（yì）取其头，余骑相蹂**践**（踩，踏）争项王，相杀者数十人。最其后，郎中骑杨喜，骑司马吕马童，郎中吕胜、杨武各得其**一体**（身体的一部分）。五人共**会**（会聚，这里指拼合）其体，**皆是**（正好都对）。**故分其地为五**（原来悬赏得项羽者"邑万户"，今五人共得一尸，故将万户分为五份）：封吕马童为中水侯，封王翳为杜衍侯，封杨喜为赤泉侯，封杨武为吴防侯，封吕胜为涅阳侯。

——《项羽本纪第七》

【故事导读】

《乌江自刎》是《项羽本纪第七》中写得最为悲壮、最令人唏嘘的一段，也是民间流传最为广泛的一个故事。

面对乌江亭长的移船相救，项羽以苦笑谢之："老天要亡我，我渡过河又有何用！何况当初把家乡八千子弟带出来，而今无一人回去，我哪里还有脸面再见江东父老！"他让部下下马，手持短兵器与汉军交战。项王身先士卒，一人就斩杀了汉军将士数百人，但他自己也多处受伤。突然，他看见了汉军骑兵将领吕马童，便说："你不是我的老朋友吗？"吕马童以前是项羽的部将，后来背项投刘，这时不忍正视项王，于是转身告诉汉将王翳："这就是项王！"项王对吕马童说："我听说汉王用赐千金、封万户侯的重赏悬赏我的头颅，我们是老朋友，我就送你这个人情吧。"说完，挥剑自刎。汉军一拥而上，抢夺项王尸体，互相踩踏、残杀者数十人。

"生当作人杰，死亦为鬼雄。至今思项羽，不肯过江东。"李清照对项羽宁为玉碎、不为瓦全的英雄气概给予了高度评价与赞扬。

刘邦相面

高祖为亭长时，**常**（通“尝”）**告归**（请假回家）**之**（到）田。吕后与两子居田中**耨**（nòu，锄草），有一**老父**（老年男子）过**请饮**（讨水喝），吕后因**餔**（bù，给饮食）之。老父**相**（仔细看，相面）吕后曰：“夫人天下贵人。”令相两子，见孝惠，曰：“夫人所以贵者，**乃**（是，是因为）此男也。”相鲁元，亦皆贵。老父已去，高祖**适**（恰好）从旁舍来，吕后**具**（通“俱”）言客有过，相我子母皆大贵。高祖问，曰：“未远。”乃追及，问老父。老父曰：“**乡**（通‘向’，刚才）者夫人婴儿皆似君，君**相**（面相）贵不可言。”高祖乃谢曰：“**诚**（如果确实）如父言，不敢忘德。”及高祖**贵**（显贵），**遂**（终）不知老父处。

——《高祖本纪第八》

【故事导读】

刘邦高鼻梁、龙颜、美须髯，左腿有七十二个黑痣。刘邦喜酒，常到酒馆赊酒畅饮，醉后即卧，身上常有龙气笼罩。沛县县令宴请贵客，刘邦前往祝贺，被吕公看中，将女儿许嫁给他。刘邦做亭长告假回家时，一个路过讨水的老人为其相面，说“君相贵不可言”。夜行泽中，大蛇当道，醉酒的刘邦“拔剑击斩蛇”，老妪夜半抚蛇而哭，自言被斩之蛇是她儿子，乃白帝之子，是被赤帝之子斩杀的。刘邦自认为是神子，秦始皇东游时他“自疑，亡匿”，躲进深山老林，但他藏身之地常有龙气缭绕，所以家人总能轻易找到他。

怀王派遣强悍狠毒的项羽北救赵，与章邯率领的秦军主力决战；派宽厚大度的“沛公西略地入关”，并约定“先入咸阳者王之”。刘邦沿途不攻而下，一路畅通；进入咸阳，“与父老约，法三章”，深得民心，秦人“唯恐沛公不为秦王”。项羽“闻沛公已定关中，大怒”，设鸿门宴，但刘邦拉拢项羽的叔父项伯，鸿门宴化险为夷，顺利逃脱。荥阳之围，“乃用陈平之计，予陈平金四万斤，以间疏楚君臣”，使范增“赐骸骨归卒伍”。楚汉相持未下，胜负未明，刘邦隔着广武涧，历数了项羽十宗罪，被项羽暗藏的弓箭手射中受伤。天下大定，高祖在洛阳宫与诸大臣纵论得失。汉六年(前 201 年)十二月，刘邦假装游历云梦，大会诸侯，趁机以莫须有之罪捉拿楚王韩信，将韩信贬为淮阴侯。十一年(前 196 年)，将韩信“夷三族”。这一年，刘邦衣锦还乡，回到沛县丰邑，与故旧乡亲纵酒畅饮。十二年(前 195 年)四月甲辰，于长乐宫驾崩。

《刘邦相面》写的是过路的老人因讨水喝而给刘邦全家相面的故事。其实，在此之前，刘邦已经被吕公相中，吕公说自己年轻时就喜好相面，而且相面无数，但没有一个能比得上刘邦面相的尊贵，所以才自作主张将女儿许配给刘邦。

挥剑斩蛇

高祖**以亭长**(以亭长的身份)为县送**徒**(被罚服役的人)郦山,徒多道**亡**(逃跑)。自**度**(duó,估计)**比**(等到)至皆亡之,到丰西泽中,止饮,夜乃**解纵**(解除、释放)所送徒。曰:“公等皆去,吾亦从此**逝**(离开)矣!”徒中壮士愿从者十余人。高祖**被酒**(带着酒意),夜**径**(小路)泽中,令一人行前。行前者还报曰:“前有大蛇**当**(通‘挡’)径,**愿**(希望)还。”高祖醉,曰:“壮士行,何畏!”乃前,拔剑击斩蛇。蛇遂分为两,径开。行数里,醉,**因**(就)卧。**后人**(后面的人)来至蛇所,有一老**妪**(yù,老妇)夜哭。人问何哭,妪曰:“人杀**吾子**(我的儿子),故哭之。”人曰:“妪子何为**见**(被)杀?”妪曰:“吾子,**白帝**(五帝之一,位于西方,五行属金。秦人供奉白帝,自称是白帝的子孙)子也,化为蛇,当道,今为**赤帝**(五帝之一,位于南方,五行属火。汉人自称是赤帝的子孙。这里白帝子被赤帝子所杀,预示着秦将被汉所灭)子斩之,故哭。”人乃以妪为不诚,欲**笞**(chī,用竹板、荆条抽打)之,妪**因**(就)忽不见。后人至,高祖**觉**(睡醒)。后人告高祖,高祖乃心独喜,**自负**(自认为了不起)。诸从者日益畏之。

——《高祖本纪第八》

【故事导读】

国之将亡,妖孽屡见;帝王将兴,祥瑞连绵。《挥剑斩蛇》的神奇之处在于司马迁把刘邦描绘成天降神子,暗示刘邦是正统的新兴王朝的天子,他做帝王符合神意。故事中,被斩之蛇是白帝之子,斩蛇者是赤帝之子。正是有了这样神话色彩浓郁的传说,刘邦的威信才得以提高,身份才得以确认,起义的号召力才如此强大。

纵论得失

高祖**置**（摆，设）酒洛阳南宫。高祖曰："列侯诸将**无敢**（不要）隐朕，皆言其**情**（真心话）。吾所以有天下者何？项氏之所以失天下者何？"高起、王陵对曰："陛下**慢**（傲慢）而**侮**（轻慢）人，项羽**仁**（仁厚）而**爱**（爱护）人。然陛下使人攻城**略**（夺取）地，所降下者**因**（就）以予之，与天下同利也。项羽妒贤嫉能，有功者**害**（嫉恨）之，贤者疑之，战胜而不予人功，得地而不予人利，此所以失天下也。"高祖曰："**公**（你们，尊称）知其一，未知其二。夫运筹策帷帐之中，决胜于千里之外，吾不如子房。**镇**（镇守）国家，抚百姓，给**馈饟**（kuì náng，供应粮饷），不绝粮道，吾不如萧何。**连**（联合，统领）百万之军，战必胜，攻必取，吾不如韩信。此三者，皆人杰也，吾能用之，此吾所以取天下也。项羽有一范增而不能用，此其所以为我擒也。"

——《高祖本纪第八》

【故事导读】

汉五年（前202年）五月，天下安定。刘邦在洛阳南宫设宴，与列侯诸将纵论天下得失，谈话的环境轻松而自由，君臣畅所欲言。高起、王陵认为刘邦之所以得天下，关键在于"所降下者因以予之，与天下同利也"。对此，刘邦不以为然，说他之所以拥有天下，关键是他有三剑客，运筹帷幄有张良，治理国家有萧何，领兵作战有韩信，"此三者，皆人杰也，吾能用之，此吾所以取天下也"。刘邦出身底层，兵少力弱，却在秦末群雄中脱颖而出，夺得天下，其成功绝非偶然。顺应时代，笼络人心，宽容仁慈，分化敌人，重用人才，知人善任又驾驭有方，刚柔并济，恩威兼施，这些显然不是项羽所具备的。

大风起兮云飞扬

高祖还归，过沛，**留**（停留）。**置**（摆，设）酒沛宫，**悉**（全）召**故人**（老朋友）父老子弟**纵**（纵情）酒，**发**（征调）沛中**儿**（小孩子）得百二十人，教之歌。**酒酣**（酒喝得畅快），高祖击**筑**（一种乐器），自**为**（作）歌诗曰："大风起兮云飞扬，威加海内兮归故乡，**安**（怎么，哪里）得猛士兮守四方！"令儿皆**和习**（跟着学唱）之。高祖乃起舞，**慷慨伤怀**（情绪激动，心中感伤），泣数行下。谓沛父兄曰："游子**悲**（思念）故乡。吾虽**都**（定都）关中，**万岁**（死后）后吾魂魄犹**乐思**（喜欢思念）沛。且朕自沛公以诛暴逆，遂有天下，其以沛**为**（作为）朕**汤沐邑**（封地。原指诸侯朝见天子时，天子赐诸侯地，以供其住宿及斋戒沐浴），**复**（免除赋税徭役）其民，世世无有所**与**（参与，交税服役）。"沛父兄诸母故人日乐饮极欢，**道**（讲述）**旧故**（原来的事）**为**（作为）笑乐。十余日，高祖欲去，沛父兄**固**（坚持）请留高祖。高祖曰："吾人众多，父兄**不能给**（供给不起）。"乃去。沛中**空县**（全县出动，犹言"空巷"）皆**之**（到）邑西**献**（献饮食）。高祖复留止，**张**（设帐）饮三日。沛父兄皆**顿首**（叩头）曰："沛**幸**（荣幸）得复，丰未复，唯陛下哀怜之。"高祖曰："丰吾所生长，极不忘耳，吾**特**（只）为其**以**（因为）雍齿**故**（原来）反我**为**（归附，帮助）魏。"沛父兄**固**（坚持）请，乃并复丰，**比**（比拟，跟……一样）沛。于是拜沛侯刘**濞**（bì）为吴王。

——《高祖本纪第八》

【故事导读】

汉十二年（前195年），淮南王黥布起兵反汉，高祖亲自出征。得胜还军，途经故乡沛县，大摆酒宴款待家乡的故交父老，酒酣时击筑高唱《大风歌》。"大风起兮云飞扬"，明写自然，实写自己辉煌的战斗历史。十多年来,南征北战,逐群雄,平反叛,节节胜利,如风卷残云,横扫千里。“威加海内兮归故乡”,自己威加四海,天下统一,在人生顶峰时回到生养自己的这一片热土,感慨万千。他深感创业艰难,守业更难,想到“安得猛士兮守四方”时不由起舞伤怀,老泪纵横。在父老面前,刘邦丝毫不用掩饰,他的桑梓之情没有因为贵为天子而有所减弱。相反,倒是因为远都关中而愈加强烈,并且天长地久,生死不渝。《大风歌》是千古绝唱,这不是普通文人墨客所能道出的。刘邦以极其精练的语言概括了自己起自布衣、提三尺剑以取天下的风云际会。他如今贵为天子,衣锦还乡,但面对天下初定时的内乱外祸依然饱含忧患意识,希望国家能长治久安。

狭隘自私毒刘肥

二年，楚元王、齐悼惠王皆来**朝**（朝见）。十月，孝惠与齐王**燕**（通“宴”）饮太后前，孝惠以为齐王兄，**置**（安排）上**坐**（通“座”），如家人之礼。太后怒，乃令酌两**卮**（zhī，酒杯）**鸩**（zhèn，毒酒），置前，令齐王起**为寿**（敬酒，祝福）。齐王起，孝惠亦起，取卮欲俱为寿。太后乃恐，自起**泛**（覆，倒掉）孝惠卮。齐王怪之，**因**（于是）不敢饮，**详**（通“佯”）醉去。问，知其鸩，齐王恐，自以为不得脱长安，忧。齐内史士**说**（shuì，劝说）王曰：“太后**独**（只）有孝惠与鲁元公主。今王有七十余城，而公主**乃**（却）**食**（食邑）数城。王**诚**（如果）以一郡**上**（进献）太后，为公主**汤沐邑**（封地），太后必喜，王必无忧。”于是齐王乃上**城阳**（山东莒县）之郡，尊公主为王太后。吕后喜，许之。乃置（摆，设）酒齐**邸**（府邸。诸侯在京师拥有府邸，以供入朝时用），乐饮，**罢**（结束），归齐王。

——《吕太后本纪第九》

【故事导读】

高祖驾崩后，西汉朝廷大权实际掌握在吕后手中，惠帝只是虚有其位。惠帝死后，吕后索性临朝称制，虽无天子名号，却有天子权力。因为戚夫人能歌善舞，为人随和，深得刘邦宠爱，其子赵王如意曾一度被刘邦决意立为太子，吕后便心生嫉妒。刘邦死后，她为了报复、惩罚戚夫人，将戚夫人禁闭永巷，罚其舂米。戚夫人思念自己年幼的儿子，在舂米时唱出了自己悲苦的心声：“子为王，母为虏。终日舂薄暮，常与死为伍。相离三千里，当谁使告女？”最后戚夫人被残害成人非人、猪非猪的“人彘”。

吕后心胸狭隘，在家庭宴会上，因对座位不满，酌满毒酒命齐王刘肥祝酒，欲置齐王于死地。惠帝死后，失去了唯一儿子的她竟有哭无泪，直到三个侄子被任命为将，控制了南军、北军后才内心安定，“其哭乃哀”。代行皇权后，她为了分封吕氏家族的人，“先封高祖之功臣郎中令无择为博城侯”，掩人耳目。从此，拉开了吕氏家族封侯封王的序幕。为了控制刘氏宗室，她用心良苦，将吕家大大小小的女子许配给刘氏王侯。因不满自己的王宫成为吕氏特务大本营，赵王刘友、刘恢等先后被逼死。吕后晚年病重之时，仍念念不忘将侄子吕产、吕禄任命为南军、北军大将，保卫京城，拱卫皇宫，以防“大臣恐为变”。

由于不得人心，吕后一死，宫廷骚动，吕氏集团终于在齐王扶汉之兵与灌婴倒戈之师的联合军事压力下，被陈平、周勃等汉室忠臣所发动的政变一举摧毁了。

《狭隘自私毒刘肥》记叙的是刘肥参加惠帝家宴时的事。齐王刘肥是刘邦的庶长子，母亲曹氏，受封于齐地，统辖七十三城，是汉初最大的诸侯国。惠帝二年(前193年)，刘肥进京朝见皇帝。十月，惠帝与刘肥在宫中宴饮，惠帝按照家人的礼节让长兄刘肥坐在上位。吕后对此大怒，命人斟满两杯毒酒摆在齐王面前，令其敬酒。刘肥不知阴谋，起身准备敬酒，惠帝也端起其中一杯与刘肥一起给太后敬酒。吕后一看端起了毒酒，情急之下打翻了惠帝手中的酒杯。刘肥生疑，假装醉酒离开。为了保全性命，刘肥听取内史建议，献出城阳郡作为吕后女儿鲁元公主的食邑，并尊鲁元公主为王太后。这样，刘肥才躲过一劫，回到封国。

废除肉刑

五月，齐**太仓令**（管理粮库的官员）**淳于公**（姓淳于，名意。公：对男子的尊称）有罪**当**（判罪）刑，**诏狱逮徙系长安**（诏令狱吏将他逮捕押解至长安）。太仓公无男，有女五人。太仓公**将行会逮**（被捕临行），骂其女曰："生子不生男，有**缓急**（偏义复词，紧急）非有益也！"其**少女**（最小的女儿）**缇**（tí）萦自伤泣，乃随其父至长安，上书曰："**妾**（古代女子自称，谦词）父为吏，齐中皆称其**廉平**（廉洁公平），今**坐**（犯罪）法当刑。妾伤夫死者不可复生，**刑者**（砍断肢体）不可复**属**（连接），虽复欲改过自新，**其道无由也**（也没有办法了）。妾愿**没入**（没收到官府）为官婢，赎父刑罪，使得自新。"书奏天子，天子怜悲其意，乃下诏曰："盖闻**有虞氏**（舜帝）之时，**画衣冠**（在犯人衣帽上画出标志）、**异章服**（让衣帽与一般人不同。章：通'彰'）以为**僇**（lù，通'戮'，羞辱），而民不犯。**何则**（呢，助词）？**至治**（极好的政治局面）也。今法有**肉刑三**（刺面、割鼻、断足三种肉刑），而**奸**（邪恶）不止，其**咎**（过失）安在？**非乃**（不就是）朕德薄而**教**（教化）不明欤？吾甚自愧。故夫**驯道**（同'训导'）不**纯**（好）而愚民**陷焉**（沦于犯罪）。诗曰'**恺悌**（kǎi tì，平易近人）君子，民之父母'。今人有过，教未施而刑加焉，**或**（有人）欲改**行**（行为）**为**（做）善而道毋由也。朕甚怜之。夫刑至断**支**（通'肢'）体，**刻**（刺刻）肌肤，终身不**息**（生，再长出来），**何其**（多么）楚痛而不德也，岂**称**（符合）为民父母之意哉！**其**（还是，表示委婉商量的副词）除肉刑。"

——《孝文本纪第十》

【故事导读】

平定诸吕后，大臣们商议立薄姬之子代王刘恒为帝。经过谨慎商议、占卜、打探，代王赴京，成为文帝。进入朝宫后，他连夜下诏大赦天下，“赐民爵一级，女子百户牛酒，酺(pú，聚饮)五日”；分封灭吕氏时的各个功臣，任命陈平、周勃为左、右丞相，灌婴为太尉。文帝元年(前179年)十二月，废除连坐制度，开始以轻刑简政代替重刑严法。次年正月，立太子、皇后；遣散聚在京城的诸侯王，让他们各回封地。十一月、十二月，出现两次日食，文帝认为这是因为“人主不德，布政不均”，致使上天降罪。他将一切罪责揽于自身，自责反省，削减军队，节省开支。六年，淮南王刘长叛乱，他仁慈宽厚，“赦其罪，废勿王”，拒绝群臣“长当弃市”的建议。齐太仓令淳于犯罪当刑，他受其小女儿缇萦上书感动，废除了五帝时期就有的肉刑制度。文帝曾想建一个露台，招来工匠询价，听说需要百金，他觉得这是十家中等人家一年的收入，太奢侈，遂作罢。作为皇帝，他衣着简朴，并要求宠爱的妃子慎夫人也衣着俭朴，垂范天下。

“后七年六月己亥，帝崩于未央宫”，他的遗诏正如他的一生，不劳百姓、俭省朴素：出殡后三天，吏民都脱下丧服，不要因丧事而禁止民间娶妇嫁女；丧服从简，不要组织百姓“男女哭临宫殿”；下葬后，不要按原来的丧期服丧，“服大红(即大功的丧服)十五日，小红十四日，纤七日”即可；不要豪华地宫，不要殉葬，让后宫美人、宫女返回母家，予其自由。

传记没有扣人心弦的紧张情节和场面，只是用舒缓的语调按年代顺序选取关键事件娓娓道来，但饱含着对英明天子的追慕、向往之情。

《废除肉刑》写的是齐国管理粮库的官员淳于受罚被赦的故事。淳于的小女儿缇萦长途跋涉陪同父亲前往长安，她向皇帝申诉肉刑的害处，说明父亲清廉爱民，愿意替父受刑。文帝为其孝心所感动，赦免其父，并下诏废除了肉刑。缇萦不仅救了父亲，而且因此使皇帝废除了肉刑，替天下人做了一件好事。

俭朴的汉文帝

孝文帝从代来，即位二十三年，宫室苑囿狗马服**御**（车马）无所增益，有不**便**（利），辄弛以利民。尝欲作露台，召匠计之，**直**（通“值”）百金。上曰：“百金中民十家之产，吾奉先帝宫室，常恐羞之，何以台为！”上常**衣**（穿）**绨衣**（粗厚的丝织品衣服。绨，tì），所**幸**（宠爱）慎夫人，令衣不得曳地，帏帐不得文绣，以示敦朴，为天下先。治霸陵皆以瓦器，不得以金银铜锡为饰，不**治坟**（修筑高大的坟墓），欲为省，毋烦民。

后七年六月己亥，帝崩于未央宫。遗诏曰：“朕闻盖天下万物之萌生，**靡**（不，无）不有死。死者天地之理，物之自然者，奚可甚哀。当今之时，世**咸**（都）嘉生而恶死，厚葬以破业，重服以伤生，吾甚不取。且朕既不德，无以佐百姓；今崩，又使重服久**临**（lìn，哭），以**离**（lí，通‘罹’，遭受）寒暑之数，哀人之父子，伤长幼之志，损其饮食，绝鬼神之祭祀，以重吾不德也，谓天下何！朕获保宗庙，以眇眇之身托于天下君王之上，二十有余年矣。赖天地之灵，社稷之福，方内安宁，靡有兵革。朕既不敏，常畏过行，以羞先帝之遗德；维年之久长，惧于不终。今乃幸以天年，得复供养于高庙。朕之不明**与**（通‘欤’）嘉之，其奚哀悲之有！其令天下吏民，令到出临三日，皆释服。毋禁**取**（通‘娶’）妇嫁女祠祀饮酒食肉者。自当给丧事服临者，皆无**践**（xiǎn，赤脚）。**绖**（dié，用麻做的丧服上的带子，系在腰上或头上）带无过三寸，毋布车及兵器，毋发民男女哭临宫殿。宫殿中当临者，皆以旦夕各十五举声，礼毕罢。非旦夕临时，禁毋得擅哭。已**下**（下葬），服大红十五日，小红十四日，纤七日，释服。**佗**（其他）不在令中者，皆以此令**比率**（比照一定的标准。率，lǜ）从事。布告天下，使明知朕意。霸陵山川**因**（遵循）其故，毋有所改。归夫人以下至少使。”

——《孝文本纪第十》

【故事导读】

汉文帝在位二十三年，减轻田租，减少赋役，鼓励农耕，休养生息，开创了“文景之治”。他的节俭，在古代帝王中是罕见的，朱熹说他“三代以下，汉之文帝，可谓恭俭之主”。

《孝文本纪第十》中，最有名的是文帝的遗诏。“朕诏告天下官员百姓：从遗诏颁布之日起，哭吊三天，就都换下丧服；不要禁止百姓娶妻嫁女、祭祀、饮酒吃肉。办理丧事、参加哭吊的人都不要赤脚接地。头系的麻巾，脚扎的麻绳，宽度不要超过三寸；不要在车辆和兵器上套戴服丧的标志；不要组织百姓到宫中来哭灵吊丧。宫中应当哭吊的亲属和官员都在早晚祭奠时各哭十五声，礼仪完毕就停止哭吊。非早晚哭吊时间，严禁任何人擅自前来哭吊。安葬后，应穿九个月丧服的只穿十五天，应穿五个月丧服的只穿十四天，应穿三个月丧服的只穿七天。期满即脱下。其他未在诏令中明确规定的问题，都要参照本诏的用意办理。遗诏要向天下臣民公布，使百姓都知道朕的心意。霸陵周围的山脉河流都保持原貌，不许更改。后宫中的妃嫔，从夫人以下到少使，都送归母家。”

两千多年后的今天，我们再次读这篇遗诏，不禁产生许多感慨。一代帝王，面对死亡，从容坦然；对臣民，真心关爱，体恤有加……

世家部分

鱼腹藏剑

十二年（前515年。楚平王死于王僚十一年，即前516年。此误）冬，楚平王**卒**（死）。十三年春，吴欲**因**（趁）楚丧而伐之，使公子**盖**（gě）余、烛庸**以**（率）兵围楚之**六**（lù，安徽六安市）、**灊**（qián，安徽潜山市）。使季札**于**（到）晋，以观诸侯之**变**（对吴国趁楚丧以伐之的反应）。楚发兵绝吴兵**后**（后路），吴兵不得还。于是吴公子光曰："此**时**（时机）不可失也。"告专诸曰："不**索**（求，争取）何获！我真王**嗣**（继承人），当立，吾欲求之。**季子虽至**（季札出使晋国回来），不吾废也。"专诸曰："王僚可杀也。母老子弱，而两公子**将**（率领）兵攻楚，楚绝其路。方今吴外困于楚，而内空无**骨鲠**（刚直忠诚。鲠，gěng）之臣，**是无奈我何**（这种情况，他对我没什么办法）。"光曰："我身，子之身也。"四月丙子，光伏甲士于**窟室**（地下室），而**谒**（yè，请）王僚饮。王僚使兵**陈**（通"阵"，布阵）于道，自王宫至光之家，门阶户**席**（坐席），皆王僚之亲也，人**夹**（在两旁）持**铍**（pī，长矛）。公子光**详**（通"佯"）为**足疾**（脚有病），入于窟室，使专诸置匕首于**炙**（烤）鱼之中以**进**（献）食。手匕首刺王僚，铍**交**（交叉）于**匈**（通"胸"），遂弑王僚。公子光**竟**（最终）代立为王，**是为**（这就是）吴王**阖**（hé）庐。阖庐乃以专诸子为卿。

——《吴太伯世家第一》

【故事导读】

吴王寿梦有四个儿子，长子诸樊，次子余祭（zhài），三子余眜（mò），四子季札。四子季札最贤明仁义，有治国安邦之才，寿梦欲立他为太子继承王位，但季札认为不可废长立幼，于是立长子诸樊为太子。十几年后，诸樊遇刺身亡，临死前下令：王位传给二弟余祭，按兄弟次序传下去，最后将王位传给季札，以了结先王遗愿。余祭死后，王位传给余眛，不料四年后余眛又遇刺身亡。至此，王位传给季札名正言顺，但季札早已淡泊名利，为躲避王位竟逃走隐居了。吴国大夫们乃立余眛之子僚为王。于是，诸樊的儿子光便耿耿于怀，认为兄死弟逃，王位理当是他这个长子长孙继承。于是，他暗中招纳刺客，蓄势待机。光与僚，两个堂兄弟之间杀机四伏。

《鱼腹藏剑》记述的是公子光因王位之争而刺杀吴王僚的故事。王僚十一年（前516年）春，楚平王死去，吴率兵围楚，国内空虚。乘此机会，公子光发起刺杀行动，刺客专诸鱼腹藏剑刺杀了王僚，光代僚成为吴王，“是为吴王阖庐”。

阖庐登上王位后（前514年），吴对楚连年发动战争，一度攻入楚国都城郢，声威大振，“楚昭王亡出郢，奔郧（yún）”。“（伍）子胥、伯嚭（pǐ）鞭平王之尸以报父仇”。十九年（前496年）夏，吴伐越，被越王勾践打败，吴王阖庐重伤而归，临死前对太子夫差说：“你会忘记勾践杀父之仇吗？”夫差悲痛地回答：“不敢忘。”

夫差继承王位后，任用伍子胥、伯嚭，励精图治，整军练武，经过两年的准备，率军伐越，逼越王勾践退守会稽山。失败后的勾践欲杀尽妻儿，与吴决一死战。但谋臣范蠡（lǐ）、文种劝他称臣，保全性命，以图东山再起。败越后，夫差遂产生称霸中原的野心。夫差七年（前489年），“吴王夫差闻齐景公死而大臣争宠，新君弱，乃兴师北伐齐”。伍子胥力劝先伐越王勾践，以除后患，待后方稳固再伐齐。但“吴王不听”。卧薪尝胆，养精蓄锐之后，勾践东山再起，于二十三年（前473年）围吴，吴王夫差自杀。历史上的吴楚争霸你来我往，历经数十年，以越胜吴灭而告终。

姜太公垂钓

吕尚**盖**（大概）**尝**（曾经）**穷困**（处境艰难），年老矣，以渔钓**奸**（通"干"，求见）周西伯。西伯将出猎，卜之，曰"所获非龙非**彲**（chī，通'螭'，传说中一种像龙的动物），非虎非**罴**（pí，兽名，俗称'人熊'）；所获霸王之**辅**（辅臣）"。于是周西伯猎，果遇太公于渭之**阳**（水之北），与**语**（谈论）大**说**（通"悦"），曰："自吾先君太公曰'当有圣人**适**（到）周，周**以**（以之，因此）兴'。**子真是邪**（您确实是这样的人吗）？吾太公**望子**（盼望您）久矣。"**故号之**（所以称他）曰"太公望"，载与俱归，立为**师**（太师）。

或（有人）曰，太公博闻，尝**事**（侍奉）纣。纣**无道**（暴政），**去**（离开）之。游说诸侯，无所**遇**（投合，知遇），而**卒**（最终）西归周西伯。或曰，吕尚**处士**（隐士），隐海滨。周西伯拘**羑里**（河南汤阴县。羑，yǒu），散宜生、闳夭**素**（一向，平素）**知**（了解）而招吕尚。吕尚亦曰"吾闻西伯贤，又善**养老**（尊养老人），**盍**（hé，何不）往焉"。三人者为西伯求美女奇物，献之于纣，以赎西伯。西伯得以**出**（释放），**反**（通"返"）国。

——《齐太公世家第二》

【故事导读】

《齐太公世家第二》主要叙述太公吕尚的业绩和齐桓公称霸的历史。太公"尝事纣。纣无道，去之"，最后投奔周文王；文王死后，辅佐武王，帮助武王灭纣，被封于齐国。太公到达齐国后，利用沿海的便利条件，发展渔业和工商业，国力迅速发展，齐国成为当时的大国。

从太公开始，王位传到齐襄公时已是第十三代。襄公是一个淫乱欺臣、诛杀失当的国君，他的两个弟弟担心灾祸殃及自身，双双逃离，大弟公子纠逃鲁，管仲、召(shào)忽辅佐；小弟公子小白奔莒(jǔ)，鲍叔牙辅佐。襄公无道，兄弟内乱，弟弟公孙无知弑襄公自立为齐君。但仅仅过了一年(前685年)，无知被杀，纠与小白为争夺王位，昼夜兼程赶往齐国。管仲率军护送纠，在莒国通往齐国的半道上射杀小白，小白佯死；管仲派人驰报鲁国。鲁国护送纠的人行动迟缓，六天之后才到达齐国。这时，公子小白早已入齐，立为桓公。桓公即位时，周王室已衰微，诸侯各自为政，互相攻伐，天下大乱。齐桓公胸怀大志，一心想成为中原霸主，匡正天下。为此，他不计前仇，接受鲍叔牙建议，重用管仲，发展经济，齐国国力日益强盛。

在管仲的辅佐下，齐桓公“九合诸侯，一匡天下”，使夷狄不敢窥视中原，强国不敢肆意妄为，小国也获得保障。桓公“益有骄色”。桓公四十一年(前645年)，管仲病重，桓公问宰相人选。问到易牙，管仲直言不讳：“杀自己的儿子来讨好君王，这种人用心险恶，不可。”问卫公子开方，管仲说：“放弃王太子的尊位，背离父母，甘为您的臣子，这是别有所图，不可不防。”问到竖刁，管仲毫不客气：“他自残身体当太监来侍奉讨好您，这种人更不能亲近。他们一个不爱自己的儿子，一个不孝敬父母，一个不爱惜自己的身体，难道能真的爱君王！”管仲死后，齐桓公没有听从管仲的忠告，重用了这三人。两年后，他们挑起内乱，将年迈的桓公囚禁于宫，活活饿死，而且死后六十七日不葬，“尸虫出于户”。从此，齐国走向衰落。

《姜太公垂钓》写的是吕尚投奔西伯文王的传奇故事。吕尚姓姜，名尚，又名牙。因其祖先封于吕，故以吕为氏。周文王时号“太公望”，齐国人追称他为“太公”，民间称他为“姜子牙”“姜太公”。“姜太公钓鱼，愿者上钩”，即出自选文的故事。

周公摄政

其后武王**既崩**(已经驾崩),成王少,在**强葆**(通"襁褓",年幼)之中。周公恐天下闻武王崩而**畔**(通"叛"),周公乃**践阼**(登上帝位)代成王**摄行**(代理)政**当国**(主持国事)。管叔及其群弟**流言**(散布流言)于国曰:"周公将不利于成王。"周公乃告太公望、**召**(shào)公**奭**(shì)曰:"我之所以弗**辟**(通'避',避嫌)而摄行政者,恐天下畔周,**无以告**(没法交代)我先王太王、王季、文王。三王之忧劳天下久矣,于今而后**成**(成功)。武王**蚤**(通'早')终,成王少,将以**成**(保全)周,我所以**为之若此**(才这样做)。"于是**卒**(最终)**相**(辅佐)成王,而使其子伯禽**代**(代替他)**就封于鲁**(到鲁国受封)。周公戒伯禽曰:"我文王之子,武王之弟,成王之叔父,我于天下亦不**贱**(地位低)矣。然我**一沐三捉发**(洗一次头要多次拧着头发出来会客。意为礼贤下士,不敢怠慢),一饭三**吐哺**(吐出口中的食物),**起**(起身)以待士,犹恐失天下之贤人。子**之**(到)鲁,**慎**(千万)无**以国**(因有国土)骄人。"

管、蔡、武庚等果率**淮夷**(淮河下游的民族)而反。周公乃奉成王命,兴师东伐,作《大诰(gào)》。遂诛管叔,杀武庚,**放**(流放)蔡叔。**收**(收拢)殷**余**(遗)民,以封康叔于卫,封微子于宋,以**奉**(供奉)**殷祀**(殷商的祭祀)。**宁**(使……安定)淮夷东土,二年而**毕**(全)定。诸侯**咸**(都)**服宗**(遵奉,尊崇)周。

——《鲁周公世家第三》

【故事导读】

周公,名旦,姬姓,是周文王的儿子、周武王的弟弟,因封地在鲁,史称"周公"或"周公旦"。他是历史上所谓"尧舜禹汤文武周公"中的最后一位圣王。

周公贤明而有才干，深受文王器重。武王即位后，他辅佐武王伐纣灭商，建立了周王朝。但天下尚未安定武王就病逝了，武王的儿子成王即位。周成王年幼，无法理政，天下初定，人心不稳，周公便以王叔的名义摄理国政。摄政期间，他废寝忘食，礼贤下士，招贤选能；平定管、蔡之乱；成王成人，他还政于成王，以臣佐王。成王听政后，小人进谗，诬陷周公。周公为避免冲突，逃亡到楚地。当初，成王年幼时患了重病，周公写了一篇祝文向天祷告："成王年幼无知，如违背天命，就请上天惩罚我吧！"然后把祝文藏在府中。后来，成王查抄周府，发现了祝文，深受感动："叔父为王室操劳，一片忠心，我错怪了好人。"派人请回了周公。

周公病死之时，正值秋收季节，狂风骤起，暴雨倾泻，庄稼全部倒地，树木连根拔起。成王和众臣穿好朝服打开秘府藏书，看到周公愿以己身代替武王去死的册文，泪流满面，认为这是上天发威在彰明周公之德。于是举行郊祭，果然风向反转，倒伏的庄稼全部立起。

传记用四分之一的篇幅，详尽叙述了周公的一生，特别是他对成王的一片至诚。周公的美德成为后世天下臣子的楷模；周公在执政期间为周朝确立的完备的典章制度，至今流传。

《周公摄政》记述的是周公代成王执政的故事。选文主要写了辅佐成王、"周公吐哺"的故事。武王灭商后，为了稳定大局，采取了怀柔措施，封纣王的儿子武庚为殷侯，仍让他管理殷都朝歌的政务。同时，武王派兄弟姬鲜、姬度、姬处分别在殷都周围建立封国以监视武庚。因兄弟三人的封地分别在管地、蔡地、霍地，所以成王即位后尊称他们为管叔、蔡叔、霍叔。后来，武庚与管、蔡叛乱，周公奉命"兴师东伐"，"遂诛管叔，杀武庚，放蔡叔"。周公辅政七年，终于建立了一个统一繁荣的周王朝。

兄弟争死

初,宣公爱夫人夷姜,夷姜生子**伋**(jí),**以为**(以之为)太子,而令右公子**傅**(教导,辅佐)之。右公子为太子**取**(通"娶")齐女,未**入室**(举行婚礼),而宣公见所欲为太子妇者**好**(容貌美),**说**(通"悦")而自取之,**更**(另外)为太子取**他**(别的)女。宣公得齐女,生子寿、子朔,令左公子傅之。太子伋母死,宣公正夫人与朔共**谗恶**(谗言诽谤)太子伋。宣公自**以**(认为)**其**(自己)夺太子妻也,心**恶**(憎恨)太子,欲废之。及闻其**恶**(谗言),大怒,乃使太子伋**于**(到,出使)齐而令**盗遮界上**(强盗在边界阻拦)杀之,**与**(给予)太子**白旄**(用白色旄牛尾做装饰的旗杆、符节。旄,máo),而告界盗见持白旄者杀之。**且**(将要)行,子朔之兄寿,太子异母弟也,知朔之恶太子而君欲杀之,乃谓太子曰:"界盗见太子白旄,即杀太子,太子可毋行。"太子曰:"**逆**(违背)父命求生,不可。"遂行。寿见太子**不止**(不能阻止),乃盗其白旄而先驰至界。界盗见其**验**(应验,标志),即杀之。寿已死,而太子伋又至,谓盗曰:"所当杀乃我也。"盗并杀太子伋,以**报**(报告,回复)宣公。宣公乃以子朔为太子。十九年,宣公卒,太子朔立,是为惠公。

——《卫康叔世家第七》

【故事导读】

在《史记》三十篇世家中,卫国的国君是最荒淫无道的,内乱也是最严重的,前后发生了四次大动乱。

一是州吁之乱。庄公宠爱的陈国女子生下儿子完,被立为太子;庄公宠爱的另一个妾生下儿子州吁,做了卫国大将。庄公死后,"太子完立,是为桓公"。"桓公二年,弟州吁骄奢",被罢免,逃往国外,并与同样亡命天涯的郑国共叔段混在一起，成为狐朋狗友。卫桓公十六年(前719年)，州吁联合逃亡在外的卫国人袭杀桓公，自立为卫君。登上君位后，州吁立即帮助自己的难兄难弟共叔段攻打郑国，并拉拢宋、陈、蔡国，出兵围攻郑国都城。军队到了郑国城郊，大臣石碏(què)与陈桓公合谋，派人进献美食，趁机杀了州吁。卫国派人迎回了卫桓公的弟弟晋，拥立晋为君，即卫宣公。

二是卫宣公之乱，即选文《兄弟争死》。

三是卫献公之乱。卫献公是卫国第二十四代国君。他为人心高气傲，对大臣怠慢失礼。一次，他请大臣孙文子、宁惠子赴宴，二人天亮就前往，等到晚上仍不见献公的影子；接见这两位大臣时，不穿朝服，而是一身射箭打猎的行头。后来，孙文子叛乱，献公逃往齐国。

四是卫庄公、卫出公争位之乱。卫灵公的太子蒯聩(kuǎi kuì)愤恨灵公的宠妃南子，让家臣戏阳遬(sù)在宴会上刺杀南子。戏阳遬害怕，对蒯聩递的眼色无动于衷。南子发觉，十分恐惧，大喊“太子欲杀我”。卫灵公大怒，太子逃往宋国，后又逃到晋国投奔权臣赵简子。灵公死后，太子蒯聩的儿子辄即位，这就是卫出公。蒯聩听说父君已死，准备在赵简子的护送下回国即位；已登上王位的卫出公立即派兵攻打蒯聩，阻止他回国。后来，卫庄公蒯聩回国即位，但仅仅三年，就在内忧外患中被赶下王位，再次逃亡；卫出公辄再登王位。父子上演了一场争位大战。

《兄弟争死》记述的是宫廷争斗，兄弟被杀的故事。卫宣公废嫡立庶，废长立幼，导致了一场宫廷悲剧。太子伋得到异母弟弟的通报，明知强盗要在边界上杀自己，却依然执意前往，“逆父命求生，不可”。结果弟弟寿被杀，兄弟二人都成为宫廷权力之争的牺牲品。卫宣公作为人君，竟厚颜无耻夺子之妻，后心恶太子，对太子下毒手，这与历史上楚平王夺太子建的妻子的丑剧如出一辙。

殷末三仁

箕(jī)子者,纣**亲戚**(亲人,亲属)也。纣始**为象箸**(制作象牙筷子),箕子叹曰:“彼为象箸,必为玉杯;为杯,则必思远方珍怪之物而**御**(使用,占有)之矣。舆马宫室之**渐**(渐进,逐步发展)自此始,不可**振**(振兴)也。”纣为**淫**(荒淫)**泆**(yì,放纵),箕子谏,不听。人或曰:“可以**去**(离开)矣。”箕子曰:“为人臣谏不听而去,是**彰**(彰显)君之恶而自**说**(通‘悦’)于民,吾不忍为也。”乃**被**(通“披”)发**详**(通“佯”)**狂**(疯)而**为奴**(做了奴隶)。遂隐而鼓琴以自悲,**故传之**(所以传下来的琴曲)曰《箕子操》。

王子比干者,亦纣之亲戚也。见箕子谏不听而为奴,则曰:“君有过而不以死**争**(通‘诤’,规劝),则百姓何**辜**(罪)!”乃直言谏纣。纣怒曰:“吾闻圣人之心有七窍(孔,洞),**信**(果真)有**诸**(同‘之’)乎?”乃遂杀王子比干,**刳**(kū,剖开)视其心。

微子曰:“父子有骨肉,而臣主以义**属**(zhǔ,连接)。故父有**过**(过失),子三谏不听,则**随而号之**(继之以号哭);人臣三谏不听,则其**义**(从道义上来说)可以去矣。”于是太师、少师乃劝微子去,遂**行**(远走)。

周武王伐纣**克**(战胜)殷,微子乃持其**祭器**(祭祀天地与宗庙之器)**造**(前往)于军门,**肉袒**(脱掉上衣)**面缚**(缚手,面向前),左牵羊,右把**茅**(通“旄”,旗),**膝行**(跪在地上前行)而前以告。于是武王乃**释**(释放)微子,**复**(恢复)其位如故。

——《宋微子世家第八》

【故事导读】

商朝末年,纣王荒淫残暴,庶兄微子启、箕子和纣王的叔父比干谏而不听，微子逃走，箕子佯狂为奴，比干被“剖视其心”。武王灭纣后，访问微子、箕子，箕子告诉武王：天子恩惠仁德，则风调雨顺，国泰民安；天子若狂妄享乐，恶行膨胀，则自然界违反常规，民贫国乱。传记不惜篇幅转录艰涩难懂的《尚书·洪范》全文，以示对以上治国方略的赞同。

“殷末三仁”是孔子对微子、箕子、比干的评价。当微子看到西伯侯姬昌势力日渐强大，已经威胁到商朝统治时，便再次劝谏纣王。但纣王不以为然：“我贵为天子，所做的一切都是上天的意志，谁能把我怎么样？”微子见纣王顽固不化，便想一死了之。他的朋友劝他：“纣王已经如此，你即使死了，他也不会悔悟，国家也得不到治理，不如远走他乡。”于是微子离开了纣王。箕子屡谏，纣王越发荒淫，箕子便自贬为奴，假装疯癫，最后隐居，鼓琴自慰。比干直言进谏，历数纣王罪过，纣王大怒，下令斩杀比干，剖出其心脏。

周朝建立后，周王为了表彰前代忠臣贤士，重新厚葬了比干，将微子、箕子分别封到宋地和朝鲜去做国君。后来，箕子在朝拜周王的路上，经过殷朝当年的都城，看到昔日富丽堂皇的王宫已成废墟，杂草丛生，一片凄凉，便触景生情，欲哭无泪，吟诗一首。殷朝的老百姓听到这首诗后，无不为之伤感泪下。三人的忠诚与美德，一直为后人传颂。

滑稽可笑宋襄公

八年，齐桓公卒，宋欲**为**（主持）盟会。十二年春，宋襄公**为**（召集，举行）**鹿上**（安徽阜阳市）之盟，**以求诸侯于楚**（以谋求楚国承认他是诸侯盟主），楚人许之。公子目夷谏曰："小国争盟，祸也。"不听。秋，诸侯会宋公盟于**盂**（河南睢县）。目夷曰："祸**其**（大概，表推测语气）在此乎？君**欲**（欲望）已**甚**（过分），何以**堪**（忍受）之！"于是楚**执**（扣押）宋襄公以伐宋。冬，会于**亳**（山东曹县），以**释**（释放）宋公。**子鱼**（目夷，字子鱼，时为大司马）曰："祸犹未也。"十三年夏，宋伐郑。子鱼曰："祸在此矣。"秋，楚伐宋以救郑。襄公将战，子鱼谏曰："天之**弃商**（不保佑我们商朝人。宋为殷商后裔）久矣，不可。"冬，十一月，襄公与楚成王战于**泓**（河南柘城县）。楚人未**济**（渡河），目夷曰："彼众我寡，及其未济击之。"公不听。已济未**陈**（通"阵"，布好阵），又曰："可击。"公曰："待其已陈。"陈成，宋人击之。宋师大败，襄公伤**股**（大腿）。国人皆怨公。公曰："君子不**困**（围困）人于**厄**（困境），不**鼓**（击鼓，进攻）**不成列**（不成行列）。"子鱼曰："兵以胜**为功**（作为功效），**何常言与**（哪里能讲这些迂腐庸俗的话呢。常:通'尝'，曾）！必如公言，即**奴**（像奴隶一样）事之耳，**又何战为**（又打仗干什么呢）？"

——《宋微子世家第八》

【故事导读】

宋国是春秋时期的小国，齐国称霸天下时它是齐国的盟国。齐桓公死后，天下群龙无首。宋襄公不顾国小力微，也妄图效仿齐桓公称霸诸侯，匡正天下。公子目夷看透了宋襄公的野心，劝他："小国争霸，必然招致灾难。"但宋襄公不听，一意孤行，召集诸侯会盟。结果盟主没当上，反成了楚国的阶下囚。冬天,宋襄公攻打郑国,与前来援救郑国的楚军在泓水激战。本来以逸待劳的宋军却放弃进攻,理由是:我们是仁义之师,不能乘人之危。等到楚军渡过河布好阵,宋襄公才下令进攻。结果,宋军大败,宋襄公身中飞箭险些丧命。然而,他竟振振有词地辩解:“君子作战,不乘人之危;仁义之师,不进攻没有布好阵的军队。”第二年,宋襄公因箭伤发作而死。

凭宋国的实力,主诸侯之盟,是不明智的;为主持会盟而求援于楚,是引狼入室;不顾国家安危而伐郑,是轻举妄动;与敌作战,对方未渡河不击,未成阵不击,连失良机,是愚蠢的。慕虚名而不务实,又缺乏远见与自知之明,使宋襄公永远成了历史的笑柄。

骊姬乱晋

献公私谓骊姬曰:“吾欲废太子,以奚齐代之。”骊姬泣曰:“太子之立,诸侯皆已知之,而**数**(多次)**将**(率领)兵,百姓附之,奈何以贱妾之故废**适**(通‘嫡’,正妻所生长子)立庶? 君**必**(如果一定)行之,妾自杀也。”骊姬**详**(通“佯”)誉太子,而**阴**(暗中)令人**谮恶**(诬陷。谮,zèn)太子,而欲立其子。

二十一年,骊姬谓太子曰:“君梦见齐姜,太子速祭**曲沃**(山西闻喜县),归**釐**(xī,胙肉)于君。”太子于是祭其母齐姜于曲沃,**上**(呈上)其**荐**(进献)**胙**(zuò,祭祀用过的肉)于献公。献公时出猎,置胙于宫中。骊姬使人置毒药胙中。居二日,献公从猎来还,**宰人**(厨师)上胙献公,献公欲**飨**(xiǎng,通“享”)之。骊姬从旁止之,曰:“胙**所从来远**(从远方来的肉),**宜**(应该)试之。”祭地,地**坟**(隆起);**与**(给)犬,犬死;与**小臣**(宫中侍御的阉人),小臣死。骊姬泣曰:“太子何忍也! 其父而欲弑代之,况他人乎? 且君老矣,**旦暮**(早晚)之人,**曾**(竟)不能待而欲弑之! ”谓献公曰:“太子**所以然**(之所以这样)者,不过**以**(因为)妾及奚齐之故。妾愿子母**辟**(通‘避’)之他国,**若**(或者)早自杀,毋**徒**(白白地)使母子为太子所鱼肉也。始君欲废之,妾犹**恨**(遗憾)之;至于今,妾**殊**(很,非常)自失于此。”太子闻之,奔**新城**(曲沃)。献公怒,乃诛其**傅**(老师)杜原款。**或**(有人)谓太子曰:“**为**(置)此药者乃骊姬也,太子何不自**辞**(告诉)明之?”太子曰:“吾君老矣,**非**(没有)骊姬,寝不安,食不甘。**即**(如果)辞之,君且怒之。不可。”或谓太子曰:“可**奔**(逃往)他国。”太子曰:“**被**(遭受,蒙受)此恶名以出,人谁**内**(通‘纳’)我? 我自杀耳。”十二月戊申,申生自杀于新城。

——《晋世家第九》

【故事导读】

《晋世家第九》主要叙述了晋国三个阶段的史实。

第一阶段：晋国的始祖是周成王的弟弟姬虞。成王与弟弟玩耍，桐叶封弟，叔虞被封于唐，故称“唐叔虞”，疆域在今山西省南部。晋穆侯娶了齐国女子姜氏，生下太子，取名仇；生下少子，取名成师。晋大夫师服认为太子名仇，少子名成师，嫡庶的名字颠倒，预示着晋将有内乱。果然，穆侯死后，其弟殇叔自立为君，太子仇出奔，内乱开始。昭侯元年（前745年），成师封于曲沃，号为桓叔。曲沃虽为封邑，但城之规模比晋国都城翼还大。六十七年后，曲沃的武公灭晋，曲沃成为晋都城；武公之子立为晋侯，即晋献公。

晋献公因宠爱骊姬而改立太子，逼原太子申生自杀，即选文《骊姬乱晋》。

太子申生死后，骊姬为了将献公的另外两个公子重耳、夷吾一网打尽，便诬告公子重耳、夷吾参与了胙肉投毒的事。献公大怒，两公子逃亡。献公向虞国借道欲攻虢（guó）国，虢国大夫宫之奇不同意，但虞君不听劝阻。结果，晋借道灭虢后，返回时顺道灭了虞国，这就是历史上“唇亡齿寒”的典故。

第二阶段：晋公子重耳流亡途中到了齐国，爱恋齐国妻子，安于现状，妻子与随从设计灌醉他，将他带离齐国，即选文《醉载重耳》。

重耳经过曹国、宋国、郑国到了楚国，楚成王以相国的诸侯礼相待；到了秦国，“缪公以宗女五人妻重耳”。晋惠公去世后的第二年（前636年），重耳在秦国的帮助下回国登基，即晋文公。文公返国后，奖赏有功之臣，却忘记了介子推，即选文《介子推隐居不禄》。

在诸侯争霸的道路上，文公遇到强劲的对手楚国。两国都想做中原霸主，矛盾难以调和，晋楚之战不可避免。两军交战，晋军后退九十里，以报答当年流亡时楚国的恩情。最后，双方大战于城濮，楚军大败，晋文公成就霸业。

第三阶段：文公死后（前628年），儿子欢立，即晋襄公。这一年，秦军经过晋国去袭郑，“郑贾（gǔ）人弦高将市于周，遇之，以十二牛劳秦师。秦师惊而还，灭滑而去”，秦在返回途中遭晋伏击，三位将军孟明视、西乞术、白乙丙被俘，史称“殽之战”。襄公死后，灵公即位（前620年）。灵公即位后，奢侈厚敛，大臣赵盾数谏，引起灵公不满，灵公派人刺杀赵盾，即选文《桑下饿人救赵盾》。

晋国从成公开始，君权日衰，国家政权实际掌握在赵、韩、魏、范、中行、知伯六家大夫手中。六家为了争权夺利，不断争斗，范、中行两家被消灭。剩下的四家中，知伯家势力最大，晋国政务全由知伯掌握，国君成了傀儡。后来，赵、韩、魏联合，打败了知伯，晋国成了这三家的天下，史称“三家分晋”。三家分晋后，赵、韩、魏自立为诸侯，成为中原大国，连同当时的秦、齐、楚、燕四国，被称为“战国七雄”。

《骊姬乱晋》记述的是骊姬诬陷太子的故事。晋献公五年（前672年），献公征伐骊戎，得到骊姬和骊姬的妹妹。献公非常宠爱，骊姬生下奚齐，妹妹生下悼子。爱屋及乌，献公欲废太子申生而立奚齐。骊姬表面佯装褒扬申生，暗中却极力诽谤，而且不择手段地予以陷害。她以献公梦见太子的母亲齐姜为由，让太子去曲沃祭奠自己的母亲。太子祭奠回来后，将祭祀的胙肉献给父亲，骊姬趁机投毒，诬陷太子。最后，太子背负恶名自杀，以死表明作为臣子的忠诚、作为儿子的孝顺。

醉载重耳

至齐，齐桓公厚礼，而以**宗**（宗族）女**妻**（qì，嫁）之，有马二十**乘**（shèng，古代一车四马为一乘），重耳**安**（安逸）之。重耳至齐二岁而桓公**卒**（死），**会**（正逢）竖刁等为内乱，齐孝公之立，诸侯兵**数**（多次）至。留齐**凡**（共）五岁。重耳爱齐女，毋**去**（离开）心。赵**衰**（cuī）、咎犯乃于桑下谋行。齐女侍者在桑上闻之，以告其主。其主乃杀侍者，劝重耳**趣**（通"促"，赶快）行。重耳曰："人生安乐，**孰**（哪里）知其他！必死于此，不能去。"齐女曰："**子**（您）一国公子，**穷**（处境困窘）而来此，数士者**以子为命**（把你当作他们的生命）。子不**疾**（快）**反**（通'返'）国，**报**（报答）劳臣，而**怀女德**（贪恋女色），**窃**（私下，谦词）为子羞之。且**不求**（不谋求回国），何时得**功**（成功）？"乃与赵衰等谋，**醉**（灌醉）重耳，载以行。行远而觉，重耳大怒，**引戈**（拿起戈）欲杀咎犯。咎犯曰："杀臣**成子**（成全了你），偃之愿也。"重耳曰："事不成，我食舅氏之肉。"咎犯曰："事不成，犯肉腥臊，何足食！"乃**止**（止怒），遂行。

——《晋世家第九》

【故事导读】

骊姬的陷害，使公子重耳与公子夷吾被迫出逃。重耳逃到狄国，在狄国娶妻生子，生活了十二年。献公死后，公子夷吾即位，派人刺杀重耳。不得已，重耳离狄投齐。在前往齐国的途中，重耳先到卫国，受到卫文公的怠慢；一行来到齐国，受到齐桓公的盛情款待。齐桓公送给他豪华的住宅、华丽的车马，还将同宗女儿姜氏嫁给他。重耳感到非常满足，从此不再提回晋国的事。一晃五年过去了，眼看重耳迷恋姜氏，安于富贵，赵衰、狐偃、姜氏等人便设计将重耳灌醉，把他抬到马车上，悄悄驶离齐国。几经周折，重耳终回晋国，当上了国君，这就是晋文公。

介子推隐居不禄

文公**修政**(修明政教),施惠百姓。赏**从亡者**(跟从流亡的人)及功臣,大者封邑,小者尊爵。未**尽**(全)行赏,周襄王**以**(因)弟**带**(太叔带)**难**(发难。前636年太叔带勾结狄人攻周)**出**(逃出)居郑地,来告急晋。晋初定,欲发兵,恐他乱起,**是以**(因此)赏从亡未至隐者介子推。推亦不言禄,禄亦不及。推曰:“献公子九人,唯君在矣。惠、怀**无亲**(没有亲人),外内弃之;天未绝晋,必将有主,**主**(主持)晋祀者,非君而谁?**天实**(上天确实)**开之**(开启了成功之门),**二三子**(这几个人)以为己力,不亦**诬**(荒谬)乎?窃人之财,犹曰是盗,况贪天之功以为己力乎?**下**(臣下)**冒**(遮盖,掩饰)其罪,**上**(主上)赏其**奸**(奸诈),上下相**蒙**(蒙骗),难与处矣!”其母曰:“**盍**(hé,何不)亦**求之**(赏赐),以死**谁怼**(怨恨谁。怼,duì)?”推曰:“**尤**(罪过。明明知道那些人的罪过)而效之,罪**有**(通‘又’)甚焉。且出怨言,不食其禄。”母曰:“亦使知之,若何?”对曰:“言,身之**文**(通‘纹’,纹饰)也;身欲隐,**安**(哪里,何必)用文之?文之,是求**显**(显贵)也。”其母曰:“能如此乎?与**女**(通‘汝’)**偕**(一起)隐。”至死不复**见**(通“现”)。

介子推从者怜之,乃悬书宫门曰:“**龙**(指重耳)欲上天,**五蛇**(指狐偃、赵衰、魏武子、司空季子、介子推)为辅。龙已升云,四蛇各入其**宇**(屋),一蛇独怨,终**不见处所**(找不到自己的处所)。”文公出,见其书,曰:“此介子推也。吾方忧王室,未**图**(考虑)其功。”使人召之,则**亡**(逃亡)。遂求所在,闻其入**绵上**(山西介休县南、沁原县西北)山中,于是文公环绵上山中而**封**(封赏)之,以为介推田,号曰介山,“以记吾过,且**旌**(表彰)善人”。

——《晋世家第九》

【故事导读】

经过十九年的流亡，晋公子重耳在秦国的帮助下回到了晋国。当了国君后，他奖赏与他同甘共苦的有功之臣，却唯独忘了介子推。但介子推“亦不言禄”，与母俱隐。后来，晋文公派人请介子推上朝受赏，介子推婉拒；文公亲自去请，但见大门紧闭，介子推早已背着老母躲入了绵山。为了迫使介子推下山，文公下令放火烧山。孰料大火燃烧三天三夜，介子推踪影全无。大火熄灭后，文公派人上山搜寻，只见介子推母子抱着一棵烧焦的大树而死。为纪念不居功劳、不图富贵的介子推，后世将绵山所在地改称介休市，成为介子推永远的安息之地；每年这一天，全国禁烟禁火，成为后世的寒食节。

桑下饿人救赵盾

十四年(前 607 年),灵公**壮**(成年),侈,厚敛以**雕墙**(装潢宫室)。从台上弹人,观其避丸也。**宰夫**(厨师)**胹**(ér,煮)熊**蹯**(fán,掌)不**孰**(通"熟"),灵公怒,杀宰夫,使妇人持其尸出弃之,过朝。赵盾、随会**前数**(前去多次)谏,不听;已又见死人手,二人前谏。随会先谏,不听。灵公患之,使**鉏麑**(chú ní,晋国力士)刺赵盾。盾**闺门**(内门,寝室门)开,居处**节**(节俭),鉏麑退,叹曰:"杀忠臣,弃君命,罪**一**(一样)也。"遂触树而死。

初,盾**常**(通"尝",曾)**田**(通"畋",打猎)首山,见桑下有饿人。饿人,**亓**(qí)眯明也。盾**与**(给予)之食,食其半。问其故,曰:"**宦**(做官,在外)三年,未知母之存**不**(通'否'),愿**遗**(wèi)母。"盾**义**(认为他很有情义)之,**益**(增加)与之饭肉。已而**为**(做了)晋宰夫,赵盾弗复知也。九月,晋灵公**饮赵盾酒**(宴请赵盾),伏甲将攻盾。公宰亓眯明知之,恐盾醉不能起,而进曰:"君赐臣,**觞三行**(酒过三巡)可以**罢**(结束)。"欲以**去**(使……离开)赵盾,**令先**(让赵盾先离开),毋及难。盾既去,灵公伏士**未会**(未集合好),先**纵**(放出)**啮**(咬人)狗名敖。明**为**(替)盾搏杀狗。盾曰:"弃人用狗,虽猛何为。"然不知明之为**阴德**(暗中保护他)也。已而灵公纵伏士出逐赵盾,亓眯明反击灵公之伏士,伏士不能进,而竟脱盾。盾问其故,曰:"我桑下饿人。"问其名,弗告。明亦因**亡**(逃)去。

盾遂奔,未出晋境。乙丑,盾**昆弟**(兄弟,这里指堂弟)将军赵穿袭杀灵公于桃园而迎赵盾。赵盾**素贵**(一向尊贵),得民和;灵公**少**(年纪小),侈,民不附,故为**弑易**(所以杀死他很容易。弑:臣杀君,子杀父)。盾**复位**(恢复了先前的地位)。晋太史董狐书曰"赵盾弑其君",以**视**(传看)于朝。盾曰:"弑者赵穿,我无罪。"太史曰:"子为正卿,而亡不出**境**(晋国边境),**反**(通'返')不诛国乱,非子而谁?"孔子闻之,曰:"董狐,古之良史也,**书法**(依据法制直书历史)不隐。**宣子**(赵盾),良大夫也,**为法受恶**(遵守法制,甘愿承受坏名声)。惜也,出疆乃**免**(免除罪名)。"

赵盾使赵穿迎襄公弟黑臀于周而立之,是为成公。

——《晋世家第九》

【故事导读】

赵氏发家源自赵衰(cuī)。赵衰年轻时追随公子重耳,为之出生入死。献公晚年宠幸骊姬,酿成骊姬之乱,太子申生被迫自杀,公子重耳、夷吾逃亡。重耳逃到狄国后,狄国攻打戎族部落,得到两个美貌的女子。狄君将其中一个叫叔隗的赐给赵衰为妻。叔隗生下一子,取名盾,即赵盾。重耳返晋后,赵衰被重用。襄公七年(前622年),晋国老臣们相继离世,赵衰也寿终正寝,三十多岁的儿子赵盾代赵衰执政。襄公死后,灵公即位,赵盾为相国。灵公的奢靡厚敛、贪图享乐,引起赵盾的多次直谏。灵公不满,顿起杀念,派人刺杀赵盾。杀手潜入赵府,看到赵盾勤政简朴,受到感动而自杀。灵公一计不成,再生一计。他设宴款待赵盾,派刀斧手放出恶狗。在赵盾当年赐食的饿人的拼死保护下,赵盾才得以脱身而逃。后来,赵盾的堂弟赵穿杀了灵公,迎回赵盾,赵盾立襄公的弟弟黑臀为晋成公。

灵王逃亡，饿死于民间

灵王闻太子禄之死也，自**投**（跌倒）车下，而曰：“人之爱子亦如是乎？”侍者曰：“甚是。”王曰：“余杀人之子多矣，**能无及此乎**（能不落到这个地步吗）？”右尹曰：“请待于郊以**听国人**（听从国人的处置）。”王曰：“众怒不可犯。”曰：“**且**（暂且）入大县而乞师于诸侯。”王曰：“皆叛矣。”又曰：“且奔诸侯以听**大国之虑**（大国国君的意见）。”王曰：“大福**不再**（不能再次降临），只取辱耳。”于是王乘舟将欲入**鄢**（楚国别都，湖北宜城县）。右尹度王不用其计，惧俱死，**亦去王亡**（也离开王逃跑了）。

灵王于是独**傍偟**（彷徨）山中，**野人**（山野百姓）莫敢**入**（收留）王。王行遇其故**铜人**（帝王的侍臣。也作“涓人”。铜，xuān），谓曰：“为我求食，我已不食三日矣。”铜人曰：“新王**下**（颁布）法，有敢**饷**（供给食物）王、从王者，罪及三族，且又**无所**（无处）得食。”王因枕其**股**（大腿）而卧。铜人又以土自代，逃去。王**觉**（醒）而弗见，遂饥弗能起。**芋尹**（芋邑大夫）申无宇之子申亥曰：“吾父**再**（两次）犯王命，王弗诛，恩**孰大焉**（没有比这个更大的了）！”乃求王，遇王饥于釐泽，**奉**（侍奉）之以归。夏五月癸丑，王**死**（自缢）申亥家，申亥以二女**从死**（殉死），并葬之。

——《楚世家第十》

【故事导读】

楚国是周初的异姓诸侯国。熊绎，姓芈（mǐ），被周成王封到楚蛮，住在丹阳。周夷王时，周王室衰微，楚首领熊渠借自己处在蛮夷之地，不必与中原各国的名称、谥号一样，便称自己的儿子为“王”；春秋时期，各诸侯国的统治者依然称“公”，而楚熊通不顾周王反对，自称“武王”，即楚武王。楚武王死后，楚文王即位（前689年），迁都郢（湖北荆州市），楚国开始强大。

庄王八年（前606年），楚伐陆浑戎，路过洛阳，询问周朝权力的象征——九鼎的大小轻重。王孙满回答："统治国家重要的是道德，而不是宝鼎。"此即历史上"楚王问鼎"的故事。

楚灵王是以不正当的手段获取王位的，登上王位后他便四处征战，对外争霸，最后却饿死在民间。后来，灵王的弟弟弃疾威逼两位兄长子比、子皙自杀后自立为王，即楚平王。即位后的第二年（前527年），平王派费无忌前往秦国为太子建娶妻，因秦女貌美，平王将其占为己有。太子建流亡吴国。平王十三年（前516年），平王死，平王所娶秦女生的儿子珍即位，即楚昭王。吴楚大战，吴军攻入郢都，伍子胥鞭尸平王，昭王出逃。

威王十一年（前329年），威王死，怀王即位。怀王时期（前328—前299年），楚国一再被秦欺骗，几次大败后一蹶不振，最后怀王被秦扣留，客死他乡。一个庸主怀王，一个说客张仪，一个宠妃郑袖，一个奸臣靳尚，葬送了一个强大的楚国。

《灵王逃亡，饿死于民间》写的是楚灵王饿死在民间的故事。楚康王死后，将王位传给儿子员。员年少，便让他的叔父公子围做令尹，掌管国政。三年后，楚王患病，公子围借探望之机，进宫将楚王用冠缨勒死，自立为王，即楚灵王。楚灵王效仿齐桓公，召集诸侯在楚国会盟，以霸主自居，发兵灭了陈国、蔡国，攻打徐国。正在得意之际，他的弟弟子比、子皙和弃疾趁其不在都城，发动兵变，进入王宫杀死了太子禄，拥立子比为楚王。灵王听到太子被杀的消息，失神地跌倒在车下，说："人们爱自己的儿子也都如此吗？"侍者回答："还要超过您。"灵王说："我杀别人的儿子太多，这真是报应啊！"成了孤家寡人的灵王独自在山中徘徊，饿得头昏眼花，不能坐起，好心人申亥舍命相救。

一国之君，一旦失去王位，其处境之艰难，与他平日的颐指气使就形成鲜明对照。

卧薪尝胆

三年（前494年），勾践闻吴王夫差日夜**勒兵**（练兵），**且**（将要）以**报**（报仇）越，越欲**先吴未发**（在吴国未发兵前）往伐之。范蠡（lǐ）谏曰："不可，臣闻**兵**（兵器）者凶器也，战者**逆**（违背）德也，争者事之**末**（下等）也。阴谋逆德，好用凶器，**试身于所末**（亲身参与下等事），**上帝**（天帝）禁之，**行者**（这样做）不利。"越王曰："吾已决之矣。"遂兴师。吴王闻之，**悉**（全）发精兵击越，败之**夫椒**（江苏苏州市西南太湖中）。越王乃以余兵五千人**保栖**（守卫，居住）于**会稽**（浙江绍兴市南。会，kuài）。吴王追而围之。

勾践之困会稽也，喟然叹曰："吾终于此乎？"种曰："**汤**（商汤）系夏台，文王囚**羑**（yǒu）里，晋重耳奔**翟**（通'狄'），齐小白奔**莒**（jǔ），其**卒王霸**（最终称王称霸）。由**是**（此）观之，何**遽**（就）不**为**（是）福乎？"

吴既赦越，越王勾践**反**（通"返"）国，乃苦身焦思，置胆于坐，坐卧**即仰**（就仰视）胆，饮食亦尝胆也，曰："**女**（通'汝'）忘会稽之耻邪？"身自耕作，夫人自织，食不加肉，衣**不重采**（不穿带有花纹、带有装饰的衣服），**折节**（屈己，表谦恭）**下贤人**（礼贤下士），厚遇宾客，**振**（通"赈"，救济）贫**吊**（悼念，祭奠）死，与百姓同其劳。欲使范蠡治国政，蠡对曰："兵甲之事，种不如蠡；**填**（通'镇'）抚国家，亲附百姓，蠡不如种。"于是**举**（全）国政**属**（托付）大夫种，而使范蠡与大夫柘稽**行成**（求和），**为质**（做人质）于吴。二岁而吴归蠡。

——《越王勾践世家第十一》

【故事导读】

吴王阖庐听说越国国王允常死了，便举兵进攻越国，越国新君勾践率兵迎战。初战不利，勾践派遣死囚犯排成三行，冲向吴军，在吴军阵地前大声呼喊，挥剑自杀。吴军将士看得目瞪口呆，勾践乘势发起进攻，吴军大败，阖庐也身中利箭，不久死去。吴王夫差即位后，为报杀父之仇，重用伍子胥，日夜操练兵马。听到消息后，勾践决定先发制人，发兵攻吴。结果，被吴击败，越王勾践聚拢五千名残兵败将退守会稽山，此即选文《卧薪尝胆》。

几年之后，随着越王勾践的败退屈服，吴王准备讨伐齐国。伍子胥进谏，力主先除心头大患越，再伐齐。求霸心切的吴王不仅不采纳，反而在太宰嚭(pǐ)、逄(páng)同的诽谤诬陷下赐死伍子胥。过了几年，勾践乘吴王会盟诸侯、吴都只留老弱残兵与太子之机，率军攻吴，杀死吴太子。不久，越再度攻吴，大败吴军，并包围吴都三年，吴王夫差被困姑苏山(江苏苏州市)。吴王求和，遭到越王大臣范蠡的拒绝，范蠡鸣鼓进军，吴王自杀。

《卧薪尝胆》写的是越王勾践退守会稽后不忘雪耻、发愤以图东山再起的故事。勾践的周围聚集了一批贤能之臣，如范蠡、文种、逄同等，他们竭尽自己之力辅佐勾践，勾践也能采纳他们的建议。君明臣贤，成就一代霸主。

范蠡浮海隐退

范蠡(lǐ)**事**(侍奉)越王勾践,**既**(已经)苦身**戮力**(合力,尽力),与勾践深谋二十余年,**竟**(最终)灭吴,报会稽之耻,北渡兵于淮以**临**(到,靠近)齐、晋,号令**中国**(中原),以尊周室,勾践以霸,而范蠡称上将军。还**反**(通"返")国,范蠡以为大名之下,难以久居,且勾践为人可与同患,难与处安,**为书辞**(写信告别)勾践曰:"臣闻主忧臣**劳**(劳苦),主辱臣死。昔者君王辱于会稽,**所以**(之所以)不死,为此事也。今既**以**(通'已')雪耻,臣请**从会稽之诛**(君王赐我会稽受辱的死罪)。"勾践曰:"孤将与**子**(您)**分**(平分)国而有之。不然,将**加**(施加)诛于子。"范蠡曰:"君行令,臣**行意**(按志趣行事)。"乃装其轻宝珠玉,自与其私徒属乘舟浮海以行,终不**反**(通"返")。于是勾践**表**(标记)会稽山以为范蠡奉邑。

范蠡浮海出齐,变姓名,自谓**鸱夷子皮**(伍子胥自杀,吴王用鸱夷盛其尸,投江。范蠡自认为罪同子胥,故自称"鸱夷子皮"。鸱,chī),耕于海**畔**(边),苦身戮力,父子**治**(治理)产。**居无几何**(过了不久),致产数十万。齐人闻其贤,以为相。范蠡喟然叹曰:"居家则致千金,**居官**(在家)则至卿相,此**布衣**(平民)之极也。久受尊名,不祥。"乃归相印,尽散其财,以分与知友乡党,而**怀**(带)其**重宝**(贵重珍宝),**间**(悄悄)行以去,止于**陶**(山东定陶区),以为此天下之**中**(中心),交易**有无**(货物占有与否,即买卖)之路**通**(通畅),**为生**(经商)可以致富矣。于是自谓陶朱公。复**约要**(约定)父子耕畜,**废**(停止)**居**(贮藏),候时**转物**(转卖,贱买贵卖),逐**什一**(十分之一)之利。居无何,则致**赀**(通"资")累巨万。天下称陶朱公。

——《越王勾践世家第十一》

【故事导读】

《范蠡浮海隐退》中，范蠡不仅自己功成身退，离开越国，而且劝文种“越王为人长颈鸟喙，可与共患难，不可与共乐。子何不去”。果然，如范蠡所料，“人或谗种且作乱，越王乃赐种剑”，文种自杀。范蠡离越后，乘船漂海到了齐国，更名改姓，父子合力治理产业，积财达几十万，并做了齐国国相。后来，范蠡归还了相印，散发了全部家产，秘密离齐，定居陶地。在陶地，父子俩又开始经营生意，再次积累了丰厚的家财。天下人称他为“陶朱公”。

范蠡是一个传奇人物。他侍奉越王勾践二十余年，为勾践策划一切，指挥军事，灭了吴国，使其称霸中原。功成名就之后，却急流勇退，选择隐姓埋名、远走高飞，这是一种高度，这种高度一般人是难以企及的。可以共患难，不可同享乐，这不仅是针对越王勾践说的，这也是古代无数贤臣良将的人生悲剧。

郑庄公黄泉见母

二岁，**犬戎**（戎族的一支）杀幽王于**骊山**（陕西西安市临潼区）下，并杀桓公。郑人**共**（一起）立其子掘突，是为武公。

武公十年（前761年），娶申侯女为夫人，曰武姜。生太子**寤生**（难产。因逆生，故名寤生），生之难，及生，夫人弗爱。后生少子叔段，段生易，夫人爱之。二十七年，武公疾。夫人请公，欲立段为太子，公弗听。是岁，武公卒，寤生立，是为庄公。

庄公元年，封弟段于**京**（河南荥阳市），号太叔。**祭**（zhài）仲曰："京大于**国**（国都），**非所以**（不能用来）封**庶**（与嫡相对，此指叔段）也。"庄公曰："武姜欲之，我弗敢夺也。"段至京，**缮治**（整治）甲兵，与其母武姜谋袭郑。二十二年，段果袭郑，武姜为内应。庄公发兵伐段，段**走**（逃跑）。伐京，京人**畔**（通"叛"）段，段出走**鄢**（河南鄢陵县）。鄢溃，段出奔**共**（河南辉县市）。于是庄公迁其母武姜于**城颍**（河南临颍县），誓言曰："不至黄泉，毋相见也。"居岁余，已悔思母。**颍谷**（河南登封市）之考叔**有献**（有礼物进献）于公，公赐食。考叔曰："臣有母，请君食赐臣母。"庄公曰："我甚思母，**恶**（wù，讨厌，怕）**负盟**（违背誓言），奈何？"考叔曰："穿地至**黄泉**（有泉水的地方），则相见矣。"于是遂从之，见母。

——《郑世家第十二》

【故事导读】

郑桓公是周厉王的小儿子，周宣王的庶弟，被宣王封于郑。两年后（前771年），犬戎杀周幽王，并杀了郑桓公。桓公的儿子掘突立为武公，迁都新郑(河南新郑市)。郑武公娶的是申侯的女儿,叫武姜,武姜生了寤生、叔段。因生寤生时难产受到惊吓,武姜不喜欢寤生,而喜欢小儿子段。寤生即位成为庄公后,封弟弟段于京。庄公的母亲与段密谋,里应外合,攻打都城,欲夺取王位。不料,庄公早有准备,率军击败了段,迁其母于城颍,并发誓说:“不到地下黄泉,永不相见!”一年以后,庄公很思念母亲,后悔他说过那些话。恰在此时,颍考叔进见,庄公请他吃饭,颍考叔把肉放在一边,庄公问他原因,他说:“家有老母,想把肉带回去,孝敬母亲。”庄公感叹:“我也很想念母亲,可是发过誓,不知该怎么办。”颍考叔答道:“这很容易,只要掘地见水,在地道中相见,谁能说不对呢!”庄公照此而做,终于见到了母亲,母子感情如初。

庄公的太子忽与公子突是异母兄弟,忽即位后成为郑昭公。不久,昭公被逼奔卫,公子突被立为厉公。厉公四年(前697年),相国祭仲专权,厉公担心自己的地位不保,暗中派祭仲的女婿雍纠杀死祭仲。雍纠的妻子知道此事后,问母亲:“父亲与丈夫哪一个更亲?”母亲回答:“父亲只有一个,丈夫却可以有很多选择!”祭仲的女儿就将此事告知了父亲。接到女儿的密报,祭仲火速派兵捉拿雍纠,并立即将其处死,暴尸于闹市。不久,祭仲将厉公赶下王位,迎回太子忽,即郑昭公。

四十三年(前630年),秦、晋围郑,即高中语文课本中《烛之武退秦师》。后来,秦伐郑,路遇郑国商人弦高。弦高急中生智,拿出自己做生意的十二头牛慰劳秦军,秦穆公误以为郑国早已获得秦军偷袭的消息而做好迎战的准备,便撤兵回国。回国途中,秦遭晋伏击,即历史上的“殽之战”。其后数年,处在秦、晋两个大国之间的郑国,时而与楚结盟,时而又投入晋国的怀抱,遭受大国一次又一次的攻击。

《郑庄公黄泉见母》源自《左传》,《左传》的记述较《史记》更为详尽。

赵氏孤儿

晋景公之**三年**(前597年),大夫屠岸贾欲诛赵氏。初,赵盾在时,梦见叔带**持**(抱)**要**(通"腰")而哭,甚悲;已而笑,**拊**(拍)手且歌。盾卜之,**兆绝而后好**(龟甲上烧出的裂纹中断,但后面又好了)。赵**史援**(史官,名叫援)**占**(占卜)之,曰:"此梦甚恶,**非**(不应验)君之身,**乃**(而是在)君之子,然亦君之**咎**(jiù,过错)。至孙,赵将**世**(世代)益衰。"屠岸贾者,始有宠于灵公,及至于景公而贾为司寇,将**作难**(诛灭赵氏),乃**治**(追究)灵公之**贼**(杀害灵公的罪犯)以**致**(加罪)赵盾,遍告诸将曰:"盾虽**不知**(不知情),犹为贼首。以臣弑君,子孙在朝,何以惩罪?请诛之。"韩厥曰:"灵公遇**贼**(害,残害),赵盾在外,吾先君以为无罪,**故**(所以)不诛。今诸君将诛其后,**是非**(这不是)先君之意而今**妄**(胡乱)诛。妄诛谓之**乱**(作乱)。臣有大事而君不闻,是无君也。"屠岸贾不听。韩厥告赵朔**趣**(通"促",赶快)**亡**(逃跑)。朔不肯,曰:"**子**(您)必不绝**赵祀**(赵氏后代),朔死不**恨**(遗憾)。"韩厥许诺,称疾不出。贾**不请**(不请求国王命令)而擅与诸将攻赵氏于**下宫**(赵氏家族的宫室),杀赵朔、赵同、赵括、赵婴齐,皆灭其族。

赵朔妻成公姊,有遗腹,走**公**(晋景公)宫匿。赵朔客曰公孙**杵臼**(chǔ jiù),杵臼谓朔友人程婴曰:"**胡**(为什么)不死?"程婴曰:"朔之妇有遗腹,若**幸**(幸运)而男,吾奉之;**即**(如果)女也,吾**徐**(慢慢)死耳。"**居无何**(过了不久),而朔妇**免**(通"娩")身,生男。屠岸贾闻之,索于宫中。夫人置儿**绔**(通"裤")中,**祝**(祈祷)曰:"赵宗灭乎,**若**(你)号;即不灭,若无声。"及索,儿竟无声。已脱,程婴谓公孙杵臼曰:"今一索不得,后必**且复**(将又)索之,奈何?"公孙杵臼曰:"**立孤**(扶立孤儿)与死**孰**(谁,哪个)难?"程婴曰:"死易,立孤难耳。"公孙杵臼曰:"赵氏先君**遇子**(对待您)厚,子**强**(勉强)**为**(做)其难者,吾为其易者,请先死。"乃二人谋取他人婴儿**负**(背在身上)之,**衣**(穿上)以文**葆**(小儿衣),匿山中。程婴出,**谬**(假装)谓诸将军曰:“**婴不肖**(我程婴不好),不能立赵孤。谁能**与**(给予)我千金,吾告赵氏孤处。”诸将皆喜,许之,**发师**(派兵)随程婴攻公孙杵臼。杵臼谬曰:“小人哉程婴!**昔下宫之难**(指上文‘贾不请而擅与诸将攻赵氏于下宫’)不能死,与我谋匿赵氏孤儿,今又卖我。**纵**(纵然)不能立,而忍卖之乎!”抱儿呼曰:“天乎天乎!赵氏孤儿何罪?请活之,独杀杵臼可也。”诸将不许,遂杀杵臼与孤儿。诸将以为赵氏孤儿**良**(诚,真的)已死,皆喜。然赵氏真孤**乃反**(却,反而)在,程婴**卒**(最终)与俱匿山中。

及**赵武**(赵朔遗腹子)**冠**(男子二十岁而冠,表示成人),为成人,程婴乃**辞**(告别)诸大夫,谓赵武曰:“昔下宫之难,皆能死。我非不能死,我思立赵氏之后。今赵武**既**(已经)立,为成人,**复故位**(恢复了原来的爵位),我将**下报**(下黄泉回报)赵宣孟与公孙杵臼。”赵武啼泣**顿首**(叩头)**固**(坚持)请,曰:“武愿苦筋骨以**报子**(报答您)至死,而子忍去我死乎!”程婴曰:“不可。彼以我为能成事,故先我死;今我不报,**是以我事为不成**(因此他们会认为我事情没有办成)。”遂自杀。赵武服**齐衰**(丧服,仅次于最重要的丧服斩衰。衰,cuī)三年,为之**祭邑**(划出一块领地,专祭祀程婴、公孙杵臼),春秋祠之,世世勿绝。

——《赵世家第十三》

【故事导读】

晋公子重耳流亡时,赵襄子生死相依,患难与共。重耳返晋登基后,赵襄子被重用,辅佐文公称霸诸侯。赵襄子死后,其子赵盾继承父业,辅佐晋襄公、晋灵公。赵盾死后，儿子赵朔嗣位，辅佐晋景公，任晋三军中的下军统帅。此时，晋大夫屠岸贾对赵氏长期执政十分嫉妒，一心想灭掉赵氏，自己取而代之。此即选文《赵氏孤儿》。

赵氏孤儿就是赵朔的儿子赵武。赵武成年后复位，至晋平公时任晋正卿。从赵武开始到赵国建立，赵氏的后代依次为景叔、赵鞅（即赵简子）、毋恤（即赵襄子）。到赵简子，赵氏在晋国的权势达到高峰。

三家分晋后，赵国由赵襄子执政。从襄子开始，历经六代诸侯，到赵武灵王。赵武灵王是战国时期杰出的人物，他即位后，根据赵国国情，大胆提出了胡服骑射的主张。虽遭各方反对，阻力重重，但他对旧势力毫不妥协，与贵族及大臣进行激烈的论辩，引古谈今，反复讲述胡服骑射的益处，终于使反对者理屈词穷，同意了他的主张。中国古代传统文化历来主张以华化胡，赵武灵王却在服装上推行胡化。他无疑是一位有远见卓识的英主。武灵王二十七年（前 299 年），赵武灵王让位于太子惠文王，而自称“主父”。主父废长立幼，长子赵章十分不满，趁主父与惠文王游沙丘时，发动叛乱，杀死了赵武灵王的忠臣肥义。大臣李兑与公子成起兵，杀死了赵章，兵围主父。三个月后，主父被饿死。胡服骑射，何其英威；沙丘饿死，何等可怜。

孝成王七年（前 260 年），秦、赵大战长平，孝成王用赵括代替廉颇，赵军大败，四十万士兵被活埋。八年，秦围赵都邯郸，即原高中语文课本中《信陵君窃符救赵》。至赵王迁，听信谗言诛杀良将李牧。前 228 年，秦国攻破赵国首都邯郸，赵王被擒，赵灭。

《赵氏孤儿》是《〈史记〉故事导读》一百三十八个故事中字数最多的一篇，原因有三。一是这个故事可读性很强，情节跌宕，波澜起伏；二是人物形象鲜明，栩栩如生，程婴的忍辱负重，公孙杵臼的慷慨牺牲，屠岸贾的奸邪残暴，跃然纸上；三是这个故事在民间流传极为广泛，后世文人反复取材，经久不衰。元代纪君祥据此创作的杂剧《赵氏孤儿》，成为我国最早走向世界的戏剧，王国维誉之为“即列之于世界大悲剧中，亦无愧色也”。

装在口袋里的国君

田乞使人**之**(到)鲁,迎阳生。阳生至齐,匿田乞家。请诸大夫曰:“**常**(田常,田乞的儿子)之母有鱼**菽**(shū,豆类)之**祭**(祭品),**幸**(希望)而来**会**(聚会)饮。”会饮田氏。田乞盛阳生**橐**(tuó,口袋)中,置**坐**(通“座”)中央。**发**(打开)橐,出阳生,曰:“此乃齐君矣。”大夫皆**伏谒**(拜伏谒见),将**盟**(盟誓)立之,田乞**诬**(欺骗)曰:“吾与鲍牧**谋共**(谋划一起)立阳生也。”鲍牧怒曰:“大夫忘景公之**命**(遗命,即嘱托高昭子、国惠子二相立晏孺子为君)乎?”诸大夫欲悔,阳生乃**顿首**(叩头)曰:“可则立之,不可则**已**(就算了)。”鲍牧恐祸及己,乃复曰:“皆景公之子,何为不可!”遂立阳生于田乞之家,是为悼公。乃使人迁晏孺子于**骀**(tái,山东临朐县),而杀孺子荼。悼公既立,田乞为相,**专**(独有,独揽)齐政。

——《田敬仲完世家第十六》

【故事导读】

齐桓公时期,陈国公子陈完为逃避内乱,逃亡到齐国,改名为田完。经过几代人的发展,逐步把持了齐国政权,至田和时竟反客为主,篡夺了齐国的政权,建立了田氏齐国。从此,齐国就由姜姓国变成了田姓国。

经过齐威王、齐宣王父子两代,齐国由弱变强。尤其是齐宣王,招贤纳士,任用田忌、孙膑为将,大败魏军于马陵,射杀魏将庞涓,俘虏了魏太子申,使齐国威震一时。同时,“宣王喜文学游说之士”,“皆赐列第,为上大夫”,让他们“不治而议论”,齐国的临淄成为战国时期的文化中心。

宣王死后,湣王即位。齐湣王即位之初,尚有一番作为,但后期骄傲轻敌，燕相乐毅率五国军队来攻，齐国几乎灭亡。湣王被杀，儿子法章即位，即齐襄王。此时，齐虽有田单攻破燕军，收复失地，但齐之衰落已无可挽救。战国时期的一个泱泱大国，最终暗淡无光，被秦灭。

《装在口袋里的国君》记述的是田乞立君的故事。田完的后裔田乞侍奉齐景公时，为笼络人心，征收赋税时用小斗收进，赐粮时用大斗放出，深得齐国百姓的爱戴。齐景公临死时，托付宰相国惠子、高昭子立其小儿子荼为太子，可是田乞想立景公的另一个儿子阳生。荼即位后(即晏孺子)，阳生逃往鲁国。田乞作乱，国君的军队被打败。于是，田乞派人到鲁国迎回阳生。阳生回到齐国，藏在田乞家中，被装在口袋里。后来，阳生被立为国君，即齐悼公，田乞自立为相。堂堂一个国君竟被装在口袋里，虽煞费苦心，却如儿戏。这样的国君是否有权威，可想而知。

齐威王论宝

威王二十三年，与赵王会平陆。二十四年，与魏王会**田**(通“畋”，打猎)于郊。魏王问曰：“王亦有宝乎？”威王曰：“无有。”梁王曰：“若寡人国小也，尚有**径**(直径)寸之珠照车前后各十二**乘**(shèng)者**十枚**(每辆车有十枚)，奈何**以**(凭)万乘之国而无宝乎？”威王曰：“寡人之**所以为**(所认为的)宝与王异。吾臣有檀子者，使守南城，则楚人不敢**为寇**(侵犯)东取，泗上十二诸侯皆来**朝**(朝拜)。吾臣有**肦**(fén)子者，使守高唐，则赵人不敢东渔于河。吾吏有黔夫者，使守徐州，则燕人**祭北门**(来北门祭祀，以求福免祸)，赵人祭西门，**徙**(迁移，投奔)而从者七千余家。吾臣有种首者，使备盗贼，则道不拾遗。将以**照**(光照)千里，岂**特**(只)十二乘哉！”梁惠王惭，不**怿**(高兴)而去。

——《田敬仲完世家第十六》

【故事导读】

齐威王是一个较为突出的人物。他高深莫测，即位后九年时间不问国事，使齐国朝纲不振，国乱兵弱，常遭周边诸侯国侵犯。但是，一旦着手理政，便赏罚分明，出手不凡。他先从整顿吏治入手，重赏即墨大夫，烹杀阿大夫，一举震慑全国，官吏们不敢再文过饰非，齐国大治。齐威王与梁惠王论宝，梁惠王以有十枚能照亮十二辆车的夜明珠自诩，而齐威王把自己的贤臣良将视若珍宝，两君对比鲜明，突出了齐威王对人才的重视。司马迁对齐威王尊士用贤、听从劝谏，使齐国一时强盛，充满了敬佩、赞赏之情。

孔子之死

明岁(前480年),子路死于卫。孔子病,子贡请见。孔子**方**(正)**负**(拄)杖**逍遥**(悠闲)于门,曰:"**赐**(子贡的字),汝来何其晚也?"孔子因叹,歌曰:"**太**(通'泰')山坏乎!梁柱**摧**(折断)乎!哲人**萎**(凋谢)乎!"因以**涕**(眼泪)下。谓子贡曰:"天下无道久矣,**莫**(没有人)能**宗予**(遵奉我,即遵奉我的主张)。夏人**殡**(停棺)于**东阶**(贵族厅堂前的台阶,西阶供客人行走,东阶供主人行走),周人于西阶,殷人**两柱间**(厅堂的两柱间)。昨暮予梦坐**奠**(祭祀,此指受人祭奠)两柱之间,予**始**(始祖)**殷人**(孔子祖先是宋国人,宋国人是殷的后代)也。"后七日**卒**(死)。

孔子年七十三,**以**(在)鲁哀公十六年**四月**(周历四月即夏历二月)**己丑**(11日)卒。

孔子葬鲁城北**泗上**(山东曲阜市城北的泗水边,即今天孔林的位置),弟子皆**服**(服丧)三年。三年**心丧**(在心里为他服丧)毕,相诀而去,则哭,各复尽哀;**或**(有人)复留。唯子贡**庐**(建简陋的房子)于**冢**(zhǒng,坟墓)上,**凡**(共)六年,然后去。弟子及鲁人往**从冢而家者**(搬到孔子墓旁住的人)百有余室,**因命**(于是命名)曰孔里。鲁世世相传**以岁时**(每年按时)奉祠孔子冢,而诸儒亦**讲**(讲习,演练)礼**乡饮大射**(乡饮:当地贤士入京应试前都要在这里举行宴饮。大射:诸侯在祭祀前与臣下举行的射箭仪式,射中者才有资格参加祭祀)于孔子冢。孔子冢大一顷。**故**(原来)所居堂、**弟子内**(弟子们居住的内室),后世**因庙**(就改成圣庙),藏孔子衣冠琴车书,至于汉二百余年不绝。高皇帝过鲁,**以太牢**(用牛、羊、猪三牲俱全的礼仪规格)祠焉。诸侯卿相**至**(到任),常先**谒**(拜谒)然后从政。

——《孔子世家第十七》

【故事导读】

孔子（前551—前479年）生于鲁国昌平乡陬（zōu）邑（山东曲阜市），祖先是“殷末三杰”之一，宋国人。父亲叔梁纥（hé）到尼丘山向神明祷告而得子，所以给孔子取字“仲尼”。孔子三岁丧父，少年时“贫且贱”，年轻时在鲁国仅做过管理仓库、牧场的小吏。鲁定公后，鲁国政权被“三桓”季孙氏、孟孙氏、叔孙氏把持。公元前517年，鲁国内乱，孔子离鲁至齐，在齐不得志，又返鲁。这时，鲁国政权在“三桓”之一的季氏手中，而季氏又受制于其家臣阳货。孔子拒绝在这种君权旁落的朝廷任职。鲁定公九年（前501年），阳货被逐，孔子被任命为中都宰，不久升为司空、大司寇，代理宰相。后来，定公与季桓子接受齐国女乐，懈怠朝政，孔子带领颜回、子路、子贡、冉有等弟子离开鲁国，开始长达十四年之久的漂泊生涯，先后到齐、卫、蒲、曹、宋、郑、陈、蔡等国，奔走游说，历尽坎坷。孔子六十八岁返鲁，潜心整理修订“六经”等文献。

孔子是我国古代著名的思想家、教育家，儒家学派的创始人。他以“仁”为核心的政治思想和“有教无类”、因材施教、启发式教学的教育思想，得到了中国乃至世界的普遍认同。1988年，75位诺贝尔奖获得者在巴黎宣言：如果人类要在21世纪生存下去，就必须回首两千五百年前，去吸取孔子的智慧。“己所不欲，勿施于人”载入了法国宪法，镌刻于联合国总部大厅。公元前3世纪，孔子的思想就传播到了朝鲜半岛等东亚各国。2004年11月中国第一所海外孔子学院在韩国首尔挂牌。至今，全球有数百所孔子学院。全球公认的最具影响力的美国《世界名人大辞典》与1985年美国出版的《人民年鉴手册》列出的世界十大思想家，第一位都是孔子。

1994年，纪念孔子的历史建筑——孔府、孔庙、孔林，被联合国教科文组织列为世界文化遗产。

《孔子之死》叙述的是孔子逝世前的感叹与逝世后弟子们的守丧等

事。逝世前的描写，充满了浓重的悲剧气氛；弟子们的守丧，令人感慨。

晚年的孔子，内心一片悲凉。“吾道不行”，理想破灭；唯一的儿子孔鲤先己而去，最得意的弟子颜回、忠心耿耿的子路相继离世，孔子感到了英雄垂暮的无奈与伤心。这时，子贡来看望病中的老师，他远远望见老师颤巍巍地拄着拐杖站在门前，两行清泪，一声埋怨：“子贡啊，你怎么来得这么晚！”在感伤中，孔子悲吟道：“泰山要倒了，梁柱要折了，哲人要死了！”苍凉的声音回荡在寒风中。最后，他对子贡说：“我昨晚做了一个梦，梦见我在正屋的两根柱子中间受人祭奠。只有殷人才在两根大柱子中间停放棺材，我是殷人的后代！子贡啊，看来我就要死了。”说完，老泪纵横。七天后，孔子离开了人世。

孔子死后，弟子们以父亲的礼仪为他服丧三年。子贡在老师的墓旁筑舍，守丧六年。中国历史上创办私学的先行者，得到了弟子们的衷心尊崇。《孔子世家第十七》的结尾，太史公一锤定音，蕴含了绵绵情思：“‘高山仰止，景行行止。’虽不能至，然心向往之。余读孔氏书，想见其为人。适鲁，观仲尼庙堂车服礼器，诸生以时习礼其家，余祗回留之不能去云。天下君王至于贤人众矣，当时则荣，没则已焉。孔子布衣，传十余世，学者宗之。自天子王侯，中国言‘六艺’者折中于夫子，可谓至圣矣！”一代圣人，万世师表，他是中华民族五千多年文明的核心人物，是中国文化的灵魂和象征。

陈胜斩故人

陈胜**王**(称王)**凡**(共)六月。已为王,**王陈**(以陈县为都城)。其**故人**(旧友)**尝**(曾经)与**庸**(通"佣")耕者闻之,**之**(到)陈,扣宫门曰:"吾欲见涉。"宫门**令**(官员)欲缚之。自**辩数**(反复申辩),乃置,不肯为**通**(通报)。陈王出,**遮**(拦)道而呼涉。陈王闻之,乃召见,**载**(车载)与俱归。入宫,见殿屋帷帐,客曰:"**夥颐**(huǒ yí,一种感叹,相当于'好家伙')!涉之为王**沉沉**(深大、阔气)者!"楚人谓多为夥,故天下传之,**夥涉为王**("夥涉为王"这句话),由陈涉始。客出入愈益**发舒**(随便),言陈王**故情**(过去的事情)。**或说**(有人劝说)陈王曰:"客愚无知,专**妄**(乱,随便)言,**轻**(损伤)威。"陈王斩之。诸陈王故人皆自引去,**由是**(从此)无亲陈王者。陈王以朱房为中正,胡武为司过,**主司**(负责督察)群臣。诸将**徇**(攻略)地,至,**令之不是**(不符合命令)者,**系**(拘押)而罪之,以**苛察**(苛刻、苛求)为忠。其所**不善**(不喜欢)者,**弗下吏**(不交给有关官吏),**辄**(就)**自治**(自行惩治)之。陈王**信**(信任)用之。诸将以其故不亲附,此其所以败也。

——《陈涉世家第十八》

【故事导读】

陈涉年轻时就有大志,秦二世时朝廷征调士卒戍守渔阳(北京密云区),队伍行至大泽乡(安徽宿州市),天降大雨,行期延误。按照秦朝法令,误期一律处死。陈涉、吴广商议起义,先卜算吉凶,再置丹书于鱼腹,篝火狐鸣,演双簧戏杀了将尉。在"王公将相宁有种乎"的呼喊声中,群情激奋,"为坛而盟,祭以尉首",揭竿起义。各地纷纷响应,几乎一夜之间,起义将领就各自为王,陈涉自立为楚王。秦朝派出大将章邯率军攻打陈涉起义军，章邯一路连战连胜，攻向陈涉称王的陈地，杀了陈王两员大将，“陈王出监战，军破”。不得已，“陈王之汝阴，还至下城父”，结果被他的车夫庄贾杀害。庄贾降秦。陈王死后，侍臣吕臣组织苍头军再次起义，攻下陈地，“杀庄贾，复以陈为楚”。

陈涉称王，前后仅仅六个月，便兵败身死，但他点燃的反秦烈火熊熊燃烧，施行暴政的秦王朝子孙万世统治中国的美梦在风起云涌的起义军的杀伐声中破灭了。

《陈涉世家第十八》叙述的是陈涉称王后处死早年一起佣耕的故友的事。这些朋友是陈涉的布衣之交，之所以被“陈王斩之”，是因为他们出入王宫太过随便，在王宫里常讲陈涉贫贱时的事，损伤了陈王的威风。此时的陈涉，已非儿时的玩伴，而是领袖，是陈王，起义前的穷困潦倒已被今天富贵豪华的生活所代替。身份变了，地位高了，就难容忍他人再揭儿时的老底，更难容忍自己的宫殿里有人大摇大摆、目中无王。

摆排场，贪享乐，重蹈秦亡覆辙；尚奢华，杀无辜，导致众叛亲离。

因祸得福做皇后

窦太后，赵之**清河观津**(河北武邑县)人也。吕太后时，窦姬以良家**子**(女子)入宫侍太**后**(吕太后)。太后**出**(释放)宫人以赐诸王，各五人，窦姬与在**行**(háng，行列)中。窦姬家在清河，欲**如赵近家**(到赵国离家乡近)，请其**主遣**(主管遣派)宦者吏："必置我**籍**(名册，名单)赵之**伍**(五个人)中。"宦者忘之，误置其籍代伍中。籍奏，诏**可**(许可)，当行。窦姬涕泣，怨其宦者，不欲往，**相强**(强令她)，乃肯行。至**代**(山西平遥县)，**代王**(刘恒，即后来的汉文帝)**独幸**(唯独宠爱)窦姬，生女**嫖**(piáo，即历史上所说的大长公主)，后生**两男**(即后来的汉景帝刘启、梁孝王刘武)。而代王王后生四男，**先**(先于)代王未入立为帝而王后**卒**(死)。及代王立为帝，而王后所生四男**更**(相继)病死。孝文帝立数月，公卿请立太子，而窦姬长男最长，立为太子，立窦姬为皇后，女嫖为长公主。其**明年**(前178年)，立少子武为代王，**已而**(不久)又**徙**(迁，调)梁，**是**(这)为梁孝王。

窦皇后兄窦长君，弟曰窦广国，字少君。少君年四五岁时，家贫，为人所**略**(通"掠"，劫走)卖，其家不知其处。**传**(转卖)十余家，至**宜阳**(河南宜阳县)，为其主入山作**炭**(烧炭)，暮卧**岸**(崖)下百余人，岸崩，尽压杀卧者，少君独得脱，不死。自卜数日当为侯，从**其家**(主人家)**之**(到)长安。闻窦皇后新立，家在观津，姓窦氏。广国**去**(离开)时虽小，识其县名及姓，又**常**(通"尝")与其姊采桑**堕**(坠)，**用**(因，以)为**符信**(凭证、证据)，上书自**陈**(陈述)。窦皇后言之于文帝，召见，问之，具言其故，果**是**(这样)。又复问他何以为验？对曰："姊去我西时，与我**决**(通'诀'，分别)于**传舍**(驿站)中，**丐沐**(讨来洗头水)沐我，**请食饭我**(要来饭给我吃)，乃去。"于是窦后持之而泣，泣涕交横下。侍御左右皆伏地泣，**助**(增加)皇后悲哀。乃厚赐田宅金钱，**封公昆弟**(分封皇后的同祖兄弟)，**家**(定居)于长安。

——《外戚世家第十九》

【故事导读】

《外戚世家第十九》叙述的是高祖到武帝五代皇帝后宫的荣辱盛衰，主要写了七个皇妃的事迹。

一是吕太后。因有《吕太后本纪第九》，本篇只用了一百多字概述其事。

二是薄太后。薄太后原是魏王魏豹的妾，魏豹死后被召入汉宫成为刘邦的妃子，生下儿子刘恒。高祖死后，吕后大肆残害高祖宠爱的嫔妃，薄姬因不受高祖宠爱而不引人注目，吕后对她不怀妒意，她得以跟随儿子代王前往代地。吕后死后，大臣“皆称薄氏仁善，故迎代王，立为孝文皇帝，而太后改号曰皇太后”。

三是窦太后。选文《因祸得福做皇后》叙述的就是窦太后的事。

四是王太后。王太后是景帝的妃子，她的母亲叫臧儿，臧儿先嫁王仲，生下一男两女；后改嫁田氏，生下田蚡、田胜。臧儿的长女嫁金王孙，生一女，臧儿算卦获知自己的女儿将来大贵，便把长女从金王孙家中强行接回，送进太子(即后来的景帝)宫中。她非常受太子宠爱，生下三女一男(即汉武帝刘彻)。太子即位后，废了长子之母栗姬，改立王夫人(即臧儿之长女)为皇后，其子为太子。

五是栗姬。栗姬是景帝的太子刘荣的母亲。景帝的姐姐、长公主刘嫖有个女儿，想嫁给太子刘荣做妃子，栗姬不答应。刘嫖便将女儿许嫁景帝的妃子王夫人之子，王夫人立即答应。从此，长公主在景帝面前多言栗姬之恶，“日誉王夫人男之美”。后宫内斗，栗姬被废，太子刘荣被废后做了临江王；王夫人被立为皇后，其子刘彻被立为太子。

六是卫皇后。卫皇后字子夫，是武帝的妃子，出身微贱，是王太后的长女平阳公主（武帝的姐姐）家的歌女。武帝祭祀经过平阳公主家，卫子夫为武帝饮酒助兴，呈献歌舞，被武帝宠幸，带入皇宫，先后生下三女一男，一男名据。卫子夫被立为皇后以后，弟弟卫青、外甥霍去病等卫氏亲属五人封侯。

七是赵夫人。赵夫人因居钩弋宫，故称“钩弋夫人”。选文《武帝立太子》叙述的就是赵夫人的事。

《因祸得福做皇后》叙述的是窦皇后与其弟窦广国的故事。窦姬本是普通的农家女，入宫后侍奉吕太后。吕太后独揽大权时，释放一批宫人出宫，将宫女赏赐给诸侯王。窦姬请求前往离家较近的赵国，却被宦官安排到了代国。窦姬涕泣怨恨，不想前往，但迫于压力不得不赴代。到了代国，代王刘恒唯独宠幸窦姬，窦姬先后生下了女儿刘嫖、儿子刘启及刘武。后来，代王的夫人病逝，所生的四个儿子也先后病故。代王即位成为汉文帝后，刘启被立为太子，窦姬被立为皇后，刘武被立为梁孝王。窦姬尊宠的得来，可谓阴差阳错、鬼使神差。看似误入歧途的人生遭遇，却给她带来了意想不到的荣华富贵。窦姬被册封为皇后之后，她的弟弟窦广国仍在给别人做仆役。窦广国家境贫寒，父亲早死，自己被人拐卖，当得知姐姐已成皇后时便“上书自陈”。姐弟相见，抱头痛哭。文帝驾崩，景帝立，尊其母窦皇后为皇太后，史称“窦太后”。

武帝立太子

钩弋夫人(居于钩弋宫,遂号"钩弋夫人")姓赵氏,**河间**(河北献县)人也。得**幸**(宠爱)武帝,生子一人,昭帝是也。武帝年七十,乃生昭帝。昭帝立时,年五岁耳。

卫太子(刘据,卫皇后所生)废后,未复立太子。而燕王**旦**(刘旦)上书,愿归**国**(国都)**入宿卫**(入宫做护卫。这是想做太子的委婉说法)。武帝怒,立斩其使者于**北阙**(皇宫北面的门楼)。

上居甘泉宫,召画工图画**周公负成王也**(指周公旦辅佐年幼的周成王的故事)。于是左右群臣知武帝意欲立少子也。后数日,帝谴责钩弋夫人。夫人脱簪珥叩头。帝曰:"**引持去**(拉下去),送**掖庭狱**(宫廷里的监狱,原名永巷)!"夫人**还顾**(回头看),帝曰:"**趣**(通'促',快)行,**女**(通'汝')不**得**(能)活!"夫人死云阳宫。时暴风扬尘,百姓感伤。使者夜持棺往葬之,封**识**(zhì,标记)其处。

其后帝闲居,问左右曰:"**人言云何**(人们都怎么说这件事)?"左右对曰:"人言**且**(将要)立其子,何去其母乎?"帝曰:"然。**是非儿曹**(这不是你们这些小儿辈)愚人所知也。往古国家所以乱也,由主少母壮也。女主独居**骄蹇**(骄横,不顺从。蹇,jiǎn),淫乱自**恣**(放纵),莫能禁也。**女**(通'汝',你)不闻吕后邪?"**故**(所以)**诸**(那些)为武帝生子者,**无**(无论)男女,其母无不谴死,岂可谓非贤圣哉!昭然远见,为后世计虑,**固非**(本来就不是)浅闻愚儒之所及也。谥为"武",岂虚哉!

——《外戚世家第十九》

【故事导读】

《武帝立太子》是褚少孙补记的文字。武帝当初立卫子夫的儿子刘据为太子,奸臣江充以“巫蛊案”陷害太子,被太子杀死。太子被逼造反,最后与卫皇后均被废,死去。晚年,武帝宠爱钩弋夫人,生下儿子刘弗陵。武帝想立弗陵为太子,但弗陵年少,武帝便找来画匠让其在自己居住的甘泉宫的墙上画上周公旦倾力辅佐幼主周成王的图画。大臣们心领神会:这是皇帝要立小儿子为太子了。太子立时,年仅五岁,为了稳固自己死后幼主的政权,为了防止前朝吕后篡权的故事重演,武帝处死了太子的母亲。

子以母贵,母以子贵。但武帝立了太子,杀了其母。这本来是一件丧失人伦人性的残忍事,褚少孙却在文末大唱赞歌:“岂可谓非贤圣哉!”荒谬至极。

田生报恩

燕王刘泽者，**诸刘**（刘氏宗族）**远属**（远房亲属）也。高帝三年，泽为郎中。高帝十一年，泽以将军击陈豨，**得**（俘获）王黄，为营陵侯。

高后时，齐人田生**游**（周游）乏**资**（钱），以**画**（给人出谋划策）**干**（寻求赏识）营陵侯泽。泽大**说**（通"悦"）之，用金二百斤为田生**寿**（祝福）。田生已得金，即归齐。二年，泽使人谓田生曰："**弗与矣**（你不再帮助我了。与：帮助）。"田生**如**（到）长安，不见泽，而**假**（租）大宅，令其子求**事**（侍奉）吕后所幸大**谒者**（官名，为帝王通报、传达诸事的侍从官）张子卿。**居**（停留，过）数月，田生子请张卿**临**（光临），亲**修具**（准备筵席）。张卿许往。田生**盛**（华美）帷帐**共具**（摆设酒食的器具，筵席），**譬如**（仿佛）列侯。张卿惊。酒酣，乃**屏**（屏退）人**说**（劝说）张卿曰："臣观诸侯王**邸弟**（府第。邸，dǐ）百余，皆高祖**一切**（一概，全部）功臣。今吕氏**雅故**（平素）本**推毂**（协助。毂，gǔ）高帝**就**（成就）天下，功至大，**又亲戚太后之重**（诸吕都是吕后的重要亲戚。重：尊贵）。太后**春秋**（年龄）长，诸吕弱，太后欲立吕产为王，**王代**（在代地称王）。太后又**重发之**（郑重说出此事），恐大臣不听。今卿最幸，大臣所敬，何不**风**（通'讽'，暗示）大臣以闻太后，太后必喜。诸吕已王，万户侯亦卿之有。太后心欲之，而卿为内臣，不**急发**（赶快提出建议），恐祸及身矣。"张卿大**然**（认为正确）之，乃风大臣语太后。太后朝，**因**（就）问大臣。大臣请立吕产为吕王。太后赐张卿千斤金，张卿以其半与田生。田生弗受，因说之曰："吕产**王**（封王）也，诸大臣未大服。今营陵侯泽，诸刘，为大将军，**独此**（只有他）尚**觖望**（因不满意而怨恨。觖，jué）。今卿言太后，**列**（分）十余县**王**（wàng，称王）之，彼得王，喜去，诸吕王**益固**（更加稳固）矣。"张卿入言，太后然之。乃以营陵侯刘泽为琅邪王。琅邪王乃与田生**之国**（到封地）。田生劝泽急行，毋留。出关，太后果使人追**止**（阻拦）之，已出，即还。

——《荆燕世家第二十一》

【故事导读】

《荆燕世家第二十一》是刘贾、刘泽两个人的传记。刘贾是刘邦的旁系亲属,跟随刘邦的时间长,在楚汉战争中功劳大,但他的功劳无法与西汉开国元勋相比。张良、萧何、陈平等人没有封王,刘贾却得以封为荆王,"王淮东五十二城",其原因就在于他与刘邦同姓。"高祖十一年秋,淮南王黥布反,东击荆。荆王贾与战,不胜,走富陵,为布军所杀"。

营陵侯刘泽被封王,一方面是由于他是樊哙的女婿、吕后的侄女婿,另一方面说客田生起了至关重要的作用。靠着田生的精心设计、活动,他迎合吕后,吕后"乃以营陵侯刘泽为琅邪王"。吕后驾崩,他"乃引兵与齐王合谋西,欲诛诸吕",及时投奔周勃、陈平,拥立代王刘恒,最终被封为燕王。到了刘泽的孙子定国时期,燕国日趋没落。定国劣迹斑斑,恶行满满,堕落到无法无天的地步,最终"国除为郡"。

《田生报恩》中的田生是为刘泽出谋划策的人。他行动诡秘,在长安城租住豪宅,接近吕后宠臣张子卿,凭三寸不烂之舌游说张子卿,使张子卿鼓动大臣迎合吕后,封吕产为王。田生、刘泽,一个工于心计、充当说客策士,报答主子;一个是变色龙,左右逢源,顺利封王。

年少胆大朱虚侯

朱虚侯年二十，有气力，忿刘氏不得**职**（职权）。**尝**（曾经）入侍高后**燕**（通“宴”）饮，高后令朱虚侯刘章为**酒吏**（酒官）。章自请曰：“臣，**将种**（将门后代）也，请**得以**（能用）军法行酒。”高后曰：“可。”酒酣，章**进**（进献）**饮**（酒）歌舞。已而曰：“请为太后言耕田歌。”高后**儿子**（把他看作小孩子）**畜**（xù，畜养，对待）之，笑曰：“**顾**（只，只是）**而**（通‘尔’，你）**父知田耳**（刘章的父亲刘肥，少时长于平民家，故吕后以此相调笑）。**若**（你）生而为王子，**安**（哪里）知田乎？”章曰：“臣知之。”太后曰：“试为我言田。”章曰：“深耕**穊**（jì，密）种，**立**（播）苗欲**疏**（稀疏，合理）；非其**种**（同种）者，**锄**（chú，同‘锄’）而去之。”吕后默然。顷之，诸吕有一人醉，**亡**（逃）酒，章追，拔剑斩之而还，报曰：“有亡酒一人，臣谨行法斩之。”太后左右皆大惊。**业已**（已经）许其军法，无以**罪**（治罪）也。**因罢**（于是结束）。**自是**（从此）之后，诸吕惮朱虚侯，虽大臣皆依朱虚侯，**刘氏为益强**（刘氏势力因此日渐强盛）。

——《齐悼惠王世家第二十二》

【故事导读】

齐国是西汉第一大诸侯国，本来是开国功臣韩信的封国。韩信被改封楚王、贬为淮阴侯后，刘邦分封其庶长子刘肥为齐王（即齐悼惠王），其弟刘交为楚王。悼惠王死后，“子襄立，是为哀王”，哀王刘襄的弟弟刘章为朱虚侯，刘兴居为东牟侯。

吕后死后，哀王刘襄起兵向西，朱虚侯、东牟侯在长安做内应，目的是“诛诸吕，因立齐王为帝”。哀王以“年少，不习兵革之事”为由，欺骗扣留长辈琅琊王刘泽，并“遗诸侯王书曰：……今寡人率兵入诛不当为王者”。诛灭吕氏后，朝廷命令齐王罢兵，追责齐王造反的幕后中尉魏勃，魏勃“股战而栗，恐不能言”，佯装怯懦，得以保命。诸侯国敢于起兵反对朝廷，让新即位的文帝有些担心。于是，他开始削弱诸侯国，齐国一分为七，共封七王。

到了景帝，他采用晁错建议，进一步削减诸侯领地。于是，以吴王刘濞、楚王刘戊为首的吴楚七国打着“将诛汉贼臣晁错以安宗庙”的旗号造反。齐王因狐疑不决，未参与其中，被叛军围困。齐王派路中大夫前往中央朝廷报告，天子命令路中大夫返齐，转告齐王坚守齐地。路中大夫返齐后无法入城，被叛军俘获，叛军逼他喊话齐王：“朝廷已被攻破，赶快投降！”但他来到城下，高声呼喊：“汉已发兵百万，使太尉周亚夫击破吴楚，方引兵救齐，齐必坚守无下！”吴楚之乱平定后，齐地诸侯王仅剩两个，即城阳王、淄川王。

《年少胆大朱虚侯》记述的是刘章宴会泄愤的故事。刘章是刘邦的孙子，吕太后临朝称制后，吕氏家族许多人被封为王侯，掌握了国家的军政大权。为笼络刘章，吕后封他为朱虚侯，并把二哥吕禄的女儿许配于他。那时，刘章二十岁，血气方刚，他为刘氏不能掌握国家大权而愤愤不平。吕太后大摆宴席，与吕氏族人同乐，刘章侍酒，在宴会上唱耕田歌。太后听出了他的弦外之音，一时沉默不语。更让人吃惊的是，他按军法监酒，一剑刺死了逃酒的吕氏族人，太后吓出一身冷汗，酒宴不欢而散。

猎狗喻群臣

汉五年，**既**（已经）杀项羽，**定**（平定）天下，论功行封。群臣争功，岁余功不**决**（决断）。高祖以萧何功最盛，封为**酂**（cuó，河南永城市）侯，所**食邑**（享有的领地）多。功臣皆曰："臣等身**被**（通'披'）坚执锐，多者百余战，少者数十合，攻城略地，大小各有**差**（差别）。今萧何未**尝**（曾）有汗马之劳，**徒**（只）**持文墨议论**（舞文弄墨，发表议论），不战，**顾反**（却，反而）居臣等上，何也？"高帝曰："诸君知猎乎？"曰："知之。""知猎狗乎？"曰："知之。"高帝曰："夫猎，追杀兽兔者狗也，而**发**（发现）踪**指示**（指出）兽处者人也。今诸君**徒**（只）能得走兽耳，功狗也。至如萧何，发踪指示，功人也。且诸君独以身随我，多者两三人。今萧何**举**（整个）**宗**（宗族）数十人皆随我，功不可忘也。"群臣皆莫敢言。

——《萧相国世家第二十三》

【故事导读】

萧何是刘邦的老朋友，在秦朝时萧何就对刘邦关爱有加。刘邦进入咸阳，将领们争抢财物，萧何独收律令图书，从而使汉统一天下后全国的交通要道、户籍档案及人口分布等数据资料得以完好保存。楚汉相争，萧何留守关中，侍奉太子，制定法令，安抚百姓，给前线转运粮草，输送兵员，屡屡使刘邦转危为安。项羽被杀后，刘邦论功行赏，以猎狗喻功，封萧何为侯，即选文《猎狗喻群臣》。

封侯已毕，再排侯爵位次，群臣首推曹参，刘邦心念萧何。关内侯鄂千秋察言观色，迎合刘邦，说曹参攻城略地，战功卓著，但那只不过是一时之功；而萧何总在危急关头源源不断地输送兵员，转运粮草，保卫关中，立的是万世之功。“于是乃令萧何第一，赐带剑履上殿，入朝不趋”。汉十一年（前 196 年），陈豨造反，高祖率军亲征，前往邯郸。萧何设计帮助吕后杀了韩信，高祖加封他五千户。

汉十二年（前 195 年）秋，黥布造反，高祖再次出征，萧何一如既往。但高祖身在前线，心忧关中，三番五次派使者打探丞相虚实，唯恐后院起火。萧何听从高人指点，以强行贱买民田民宅、聚敛钱财的方式，故意损害自己的形象，将自己塑造成与民争利的贪官，以此消除高祖疑心，保全自身。接着，他为民请命，请求皇帝将皇家上林苑的空地分给百姓耕种。高祖大怒，给他戴上镣铐，将他打入监狱，后经王卫尉劝谏，萧何才被赦免。对此，高祖故意推功揽过，辩解道：“我故意逮捕你，是想让百姓知道我的过错，知道你是贤臣！”

萧何胸怀宽广，荐人唯贤。他一向与曹参不和，但病重之时仍能抛弃个人恩怨，以国事为重，向皇帝推荐曹参继任丞相。在持家方面，萧何“置田宅必居穷处，为家不治垣屋”，素以俭朴著称，以自己的实际行动为后代树立了崇尚节俭的榜样。

《猎狗喻群臣》写的是萧何封侯的过程。猎人，道出了开国大臣萧何功盖群臣的事实。但猎狗、猎人这种比喻，只有刘邦才能说出口，符合刘邦的无赖个性。

整日饮酒为乐的宰相

参始**微**（微贱）时，与萧何**善**（友善）；**及为**（等到做了）将相，有**郤**（同“隙”，隔阂，矛盾）。至何**且**（将要）死，**所推贤**（所推荐的贤者）唯参。参代何为汉相国，**举事**（做事）无所变更，**一**（全）遵萧何**约束**（法度）。

择**郡国**（各郡、各诸侯国）吏**木**（朴实）**诎**（qū，不善言辞）于文辞，**重**（庄重，稳重）厚长者，即召**除**（授，任命）为丞相史。吏之**言文**（文法，法律条文与规章制度）**刻深**（苛刻，指严酷执法），欲**务**（追求）声名者，**辄斥**（就斥退）去之。日夜饮醇酒。卿大夫**已**（通“以”）下吏及宾客见参不事事，来者皆欲有言。至者，参辄饮以醇酒，**间之**（喝酒的间隔中），欲有所言，复饮之，醉而后去，终莫得开说，以为常。

相**舍**（府）后园近吏舍，吏舍日饮歌呼。从吏**恶**（wù，讨厌）之，**无如之何**（没有什么办法），乃请参游园中，闻吏醉歌呼，从吏**幸**（希望）相国**召按**（惩治）之。**乃反**（却，反而）取酒**张**（设置，摆开）坐饮，亦歌呼与相应和。

——《曹相国世家第二十四》

【故事导读】

曹参与刘邦是老乡，刘邦起兵时他以中涓（侍从）的身份跟随，一路杀伐征战，经历了无数次生死考验，为汉室立下了汗马功劳。

丞相萧何病故，远在齐国做相国的曹参听到消息后，立即吩咐下属整理行装赶往朝廷，告诉他们自己要做朝廷丞相了。做了丞相后，他却不理政事，整日饮酒为乐。对于前来劝谏自己的官吏，他一律摆酒将其灌醉，不给他们劝说的机会；对于喝酒唱歌、搅得左邻右舍不得安宁的相府隔壁小吏,他也隔墙摆酒,猜拳行令,歌呼相和。

曹参的狂饮为乐、清静无为,让孝惠帝非常纳闷,他让曹参的儿子寻找机会试探曹参:为何整日饮酒,不为皇帝分忧。儿子回到家委婉地问父亲,试图劝谏,不料曹参听后暴跳如雷,打他二百大板,怒斥道:"天下大事还轮不到你说!你赶快回宫里当你的中大夫去!"次日上朝,惠帝责备曹参,曹参才明白儿子的劝谏原来是皇帝的旨意,于是连忙谢罪,说:"皇帝您与先帝比谁更圣明英武?您看我与萧丞相比谁才能更强?先帝与萧何一起平定天下,他们制定的法令深入人心,在他们的治理下,百官守职,朝政清明。皇帝您只要带领我们遵守先帝与萧何制定的章法,不偏离违背,不就可以保持天下安定了吗?"一席话让惠帝恍然大悟,连声称赞:"这真是萧规曹随!"

曹参为相三年,其机智、豁达、宽容,后人赞赏不已,他是一个饮酒无度但头脑极为清醒冷静的丞相。他出任丞相时,正值吕后专权之际,一切由吕后发号施令,他只有狂饮自污,方可消除吕后戒心,远祸保身。

黄石老人授兵法

良**尝闲从容**(曾经悠闲自在)步游**下邳**(江苏睢宁县。邳,pī)**圯上**(桥上。圯,yí),有一**老父**(老年男子),**衣褐**(穿着粗布短衣),至良所,**直**(特意,故意)堕其**履**(鞋)圯下,**顾**(回过头)谓良曰:"**孺子**(小子),下取履!"良愕然,欲殴之。为其老,强忍,下取履。父曰:"**履我**(给我穿上鞋)!"良**业**(已)为取履,**因**(就)长跪履之。父以足**受**(通"授",伸出),笑而去。良殊大惊,随目之。父去**里所**(一里许。所:表示不确定的数目),复还,曰:"孺子可教矣。后五日平明,与我会此。"良因怪之,跪曰:"诺。"五日平明,良往。父已先在,怒曰:"与老人**期**(约定),后,何也?"去,曰:"后五日早会。"五日鸡鸣,良往。父又先在,复怒曰:"后,何也?"去,曰:"后五日复早来。"五日,良夜未半往。有顷,父亦来,喜曰:"当如**是**(此)。"出一**编**(册,本)书,曰:"读此则**为**(做)王者师矣。后十年**兴**(兴起,发迹)。十三年孺子见我**济**(济水)北,**谷城山**(也称'黄山',在山东东阿市)下黄石即我矣。"遂去,无他言,不复见。旦日视其书,乃《太公兵法》也。良因异之,常习诵读之。

子房始所见下邳圯上老父与《太公书》者,后十三年从高帝过济北,果见谷城山下黄石,取而**葆**(通"宝",奉若至宝)祠之。留侯死,并葬黄石**冢**(zhǒng,坟墓)。每**上冢**(上坟扫墓)**伏腊**(夏天伏日,冬天腊日,皆节日,合称"伏腊"),祠黄石。

——《留侯世家第二十五》

【故事导读】

张良的祖先是韩国人，五世相韩。秦灭韩后，张良立志为韩报仇，“弟死不葬，悉以家财求客刺秦王”。事情败露后，他改名换姓，逃匿于下邳，却因祸得福，巧遇圯上老人，获赠兵书。

陈涉起义后，张良聚众响应，归属沛公，成为刘邦的智囊。刘邦攻打秦军，张良在山上插满汉军旗帜作为疑兵，并令人重金诱降秦将，不战而屈秦兵，使刘邦轻而易举进入咸阳，“秦王子婴降沛公”。鸿门宴，他向刘邦献计，与项伯“约为婚姻”，化险为夷。项王分封天下，沛公被封为汉王，称王巴蜀，张良用黄金百镒、珠宝二斗馈赠项伯，使项伯替刘邦求情封得汉中之地；在前往巴蜀时，他劝刘邦“烧绝所过栈道，示天下无还心”，迷惑项羽，为卷土重来做准备。彭城大战，刘邦惨败，张良献计重用韩信，联合英布、彭越，使项羽陷入被动。荥阳之围，郦食其劝刘邦分封六国后代，以削弱项羽势力，张良用八条理由反对分封，使六国将领一心一意从刘征战。汉四年秋(前203年)，楚汉相争，汉不利，张良献计：诸侯将领，攻城略地，谁攻下谁拥有。于是，韩信、彭越、英布奋勇攻楚，楚大败。

天下大定，分封功臣，刘邦让张良在天下最好的齐国选择三万户，张良自选留地(沛县)，“乃封张良为留侯”。功成名就后，张良选择了急流勇退，“愿弃人间事，欲从赤松子游耳”。

《黄石老人授兵法》写的是张良得兵法书的过程，故事神奇，老父神秘。离开时，老人告诫张良熟读此书，十年可大兴，十三年后在济北谷城山下找他，“山下黄石即我矣”。十三年后，张良果然在此见到黄石——黄石公的化身。这就是历史上黄石公的故事。

智封雍齿

上已封大功臣二十余人，其余日夜争功**不决**(不能决定高下)，**未得行封**(未能进行封赏)。上在洛阳南宫，从**复道**(阁道，楼阁间的空中通道)望见诸将**往往**(常常)**相与**(一起)坐沙中语。上曰："此何语？"留侯曰："陛下不知乎？此谋反耳。"上曰："天下**属**(归属，归附)安定，何故反乎？"留侯曰："陛下起布衣，**以**(凭，靠)**此属**(此辈，这些人)取天下，今陛下为天子，而所封皆萧、曹**故人**(老友)所亲爱，而所诛者皆生平所仇怨。今军吏**计**(计算)功，**以**(认为)天下**不足遍封**(不够全部分封)，此属畏陛下不能尽封，恐又**见**(被)疑平生过失**及**(以至于)诛，**故即**(所以就)相聚谋反耳。"上乃忧曰："为之奈何？"留侯曰："上平生所憎，群臣所共知，谁最甚者？"上曰："雍齿与我**故**(宿怨)，**数尝**(屡次曾)窘辱我。我欲杀之，为其功多，故不忍。"留侯曰："今急先封雍齿以**示**(给……看)群臣，群臣见雍齿封，则人人自**坚**(安，安定)矣。"于是上乃**置**(摆、设)酒，封雍齿为什方侯，而急**趣**(通"促")丞相、御史定功行封。群臣**罢酒**(结束酒宴)，皆喜曰："雍齿**尚**(尚且)为侯，**我属**(我们)无患矣。"

——《留侯世家第二十五》

【故事导读】

雍齿是刘邦的部将，当年刘邦命令他守卫丰地，雍齿叛变投魏。刘邦还军攻丰，好不容易才攻破，雍齿逃魏。后来，雍齿又归服刘邦。因此，刘邦说"雍齿与我故，数尝窘辱我"。群臣争功，日夜不休，刘邦心烦意乱。张良建议刘邦先封最憎恶的雍齿为侯，以此给将领们做榜样。将领们看到皇帝不计前嫌，则人人自安。这个主意，显示出张良过人的智慧。

商山四皓(hào,老翁)

汉十二年(前195年),上从(自)击破布(黥布)军归,**疾益甚**(病更加严重),愈欲**易**(改换)太子。留侯谏,不听,**因**(趁,借)疾不**视事**(处理公务),叔孙太傅称**说**(劝说)引古今,以死争太子。上**详**(通"佯")许之,犹欲易之。及**燕**(通"宴"),置酒,太子侍。四人从太子,年皆八十有余,须眉皓白,衣冠甚**伟**(奇特)。上怪之,问曰:"彼何为者?"四人**前对**(上前回答),各言名姓,曰东园公,角里先生,绮里季,夏黄公。上乃大惊,曰:"吾**求公**(访求您)数岁,公**辟**(通'避')逃我,今公何自从吾儿**游**(交游)乎?"四人皆曰:"陛下**轻**(轻慢)士善骂,臣等**义**(信守道义)不受辱,**故**(所以)恐而亡匿。**窃**(私下)闻太子为人仁孝,恭敬爱士,天下莫不**延颈**(伸长脖子)欲为太子死者,故臣等来耳。"上曰:"烦公**幸卒**(希望始终如一)**调护**(调教保护)太子。"

四人**为寿**(祝福)已毕,趋去。上目送之,召戚夫人指示四人者曰:"我欲易之,彼四人辅之,羽翼已成,难动矣。吕后真**而**(通'尔',你)主矣。"戚夫人泣,上曰:"为我楚舞,吾为**若**(你)**楚歌**(戚夫人家在定陶,刘邦家在沛,皆属楚地,故喜爱楚地歌舞)。"歌曰:"**鸿鹄**(天鹅)高飞,一举千里。羽**翮**(hé,翅膀)已**就**(成),**横绝**(横越,翱翔)四海。横绝四海,当可奈何!虽有**矰缴**(zēng zhuó,短箭),**尚安所施**(还何处用)!"歌**数阕**(几遍),戚夫人嘘唏流涕,上起去,罢酒。**竟**(最终)不易太子者,留侯本招此四人之力也。

——《留侯世家第二十五》

【故事导读】

刘邦宠爱戚夫人，欲废除太子，改立戚夫人的儿子赵王如意为太子。汉十二年，高祖平定了黥布的叛乱后回朝，病情更加严重，更换太子的想法也更加强烈。为了阻止刘邦更换太子，张良替吕后出谋划策，请出商山四位名士来竭力辅佐太子。一天，高祖设置酒宴，太子在旁边侍奉，有四个老人跟随在太子身边，四个老人年龄都八十有余，须眉皓齿，衣冠奇异。高祖很奇怪，经过询问，得知他们正是他寻访多年的名士，就问他们为何跟在太子的身边。四位老人回答："太子为人仁义孝顺，谦恭有礼，天下有才能的人都愿意为太子效命，所以我们就跟从了太子。"面对眼前的情景，刘邦无可奈何，只好指着四人的背影对戚夫人说："我想更换太子，这四位当今圣贤却在辅佐太子。太子羽翼已经丰满，我已难以撼动了！从今以后，吕后就是你的真正主人了！"戚夫人想到自己前景堪忧，情不自禁地哭起来。高祖无奈，只好说："你给我跳楚国的舞蹈，我为你唱楚国的歌曲吧。"他唱起哀伤无奈的歌，戚夫人在旁边哭泣。

从此，更换太子之议不再提及，汉初刚刚建立的政权得以稳定。

张负择婿

及平长，可娶妻，富人莫肯**与**（给，嫁给）者，贫者平亦耻之。久之，户**牖**（yǒu）富人有张负，张负**女孙**（孙女）五嫁而夫辄死，人莫敢娶。平欲得之。邑中有丧，平贫，**侍丧**（帮忙料理丧事），以先往后**罢**（归）**为助**（给人家帮忙）。张负既见之丧所，独**视伟平**（看中魁梧英俊的陈平），平亦**以故**（因为这个缘故）后**去**（离开）。负随平至其家，家乃**负郭**（背依城墙）穷巷，以**弊**（通"敝"，破旧）席为门，然门外多有**长者**（有德有才之人）车辙。张负归，谓其子仲曰："吾欲以女孙予陈平。"张仲曰："平贫不事事，一县中尽笑其所为，**独**（偏偏）奈何予女乎？"负曰："人固有**好美**（相貌堂堂）如陈平**而长**（却长久）贫贱者乎？"**卒**（最终）与女。**为**（因为）平贫，乃**假**（借）**贷**（钱）币以**聘**（做聘礼），予酒肉之资以**内**（通"纳"，娶）妇。负诫其孙曰："毋以贫故，事人不谨。事兄伯如事父，事嫂如母。"平既娶张氏女，**赍**（通"资"）用**益饶**（富裕），**游道**（交游范围）日广。

——《陈丞相世家第二十六》

【故事导读】

陈平少时家贫，成年后该娶妻时却无人提亲，富人家的姑娘嫌他穷，穷人家的姑娘他看不上。后来，他利用邑中丧事充分表现自己，早出晚归，博得富人张负的喜欢，娶了张负的孙女为妻。从此，陈平由一个贫家子弟变成了富豪家的女婿，金钱多了，交游广泛了。

陈涉起义，陈平投奔魏王咎，计谋不被采用，"人或谗之，陈平亡去"。投靠项羽后，又"身间行杖剑亡"，遂投奔刘邦。

降汉后，汉王授其都尉。绛侯、灌婴等人诋毁陈平：与嫂私通，弃楚归汉，接受诸将贿赂。陈平一一驳斥，汉王不但没有降罪，反而"拜为护军中尉，尽护诸将"。荥阳之围，"汉王患之，请割荥阳以西以和。项王不听"。陈平献反间计，成功离间项王与亚父，除掉了项王的左膀右臂。夜间，派城中两千个女子披甲戴盔涌出荥阳东城门，声东击西，欺骗项羽。楚军围击东城门女子，刘邦与陈平从西城门逃脱。

高祖率军征伐匈奴，在平城被匈奴包围，七天七夜断绝食物，陈平巧施奇计，刘邦突围逃出。究竟何计竟获成功，两千年来无人能知。燕王卢绾造反，刘邦诏令陈平取代樊哙，并斩樊哙头。陈平认为樊哙是吕后的妹夫，斩他势必得罪吕后，便自作主张捆绑樊哙将之送往长安。回长安途中，听说高祖驾崩，陈平十分惊慌，他怕因樊哙之事遭到吕媭报复，便马不停蹄急驰回宫，放声痛哭，以示效忠，并请求吕后让他在宫中值宿守卫，这样就使吕媭虽有谗言也无可奈何。吕后专权，旧臣危机四伏，陈平便以饮醇酒、戏妇女的方式自污，佯装不理朝政，以此麻痹吕后。等时机成熟，他一改往日的阿谀逢迎，挺身而出，与周勃等人一举诛灭吕氏集团。

陈平以智谋著称。他离间项羽与范增，夜出两千女子于荥阳东门，蹑刘邦足而立韩信为齐王，假装巡游云梦缚韩信，解平城之围……可谓奇计迭出，显示出超人的智慧。但他自己也承认"我多阴谋，是道家之所禁。吾世即废，亦已矣，终不能复起，以吾多阴祸也"。

赤身划船，躲过杀身之祸

久之，项羽**略**（攻）地至**河上**（黄河边），陈平往**归**（归附，投奔）之，**从入**（跟从项羽入关）破秦，赐平爵卿。项羽**之**（到）东**王**（称王）彭城也，汉王**还定**（返回平定）三秦而东，殷王**反**（背叛）楚。项羽乃以平为信武君，**将**（率领）魏王咎**客**（留）在楚者以往，击**降**（降服）殷王而还。项王使项悍拜平为都尉，赐金二十**溢**（通“镒”，二十两为一镒）。**居无何**（过了不久），汉王攻下殷。项王怒，**将**（将要）诛定殷者将吏。陈平惧诛，乃封其金与印，使使**归**（归还）项王，而平身**间行**（走小路）杖剑亡。渡河，船人见其美**丈夫**（男子）独行，疑其**亡将**（逃亡的将领），**要**（通“腰”）中当有金玉宝器，**目**（盯着看）之，欲杀平。平恐，乃解衣裸而**佐**（帮助）**刺**（划）船。船人知其无有，乃止。

——《陈丞相世家第二十六》

【故事导读】

陈平曾是项羽的都尉，奉项羽之命平定殷王叛乱，镇守殷王地盘，但未能守住。项羽发怒，陈平逃走，前去投奔刘邦。到黄河边，上船渡河，船夫看他长得高大魁梧，仪表堂堂，又是独自一人，怀疑他是逃亡的将领，身上一定藏有金银珠宝，便眼中透出杀气。机敏的陈平察觉到了危险，他灵机一动，脱掉衣服，赤裸上身帮助船夫划船。船夫知道他身无分文，方打消了杀人劫财的念头。

诈擒韩信

汉六年(前201年),人有上书告楚王韩信反。高帝问诸将,诸将曰:“**亟**(jí,赶快)发兵**坑**(活埋)**竖子**(小子,蔑称)耳。”高帝默然。问陈平,平**固**(坚决,一再)**辞谢**(推辞),曰:“诸将云何?”上**具**(通“俱”)告之。陈平曰:“人之上书言信反,有知之者乎?”曰:“未有。”曰:“信知之乎?”曰:“不知。”陈平曰:“陛下精兵**孰与楚**(与楚比谁更强)?”上曰:“不能过。”平曰:“陛下将用兵有能过韩信者乎?”上曰:“莫及也。”平曰:“今兵不如楚精,而将不能及,而**举**(率)兵攻之,是**趣**(通‘促’)**之**(韩信)战也,**窃**(我,私下)为陛下**危**(感到危险)之。”上曰:“为之奈何?”平曰:“古者天子**巡狩**(巡行视察),会诸侯。南方有**云梦**(湖北监利市),陛下**弟**(只管)出**伪**(装作)游云梦,会诸侯于**陈**(河南淮阳区)。陈,楚之西界,信闻天子以**好**(无恶意,即以平和安乐的心情)出游,其势必无事而郊迎**谒**(yè,拜见)。谒,而陛下**因**(趁机)**禽**(通‘擒’)之,此**特**(只)一力士之事耳。”高帝以为然,乃发使告诸侯会陈,“吾将南游云梦”。上因随以行。行未至陈,楚王信果郊迎道中。高帝**豫**(通“预”)**具**(准备)武士,见信至,即执缚之,载后车。信呼曰:“天下已定,我**固**(本来)当烹!”高帝**顾**(回头)谓信曰:“**若毋声**(喊叫)!**而**(通‘尔’)反,明矣!”武士**反接**(反缚双手)之。遂会诸侯于陈,尽定楚地。

——《陈丞相世家第二十六》

【故事导读】

韩信攻破齐国,自立为齐王,派使者将此事报告刘邦。刘邦大怒,破口大骂,陈平暗中踩了踩刘邦的脚,刘邦醒悟过来,厚待韩信的使者,并派张良出使齐国，封韩信为齐王，稳定其心。从此以后，韩信就成了刘邦的一块心病，他总担心韩信谋反。

汉六年，天下初定，有人上书告楚王韩信造反。这本来是子虚乌有的诬告，但猜疑、戒备的刘邦还是连忙召集心腹将领商议。诸将众说纷纭，陈平分析了刘邦与韩信的强弱，献计让刘邦假装巡游云梦，在陈县会见诸侯，趁机擒拿韩信。刘邦还未到达陈县，天真的韩信已在郊外迎接。韩信被擒，感到莫明其妙，疾呼："天下已定，像我这种有功之臣本该遭受杀身之祸！"回到洛阳，审问韩信，却无谋反实据，便赦免韩信，但贬他为淮阴侯。

一问三不知的丞相

居顷之，孝文皇帝**既益明习**（已经渐渐熟悉）国家事，朝而问右丞相勃曰：“天下**一岁**（一年）**决狱**（判处案件）几何？”勃**谢**（道歉，谢罪）曰：“不知。”问：“天下一岁钱谷出入几何？”勃又谢不知，汗出沾背，愧不能对。于是上亦问左丞相平。平曰：“有**主**（主管）者。”上曰：“主者谓谁？”平曰：“陛下**即**（如果）问决狱，**责**（问）廷尉；问钱谷，责**治**（主管）粟内史。”上曰：“**苟**（假如）各有主者，而君所主者何事也？”平谢曰：“主臣！陛下不知其**驽下**（低能），使**待罪**（任职的谦虚说法）宰相。宰相者，上佐天子**理**（调理）阴阳，**顺**（顺应）四时，下育万物之**宜**（适时生长），外镇抚四夷诸侯，内亲附百姓，使卿大夫各**得**（能）**任**（胜任）其职焉。”孝文帝乃称善。右丞相大惭，出而**让**（责备）陈平曰：“君**独**（难道）不**素**（平日）教我**对**（应对）！”陈平笑曰：“君居其位，不知其**任**（责任，职责）邪？且陛下即问长安中盗贼数，君欲**强**（勉强）对邪？”于是绛侯自知其能不如平远矣。居顷之，绛侯**谢病**（因病引退）请免相，陈平专为**一**（合一）丞相。

——《陈丞相世家第二十六》

【故事导读】

文帝即位后，丞相陈平称病不管政事。文帝当面问及原因，陈平回答：“我谎称有病是想把丞相的职位让给周勃。高祖时，周勃的功劳不如我大，诛杀吕氏诸王时我的功劳就不如他了。我请求皇上让他当右丞相。”文帝赏识陈平的品格，答应了他的请求。有一天，文帝向周勃、陈平问国家政事，周勃一问三不知，无法作答，汗流浃背；陈平对答如流，巧言善辩。从此，周勃知道自己的才能远不如陈平，就辞去了右丞相之职。

一年后，陈平死，周勃再做丞相。

周亚夫治军

文帝之后(后元,年号)**六年**(前158年),匈奴大入边。乃以**宗正**(官名,九卿之一)刘礼为将军,**军**(驻军)**霸上**(陕西西安市东南);祝兹侯徐厉为将军,军**棘门**(陕西咸阳市东北);以河内**守**(太守)亚夫为将军,军**细柳**(陕西咸阳市西南):以备胡。上自**劳**(慰劳)军。至霸上及棘门军,直**驰**(驱车)入,将以**下骑**(下马)送迎。已而之细柳军,军士吏**被**(通"披")甲,锐兵刃,**彀**(gòu,张开)弓弩,**持满**(把弓拉满)。天子**先驱**(在前面开路引导的人)至,不得入。先驱曰:"天子**且**(将要)至!"军门都尉曰:"将军令曰'军中闻将军令,不闻天子之诏'。"**居无何**(过了不久),上至,又不得入。于是上乃使使持**节**(符节)诏将军:"吾欲入劳军。"亚夫乃传言开**壁**(军营)门。壁门士吏谓从属车骑曰:"将军**约**(规定),军中不得**驱**(马奔)驰。"于是天子乃**按**(拉紧)辔徐行。至营,将军亚夫持兵揖曰:"**介**(铠甲)**胄**(头盔)之士不**拜**(跪拜),请以军礼见。"天子**为动**(为之感动),**改容**(改变神色)**式**(通"轼",车厢前的横木。这里指俯身扶着车前的横木表示敬意)车。使人**称**(致)谢:"皇帝敬劳将军。"**成礼**(完成慰劳军队的礼仪)而去。**既**(已经)出军门,群臣皆惊。文帝曰:"嗟乎,此真将军矣!**曩**(nǎng,从前)者霸上、棘门军,若儿戏耳,其将**固**(本来)可**袭**(被袭)而虏也。至于亚夫,可**得**(能)而**犯**(被冒犯)邪!"称善者久之。月余,三军皆**罢**(撤除)。乃拜亚夫为中尉。

——《绛侯周勃世家第二十七》

【故事导读】

周勃是诛灭吕氏集团、安定刘氏天下的决策者和组织者,周亚夫是平定七国之乱的汉军统帅，父子二人都是汉朝的镇国大将。

周勃是沛县人，随刘邦起兵，一路征战。韩信、陈豨、燕王卢绾造反，他率军平定，战功卓著，官至太尉。吕氏作乱，他与陈平合谋“卒诛诸吕而立孝文皇帝”，官至右丞相。周勃功高震主，文帝出于戒备心理，同意他辞去丞相职务；后“上复以勃为丞相”。不到一年，文帝就以给其他诸侯带头做榜样为借口，让他回到自己的封地绛县。回到封地后，他始终怀着恐惧的心情，日夜担心皇帝会除掉他这个立过大功又威名远扬的人。每次河东郡守、郡尉到绛县巡视，他都怕自己被杀，与他们相见时总要穿上盔甲，并让家人手持兵器戒备。时间一长，谣言四起，说他整天身穿盔甲，操练士兵，图谋造反。后来，有人上书告他谋反，他被关进长安监狱。在狱中，受到狱吏虐待，他用千金贿赂，得到薄太后等人的营救，才免一死。出狱后，他感慨万分：“我曾统率百万大军驰骋沙场，但从来不知道一个小小的狱吏有多威风！”

绛侯周勃死后，他的儿子周胜之继承了爵位。周胜之娶了汉朝的公主为妻，六年后夫妻产生了矛盾。皇室对周胜之很不满，加之他又犯了杀人罪，文帝便下令削夺了周胜之的爵位、封地。一年后，文帝在周勃的儿子里挑选出以贤能著称的周亚夫，封他为条侯。

吴楚七国叛乱，周亚夫率军平定，会兵荥阳。吴攻梁，梁孝王请救，他“坚壁不出”，坚持自己的部署决策，派轻骑断吴粮道，表现出超凡的智慧与大将风度。但因拒绝救梁，引起了梁孝王与窦太后的不满。景帝废除太子刘荣，周亚夫坚决反对，“景帝由此疏之”。窦太后要封皇后的哥哥王信为侯，他以高帝有约“非刘氏不得王，非有功不得侯”反对；景帝给匈奴降将徐卢等五人封侯，他认为背主降汉之人封侯，皇帝以后就无法要求大臣守节。结果，景帝一语否定：“丞相议不可用。”与皇帝政见不合，窦太后及其小儿子梁孝王又常在皇帝面前进谗言，“亚夫因谢病”，景帝便顺水推舟免了他丞相之职。

《周亚夫治军》写的是周亚夫在军营迎接皇帝视察的过程。匈奴集结重兵大举侵犯汉朝北部边境，文帝任命三位将军驻守长安附近的三个战略要点，以防备匈奴，其中周亚夫驻守细柳营。为了鼓舞士气，文帝决定亲自视察军营、慰劳军队。皇帝来到霸上、棘门、细柳三个军营，看到了截然不同的景象，对周亚夫治军有方、军纪严明赞不绝口。一个月后，文帝提拔周亚夫担任中尉。文帝非常赏识周亚夫，临终时嘱咐太子："将来你遇到危急之事，就让周亚夫统率军队，他是真正可以统率军队的人。"汉景帝即位后，提拔周亚夫做了车骑将军。

周亚夫绝食

顷之，景帝居**禁中**（宫中），召条侯，赐食。独置大**胾**（zì，切成大块的肉），**无切**（没有切碎）肉，又不置**箸**（zhù，筷子）。条侯心不平，**顾**（回头）**谓尚席**（主管酒席的人）取箸。景帝视而笑曰：“**此不足君所乎**（这还不能满足你的要求吗）？”条侯**免冠谢**（脱帽谢罪）。上起，条侯因**趋**（快步）出。景帝以目送之，曰：“此**怏怏**（不满）者**非少主**（不是侍奉幼主。幼主指新立的太子刘彻，即后来的汉武帝）臣也！”

居无何（过了不久），条侯子为父买**工官尚方**（尚方工官。尚方：制造皇家用品的官署）**甲楯**（盔甲、盾牌。楯，同“盾”）五百**被**（pī，通“披”，穿在身上。这里应理解为套、件）可以**葬者**（殡葬用的）。**取**（搬运）**庸**（通“佣”，雇工）苦之，**不予钱**（不给雇工工钱）。庸知其盗买**县官**（皇家）器，怒而**上变**（告发谋反）告子，事**连污**（牵连）条侯。书既闻上，上**下吏**（交给官吏办理）。吏**簿责**（按文书罪状逐条责问）条侯，条侯不**对**（应答，应对）。景帝骂之曰：“**吾不用也**（我不用你回答了）。”召**诣**（交给）廷尉。廷尉责曰：“君侯欲反邪？”亚夫曰：“臣所买器，乃葬器也，何谓反邪？”吏曰：“君侯**纵**（纵然）不反地上，**即**（就）欲反地下耳。”吏**侵**（侵犯，逼迫）之**益**（更加）急。初，吏捕条侯，条侯欲自杀，夫人止之，以故不得死，遂入廷尉。因不食五日，呕血而死。**国**（封地）除。

——《绛侯周勃世家第二十七》

【故事导读】

周亚夫做河内太守时，许负给他相面，说：“你三年后将被封为侯，八年后将被任命为将相，掌握国家大权，在所有的大臣中你地位最高、权力最大。可惜,九年之后你就会饿死。”周亚夫对此置之一笑。

三年后,许负的话开始一一应验。周亚夫的哥哥周胜之犯罪被废除封国,汉文帝封周亚夫为条侯,让他继承绛侯的爵位。吴楚七国叛乱,周亚夫率军前往平定,随后被任命为太尉;做了五年太尉后,升为宰相。九年后,景帝召他赐食,却故意羞辱他,他愤而趋出。不久,周亚夫的儿子为父亲向尚方工官购买五百具甲盾,搬运的雇工很累,可他又不给钱。雇工知道他偷买皇帝的殉葬品,便愤怒上书,告发周亚夫的儿子谋反。景帝下令逮捕周亚夫,让廷尉审问。周亚夫据理力争,不承认自己谋反,他申辩道:“我买的是甲盾,是随葬品,随葬品是人死后才用的,怎么能说我想造反呢?”廷尉一语定罪:“买随葬品不能说明你想在地上造反,但可以说明你想在地下造反!”没有道理可讲,没有公正可言,周亚夫只好用沉默和绝食表示抗议。五天之后,吐血而死。

周勃、周亚夫父子为汉朝建立了不朽功绩,却受到了不公正的对待和迫害,其显赫的功劳与悲惨的结局形成了巨大的反差。

列传部分

伯夷叔齐食薇而死

伯夷、叔齐，**孤竹**（河北卢龙县）君之二子也。父欲立叔齐，及父**卒**（死），叔齐让伯夷。伯夷曰："父命也。"遂逃去。叔齐亦不肯立而逃之。国人立其**中子**（次子）。于是伯夷、叔齐闻**西伯昌**（周文王姬昌）善**养老**（尊养老人），**盍**（何不）往归焉！及至，西伯卒，武王载**木主**（灵牌），号为文王，东伐纣。伯夷、叔齐**叩**（拉住）马而谏曰："父死不葬，**爰**（yuán，于是，就）**及**（等到，发动）干戈，可谓孝乎？以臣弑君，可谓仁乎？"左右欲**兵**（用武器杀）之。太公曰："**此义人**（仁义之人）也。"扶而去之。武王已平殷乱，天下**宗**（以……为宗主，即归顺）周，而伯夷、叔齐耻之，义不食周粟，隐于**首阳山**（河南偃师市），采**薇**（野菜）而食之。及饿**且**（将要）死，作歌。其辞曰："登彼西山兮，采其薇矣。以暴**易**（改变）暴兮，不知其非矣。神农、虞、夏忽焉**没**（消失）兮，我**安适归**（归向哪里）矣？**于嗟**（感叹词）**徂**（cú，通'殂'，死亡）兮，命之衰矣。"遂饿死于首阳山。

——《伯夷列传第一》

【故事导读】

《伯夷列传第一》名义上是为伯夷、叔齐立传，实际上二人的事迹只有二百多字，即选文《伯夷叔齐食薇而死》。司马迁以伯夷、叔齐的事迹作为引子，来阐述自己对世道的看法。传记篇幅很短，但议论深刻、逻辑严谨，其大致思路是：

学者们博学，但还是"六艺"里的记载可信。从虞、夏的文字中可知，尧舜禅让，历经数年，传天下很艰难，他们的事迹被孔子称颂；夏朝的卞随、务光高风亮节，但他们的知名度远不如伯夷、叔齐、吴太伯，为什么呢？

有人说，天道无私心，常助善人。请问：伯夷、叔齐是善人还是恶人？如果是善人，就应该得到善报，但他们饿死于首阳山；如果是坏人，孔子为什么赞扬他们？颜渊好学，是善人，却穷困早死；盗跖滥杀无辜，却寿终正寝。近世操行不轨者，终身逸乐；谨言慎行者，却遭遇灾祸。“余甚惑焉，傥（同‘倘’）所谓天道，是邪非邪？”

人各有志，有人把富贵功名看得很重，有人把它看得很轻。

君子圣人追求美名流传，凡夫俗子贪求权财功名。伯夷、叔齐虽贤，但如果没有孔子称赞，他们也会默默无闻；“颜渊虽笃学”，只有得到孔子称赞才德行彰显。隐居山野的人，品德再好，仍然“名堙灭而不称”；穷乡僻壤之人，砥行立名，但如果不借助名人，名声仍难流传。

因此，“天道无亲，常与善人”是谎言。

作者借为伯夷、叔齐立传之机，对当时好人遭殃、坏人享福的社会不公提出了愤怒的质问，对历代用以麻醉、慰藉人心的“天道”提出了深深的怀疑。

《伯夷列传第一》中，伯夷和叔齐认为周武王作为臣子杀死君主是不符合伦理的事情。他们坚持仁义，坚决不吃周朝的粮食，隐居在首阳山，每天只靠采摘野菜充饥。不久，就因为饥饿而奄奄一息。临死时，他俩共同创作了一首诗歌。歌词内容是：“我们登上了西山，采摘那里的薇菜。残暴的臣子替换了残暴的君主，他却认识不到这个错误。过去的太平盛世再也看不到了，何处才是我们的归宿？我们只有去死了，命运是这样不公平啊！”

管仲遇知己

管仲曰:“吾始困时,**尝**(曾经)与鲍叔**贾**(gǔ,做买卖),分财利多**自与**(给自己),鲍叔不以我为贪,知我贫也。吾尝为鲍叔谋事而**更穷困**(更加窘迫),鲍叔不以我为愚,知**时**(时机)有利不利也。吾尝三仕三**见**(被)**逐**(驱赶,罢免)于君,鲍叔不以我为不肖,知我不**遭**(遇到)时也。吾尝三战三走,鲍叔不以我为怯,知我有老母也。公子纠败,**召**(shào)忽**死之**(为之而死),吾**幽**(囚禁)囚受辱,鲍叔不以我为**无耻**(不知羞耻),知我不羞小节而**耻**(以……为耻)功名不显于天下也。生我者父母,知我者鲍子也。”

鲍叔**既进**(已经推荐)管仲,**以身下之**(甘心处于管仲之下)。子孙世禄于齐,有封邑者十余世,**常**(通“尝”)为名大夫。天下不**多**(称赞)管仲之贤而多鲍叔能知人也。

——《管晏列传第二》

【故事导读】

《管晏列传第二》是春秋中后期齐国政治家管仲与晏婴的合传。作者没有去写二人的主要事迹，而论其逸事，只选取了管仲与鲍叔牙交往、晏婴解救越石父及推荐车夫等几个故事,来表现管仲、鲍叔牙之间感人的友谊和晏婴举贤荐能的品格。

管仲年轻时就与鲍叔牙交往,齐襄公在位时(前698—前686年)管仲、召忽辅佐公子纠,鲍叔牙辅佐公子纠的弟弟公子小白。公子小白立为齐桓公后,逼鲁国杀了公子纠,管仲被囚禁。鲍叔牙向齐桓公极力推荐管仲,齐桓公不计前嫌,任用管仲为国相。鲍叔牙胸怀坦荡,慧眼识珠,对管仲为齐相起了至关重要的作用,以至管仲感激而深情地说:“生我的是父母，但了解我的是鲍叔牙！”这就是历史上所说的“管鲍之交”，即选文《管仲遇知己》。

管仲担任齐国相国期间，充分利用齐国位于海滨的有利条件，推动商品和货物的流通，积累了巨大的财富。齐国因此国力雄厚，百姓生活富足安康。管仲还注重发展军事，当时齐国的军事力量非常强大。管仲能够分辨出事情的轻重缓急，权衡出事情的利弊得失，然后采取合理的应对办法，所以他善于把祸患转化成吉祥。管仲的富贵和排场可以和齐桓公相比，但是齐国百姓认为这是管仲应该得到的，没有人认为他生活奢侈。管仲去世以后，齐国仍然沿袭管仲制定的政策。

管仲去世一百多年后，齐国又出现了一位名臣晏婴。晏婴是齐国莱地夷维人。他一共辅佐了齐灵公、齐庄公、齐景公三代国君，他生活俭朴，做事兢兢业业，赢得了齐国百姓的尊重。晏婴虽担任齐国宰相要职，但是他在生活上非常俭朴，他的家人在他的影响下，生活也非常俭朴，“食不重肉，妾不衣帛”。晏婴秉公办事，不徇私情，可谓一代贤相。

晏婴的故事流传很广，多见于《晏子春秋》一书。这篇传记只选取了两件逸事表现他的高尚品质和巨大的人格魅力，即选文《晏婴举贤荐能》。

晏婴举贤荐能

越石父贤，在**缧绁**(léi xiè，捆绑犯人的绳索，借指牢狱)中。晏子出，**遭**(遇)之**涂**(通“途”)，解左**骖**(cān，驾在车前两侧的马)赎之，载归。弗**谢**(辞谢)，入**闺**(内室)。久之，越石父**请绝**(请求绝交而去)。晏子**惧**(害怕，吃惊)然，**摄**(整理)衣冠**谢**(道歉)曰：“婴虽不仁，免子于**厄**(困境)，**何**(为什么)子求绝之**速**(快)也？”石父曰：“不然。吾闻君子**诎**(qū)**于不知己**(在不了解自己的人面前受委屈)而**信**(通‘伸’，伸展，意谓受到尊重)于知己者。方吾在缧绁中，彼不知我也。**夫子**(先生，敬称)既已**感寤**(感动而理解)而赎我，是知己；知己而无礼，固不如在缧绁之中。”晏子于是**延**(请)入为上客。

晏子为齐相，出，其**御**(车夫)之妻从门间而窥其夫。其夫**为相御**(给宰相驾车)，拥大**盖**(车盖)，**策**(鞭策)驷马，意气扬扬，甚自得也。**既而**(不久)归，其妻请去。夫问其故。妻曰：“晏子长不满六尺，身相齐国，名显诸侯。今者妾观其出，**志念**(志向)**深**(远大)矣，常有以**自下**(甘居人下)者。今子长八尺，**乃**(只，仅)为人仆御，然子之意自以为足，妾**是以**(以是，因此)求去也。”其后夫自**抑损**(克制，谦虚)。晏子怪而问之，御以实对。晏子荐以为大夫。

——《管晏列传第二》

【故事导读】

晏婴非常善于举荐贤才。一次外出，他半路遇到了被囚禁起来的越石父，晏婴知道越石父是一个非常贤能的人，便毫不犹豫解下自己的马，赎出了越石父，把他带回相府。到了相府，晏婴没有向越石父辞别，就直接进了内室,很久才出来。越石父很不满,要求和晏婴绝交。晏婴很惊讶,问其原因,越石父答道:“我听说君子在不了解自己的人那里受了委屈之后,在了解自己的人面前就会得到尊重。别人不了解我,所以囚禁了我;你既然已经了解了我,对待我却这么轻慢,还不如一直将我囚禁下去呢!”晏婴听后立刻向越石父道歉,随后重用了越石父。

一次,晏婴坐车外出,他的车夫的妻子在家中从门缝偷偷观察他们。等到车夫回到家,妻子要求和他离婚。车夫很奇怪,便询问原因。妻子回答:“晏婴身高六尺,担任宰相,我发现他志向远大,神态谦恭;而你身高八尺,给人做车夫还神气十足,以为自己很了不起。所以我要和你断绝婚姻关系。”车夫听后十分惭愧,从此变得谦虚恭敬。晏婴发现了车夫的变化,经过了解,得知他家有贤妻,便提拔他为朝中大夫。

车夫幸遇明主,一生幸运,这恐怕是司马迁内心最渴望的。这样的事,在当时社会也是非常难能可贵的,所以司马迁在篇末称自己甘愿为晏婴这样的人执鞭驾车。

孔子问礼

孔子**适**(到)周,将问礼于老子。老子曰:"**子**(您)所言者,其人与骨皆已朽矣,**独**(只有)其言在耳。且君子得其**时**(时机)则驾,不得其时则**蓬累**(像随风飘动的蓬草一样,也指随遇而安)而行。吾闻之,**良贾**(会做生意的人。贾,gǔ)深藏若虚,君子盛德,容貌若愚。去子之骄气与多欲、**态色**(不必要的姿态、容色)与**淫志**(过分的欲望),**是**(这)皆无益于子之身。吾所以告子,若是而已。"孔子去,谓弟子曰:"鸟,吾知其能飞;鱼,吾知其能游;兽,吾知其能**走**(跑)。走者可以为**罔**(通'网'),游者可以为**纶**(钓竿上的线),飞者可以为**矰**(zēng,拴着丝绳的箭)。至于龙,吾不能知,其乘风云而上天。吾今日见老子,其犹龙邪!"

——《老子韩非列传第三》

【故事导读】

老子姓李名耳,字聃,是周朝管理藏书的小吏。传说他刚一出生就满头白发,因此被人们称为"老子"。老子和孔子都是中国古代最有影响力的思想家和哲学家。老子和黄帝一起被人们称为"黄老",又和庄子被人们称为"老庄"。

周王朝逐渐衰微,老子感到很伤心,就骑着他的青牛,离开了都城。他一路向西,到了函谷关,守卫函谷关的官员尹喜非常钦佩老子的学问,就请求他:"您要隐居了,请在隐居前为我们写一本书吧!"于是,老子就写了《老子》一书,五千多字,然后离开,没有人知道他的下落。《老子》一书也称《道德经》,分为上、下两篇,上篇是道经,下篇是德经,所以叫《道德经》。

《孔子问礼》中，一个是儒家的创始人，一个是道家的创始人，学派不同，但他们能互相尊重。孔子带着学生到周朝的都城去向老子请教关于古代礼的问题。老子回答：“当初制定礼仪的人，现在他们的骨头都已腐烂，只有他们的言论还存在一些，但这些言论对你有什么用呢？”思索片刻，老子告诉了孔子一些道理。孔子告别老子后，就对学生们感叹说：“如果说到龙，我真的不知道该怎么对付，因为龙是乘风腾云上天的。我今天看到了老子，才知道他大概就是龙啊！”

孔子问礼的故事也出现在《孔子世家第十七》中，所不同处在于《孔子世家第十七》中老子对孔子说的一番话是朋友临别时的赠言，没有针对孔子，也没有记述孔子见老子之后的反应；本篇则是老子以长者的身份将孔子教训一通，指出他的缺点，孔子却对老子大加赞扬，称他是乘风驾云而上天的飞龙。

军法如山斩宠臣

穰苴(ránɡ jū)既辞,与庄贾约曰:“**旦日**(明日)日中会于军门。”穰苴先驰至军,**立表**(立好计时的木表)**下漏**(漏壶)待贾。贾**素**(一向)骄贵,以为**将**(率领)已之军而已为**监**(监军),不甚急;亲戚左右送之,留饮。日中而贾不至。穰苴则**仆表决漏**(推倒木表,放掉漏壶水),入,**行**(巡视)军**勒兵**(操练军队),申明**约束**(法令、纪律)。约束既定,夕时,庄贾乃至。穰苴曰:“何后**期**(约定)**为**(呢,语气词)?”贾**谢**(道歉)曰:“**不佞**(不才,自谦之词)大夫亲戚送之,故留。”穰苴曰:“将受命之日则忘其家,临军约束则忘其亲,**援**(拉,拿)**枹**(fú,鼓槌)鼓之急则忘其身。今敌国深侵,邦内骚动,士卒**暴**(pù,通‘曝’)露于境,君寝不安席,食不甘味,百姓之命皆悬于君,何谓相送乎!”召**军正**(军中执法官)问曰:“军法期而后至者云何?”对曰:“当斩。”庄贾惧,使人驰报景公,请救。**既往**(已经前往),未及**反**(通“返”),于是遂斩庄贾以**徇**(示众)三军。三军之士皆**振**(通“震”)栗。

——《司马穰苴列传第四》

【故事导读】

《司马穰苴列传第四》篇幅短,人物故事单一,主要叙述了司马穰苴的一件事,即《军法如山斩宠臣》。晋国攻打齐国的阿邑、甄(zhēn)邑,燕国入侵齐国黄河南岸,齐军被晋、燕打得大败。相国晏婴向齐景公推荐了司马穰苴。景公任命司马穰苴为将军,派他抵御晋、燕。司马穰苴请求景公派宠臣前来监军,这样可以借助君主的权威来加强自身的统帅地位,使部下服从自己。谁知监军庄贾自恃是景公的宠臣,根本没把军法放在眼里;大敌当前,军队集结,他却仍如平日,推杯换盏,耽于长饮之乐,丝毫没有战争的危急感,结果被斩首示众。处罚完毕,司马穰苴率军出征,一路亲自过问士兵的安营扎寨、打井砌灶、饮食疾病。全军士气高昂,人人奋勇杀敌,晋、燕撤退,齐国收复了失地。

率军返回,还没到国都,司马穰苴就解除了军队的武装,取消了战时规定的号令,直到宣过誓、立完盟约以后才进入都城。齐景公率领文武百官到城外犒劳将士。齐景公接见了司马穰苴,任命他为大司马。从此以后,田氏在齐国的地位一天天显贵起来。

后来,大夫鲍氏、高氏、国氏等人忌妒司马穰苴,在齐景公面前诋毁他。齐景公解除了司马穰苴的官职,司马穰苴郁郁而死。司马穰苴的死,让田乞、田豹等人对高氏和国氏家族的人痛恨不已。后来,田常杀死齐简公以后,就把高氏和国氏家族全部诛灭了。后来,田常的曾孙田和自立为国君,这就是齐威王。齐威王不管是带兵打仗还是树立权威,都模仿司马穰苴的做法,并派人编辑《司马兵法》,把司马穰苴的兵法也附在里边,命名为"司马穰苴兵法"。

孙武操练宫女

孙子武者(孙武。子:尊称),齐人也。以兵法**见于**(被……接见)吴王**阖**(hé)庐。阖庐曰:“子之十三篇,吾尽观之矣,可以小试**勒兵**(操练军队)乎?”对曰:“可。”阖庐曰:“可试以妇人乎?”曰:“可。”于是许之,出宫中美女,得百八十人。孙子分为二队,以王之宠姬二人各为队长,皆令持戟。令之曰:“汝知**而**(通‘尔’,你)心与左右手背乎?”妇人曰:“知之。”孙子曰:“**前**(向前),**则视心**(就看心口所对的方向);左,视左手;右,视右手;后,**即视背**(就看背所对的方向)。”妇人曰:“诺。”**约束**(法令,纪律)既布,乃设**铁钺**(fū yuè,斧子类兵器),即三令五申之。于是**鼓**(击鼓,发令)**之**(到)右,妇人大笑。孙子曰:“约束不明,申令不熟,将之罪也。”复三令五申而鼓之左,妇人复大笑。孙子曰:“约束不明,申令不熟,将之罪也;既已明而不**如**(依照,遵从)法者,吏士之罪也。”乃欲斩左右队长。吴王从台上观,见**且**(将要)斩爱姬,大骇。**趣**(通“促”)使使下令曰:“寡人已知将军能用兵矣。寡人非此二姬,食不甘味,愿勿斩也。”孙子曰:“臣既已受命为将,将在军,君命有所不受。”遂斩队长二人以**徇**(示众)。用其次为队长,于是复鼓之。妇人左右前后跪起皆中**规矩绳墨**(代指军令、纪律),无敢出声。于是孙子使使报王曰:“兵既整齐,王可试下观之,唯王所欲用之,虽赴水火犹可也。”吴王曰:“将军罢休**就舍**(到房间休息),寡人不愿下观。”孙子曰:“王**徒好其言**(只是喜好我说的那些兵法),不能用其实。”

——《孙子吴起列传第五》

【故事导读】

《孙子吴起列传第五》是孙武、孙膑、吴起三位军事家的合传。孙武，传记只写了他为吴王练兵而斩了吴王两名爱姬的事，即选文《孙武操练宫女》。孙膑，传记写了他三件事，一是围魏救赵；二是替齐国田忌下赌注赛马，即选文《田忌赛马》；三是用减灶的智谋诱使庞涓中计身亡，即《马陵道射庞涓》。

吴起是卫国人，年轻时告别母亲，出外游仕，发誓不出人头地决不回家。母亲死了，他没有回来奔丧。他善于用兵，侍奉鲁国国君。齐攻鲁，鲁君想任吴起为将，但因吴起娶的妻子是齐国人，鲁君就有些犹疑。结果，一心想成名的吴起就杀了妻子，以表明自己不亲附齐国。吴起寡情少义，刻薄自私，但他与士卒同甘共苦，为病者吮吸疽疮脓液。吴起的举动，异乎常人，有悖情理，是一般人无法接受的。

魏武侯感叹河山险固，是国家之宝，吴起直言治国“在德不在险”，不能把险要的地理形势作为国家之宝，而要修德。吴起做西河太守时，魏王任命田文为相，他很不服气，两人为之辩论。最后，在田文的继任者公叔与仆人的合谋下，他被迫离魏往楚。楚悼王任他为国相，“及悼王死，宗室大臣作乱而攻吴起，吴起走之王尸而伏之。击起之徒因射刺吴起，并中悼王”。

《孙武操练宫女》叙述的是“吴宫教战”的故事。孙武是古代杰出的军事家，其《孙子兵法》十三篇历来被推崇为“兵经”，千古流传。吴王阖庐读过《孙子兵法》后，召见孙武，让他操练一百八十个宫女，想以此检验孙武兵法的实效。孙武一开始很有耐心，让她们做的动作，只要能分辨身体器官和前后左右方位的人都能做到，无奈宫女们恃宠散漫，不听调度。于是，孙武斩了吴王的两位宠姬示众，以严明军纪。

田忌赛马

孙膑**尝**(曾经)与庞涓俱学兵法。庞涓**既事**(已经侍奉)魏,得为惠王将军,而自以为能不及孙膑,乃**阴**(暗中)使召孙膑。膑至,庞涓恐其贤于己,**疾**(嫉妒)之,则**以法**(假借法令)刑断其两足而**黥**(qíng,用刀在犯人脸上刺刻,再涂上墨)之,欲隐勿**见**(通"现")。

齐使者**如梁**(到魏国),孙膑以刑徒阴见,**说**(游说)齐使。齐使以为奇,**窃**(偷偷地)载与之齐。齐将田忌善而**客**(像宾客一样)待之。忌数与齐诸公子**驰逐**(赛马)**重射**(重金押输赢)。孙子见其马**足**(脚力)不甚相远,马有上、中、下**辈**(等级)。于是孙子谓田忌曰:"君**弟**(只管)重射,臣能令君胜。"田忌**信**(相信)**然**(认为正确)之,与王及诸公子**逐射千金**(比赛下了千金的赌注)。及**临**(临到)**质**(对抗,比赛),孙子曰:"今以君之**下驷**(下等马)与彼上驷,取君上驷与彼中驷,取君中驷与彼下驷。"既驰三**辈**(次,场)毕,而田忌一不胜而**再**(两次)胜,**卒得**(最终赢得)王千金。于是忌进孙子于威王。威王问兵法,遂以为师。

——《孙子吴起列传第五》

【故事导读】

孙膑是孙武的后世子孙,是齐国继孙武之后出现的又一位军事天才。孙膑与庞涓是同学,一起侍奉魏国国君。因嫉妒孙膑的才能,庞涓假借罪名,断其双足,在其脸上刺字,想让他从此不再抛头露面。遭受膑刑与墨刑的孙膑偷偷求见齐国使者,齐国使者与他交谈后发现他是一个不同凡响的人才,便暗中用车把他带到了齐国。齐国公子重金赛马,孙膑对田忌面授机宜。比赛结束,田忌赢得齐王千金,满载而归;孙膑在齐国也一举成名,被齐威王任以军师。

马陵道射庞涓

后十三岁，魏与赵攻韩，韩告急于齐。齐使田忌**将而往**（率军前往），直走**大梁**（河南开封市，魏首都）。魏将庞涓闻之，**去**（离开）韩而归，齐军既已过而西矣。孙子谓田忌曰："彼三**晋**（魏国）之兵素悍勇而轻齐，齐**号**（号称，被看作）为怯，善战者因其势而利导之。兵法，**百里**（跋涉百里）而**趣**（通'趋'）利者**蹶**（jué，使……挫败）上将，五十里而趣利者**军半至**（军队只有一半能到达）。使齐军入魏地**为**（筑）十万灶，明日为五万灶，又明日为三万灶。"庞涓行三日，大喜，曰："我**固**（本来）知齐军怯，入吾地三日，士卒亡者过半矣。"乃弃其步军，与其轻锐**倍日并行**（昼夜兼程）逐之。孙子度其**行**（行程），暮当至**马陵**（河南范县）。马陵道狭，而旁多阻隘，可伏兵，乃斫大**树**（树皮）**白**（露出白色）而书之曰"庞涓死于此树之下"。于是令齐军善射者万**弩**（弓箭手），夹道而伏，**期**（约定）曰"暮见火举而俱发"。庞涓果夜至斫木下，见白书，乃**钻火**（点火）**烛**（照）之。读其书未毕，齐军万弩俱发，魏军大乱相**失**（散失）。庞涓自知智穷兵败，乃自刭，曰："**遂**（乃，竟）**成**（成就）**竖子**（小子，蔑称）之名！"齐因乘胜尽破其军，虏魏太子申以归。孙膑以此名显天下，世传其兵法。

——《孙子吴起列传第五》

【故事导读】

魏国将军庞涓在人们的眼里是一个十分自信、志得意满的人，但他也是一个残忍而嫉妒心很强的人。他知道同学孙膑是一个军事天才，精通兵法，比自己强百倍，担心将来有朝一日成为自己的对手。于是，他绞尽脑汁，一心想除掉这块心病。他派人暗中请来孙膑，设计陷害，施以膑刑、墨刑，他以为这样就没有人任用一个身体残废、犯过罪的人了。后来，孙膑逃往齐国，受到田忌的赏识，被推荐给齐威王，齐威王任命他为军师。

在齐国和魏国桂陵之战后不久，齐国发生了内乱，田忌不再是齐国的大将军，孙膑也不再是军师了。桂陵之战中被孙膑俘虏、又被释放了的魏国将军庞涓，总想着与孙膑再比高低。他见齐国发生内乱，孙膑也不再是军师了，觉得这是进攻其他国家、扩大魏国领土的好时机，于是就发兵攻打韩国。此时正赶上齐威王死了，他的儿子继位，叫齐宣王。齐宣王重新启用了田忌和孙膑，不过庞涓不知道这件事。

韩国本来就没有魏国强大，加上庞涓确实有一定的军事才能，韩军抵挡不住魏军，于是向齐国求救。齐王派田忌率军攻打魏国的都城大梁。庞涓听说齐军攻打大梁后立即率军离开韩国返回魏国，迎击齐军。

《马陵道射庞涓》这一故事中，孙膑紧紧抓住魏军凶悍勇猛、瞧不起齐兵的心理，运用兵法，精心谋划，利用地形设伏，使庞涓中计身亡。庞涓害了孙膑，使孙膑终身残疾；孙膑也没有放过庞涓，使庞涓丧生马陵道。战败而逃的魏国士兵得知主帅自杀，军心涣散，斗志瓦解。齐军乘胜追击，俘虏了魏国太子申生。从此，孙膑名扬天下，后世开始流传他写的《孙膑兵法》。

费无忌谗言害伍奢

无忌言于平王曰："伍奢有二子，皆贤，不诛**且为**（将成为）楚忧。可以其父**质**（为人质）而召之，不然且为楚患。"王使使谓伍奢曰："能**致**（招来）汝二子则生，不能则死。"伍奢曰："尚为人仁，呼必来。**员**（yún，伍员）为人**刚戾**（lì，暴戾）**忍訽**（gòu，辱），能成大事，彼见来之并**禽**（通'擒'），其势必不来。"王不听，使人召二子曰："来，吾**生**（使……活命）汝父；不来，今杀奢也。"伍尚欲往，员曰："楚之召我兄弟，非欲以生我父也，**恐有脱者后**（我俩有人逃脱以后）生患，故以父为质，诈召二子。二子到，则父子俱死。何益父之死？**往而令仇**（前往却使仇恨）不得报耳。不如奔他国，借力以雪父之耻，俱灭，**无为**（不能做，即没什么价值）也。"伍尚曰："我知往终不能全父命。然**恨**（遗憾）父召我以求生而不往，后不能雪耻，终为天下笑耳。"谓员："**可去**（你可以逃走）矣！汝能报杀父之仇，我将归死。"**尚既就执**（伍尚已经被拘捕），使者捕伍胥。伍胥贯弓执矢**乡**（通"向"）使者，使者不敢进，伍胥遂亡。闻太子建之在宋，往从之。奢闻子胥之亡也，曰："楚国君臣**且苦兵矣**（将要遭受战争了。苦：苦于，被……所苦）。"伍尚至楚，楚并杀奢与尚也。

——《伍子胥列传第六》

【故事导读】

伍子胥是楚国人，父亲伍奢，兄长伍尚，楚平王（前528—前516年）时伍奢被费无忌所害，家破人亡，此即《费无忌谗言害伍奢》。

受到谗害后，楚国太子建逃往宋国，伍子胥也步其后尘。宋国内乱，二人又逃往郑国。“郑人甚善之”,但太子建答应晋顷公的请求,准备里应外合灭郑,最终太子被诛。伍子胥与太子建的儿子胜一路跋涉,颠沛流离,得船工相助渡过长江,逃到了吴国,取得吴王的信任。过了五年,楚平王死,“平王所夺太子建秦女生子轸……竟立为后”,即楚昭王。

后五年,吴伐越,吴王阖庐受伤而死。夫差即位,困越王勾践于会稽山。过了四年,吴王伐齐,伍子胥力谏吴王先灭越以除“腹心疾”,再伐齐,吴王不但不听,反而在太宰嚭的谗言下逼伍子胥自杀,此即选文《伍子胥之死》。吴王杀了伍子胥之后开始伐齐,诸侯会盟,俨然一副中原霸主的姿态。不想,“越王勾践袭杀吴太子,破吴兵”,几年之后,吴被灭。

伍子胥的故事,成为后世民间故事、小说、戏曲的传统题材,家喻户晓,为人乐道。

《费无忌谗言害伍奢》写的是伍奢遭受谗言后与伍尚一起被杀的事。楚平王派少傅费无忌前往秦国为太子娶妻,因秦女天下绝色,费无忌鼓动平王自娶为妇,而给太子另外娶妻。因担心太子将来怨恨而杀己,费无忌便日夜进谗言陷害太子与太傅伍奢。太子被逼无奈,逃往宋国;伍奢被召,与长子伍尚一同被楚平王杀害;伍子胥逃往太子所在地宋国。父亲被扣,要么与父兄同死;要么逃亡,伺机报仇。伍子胥选择了后者,最终名垂青史。

伍子胥报仇

始伍员与申包胥为**交**(结交,交往),员之亡也,谓包胥曰:“我必**覆**(覆没,灭)楚。”包胥曰:“我必存之。”及吴兵入**郢**(湖北江陵,楚国首都),伍子胥**求**(寻找)昭王。既不得,乃掘楚平王墓,出其尸,鞭之三百,然后**已**(停止)。申包胥亡于山中,使人谓子胥曰:“子之报仇,**其**(大概)**以**(通‘已’)**甚**(过分)乎!吾闻之,人众者胜天,天定亦能破**人**(人的谋略)。今**子**(您)**故**(原来)平王之臣,亲**北面**(面向北,即称臣)而事之,今至于**僇**(lù,侮辱)死人,此岂其无天道**之**(到了)极乎!”伍子胥曰:“为我**谢**(告诉)申包胥曰,吾**日莫途远**(到了日暮途穷的地步。莫:通‘暮’),吾故倒行而逆施之。”于是申包胥走秦告急,求救于秦。秦不许。包胥立于秦廷,昼夜哭,七日七夜不绝其声。秦哀公怜之,曰:“楚虽**无道**(昏暗),有臣**若是**(像这样),可无**存**(保全)乎!”乃遣车五百乘救楚击吴。六月,败吴兵于**稷**(郢都郊外)。

——《伍子胥列传第六》

【故事导读】

楚昭王九年(前506年),在伍子胥、孙武的帮助下吴王阖庐兴师伐楚,吴国军队攻入楚国首都郢,楚昭王出逃,伍子胥四处搜寻楚昭王未果,便掘开楚平王的坟墓,挖出尸体,鞭尸三百,终于报了杀父之仇。文中的伍子胥与申包胥当初是挚友,一个发誓要毁灭楚国,一个发誓要保全楚国,二人各为其主,处于敌对地位,但都光彩照人。伍子胥成就了吴王的霸业,报了私家大仇;申包胥站在秦王殿上,昼夜痛哭,七天七夜哀声不绝,其声凄凉,其心忠诚。

伍子胥之死

吴太宰**嚭**(pǐ)**既**(已经)与子胥有**隙**(隔阂,矛盾),因谗曰:“子胥为人**刚**(刚愎)暴,少恩,**猜贼**(猜忌、狡诈),其**怨望**(怨恨)恐为深祸也。前日王欲伐齐,子胥以为不可,王**卒**(最终)伐之而有大功。子胥耻其计谋不**用**(采纳),乃反怨望。而今王又复伐齐,子胥专**愎**(bì,专断)**强**(强行)谏,**沮**(jǔ,诋毁)毁**用事**(对齐用兵),**徒**(只)**幸**(希望)吴之败以**自胜**(自矜,自夸)其计谋耳。今王自行,**悉**(全)国中武力以伐齐,而子胥谏不用,因**辍谢**(推辞,拒绝),**详**(通‘佯’)病不**行**(出征)。王不可不备,**此起祸不难**(这样很容易造成灾祸)。且嚭使人**微伺**(暗中观察)之,其使于齐也,乃**属**(通‘嘱’)其子于齐之鲍氏。夫为人臣,内不得意,外倚诸侯,自以为先王之谋臣,今不**见**(被)用,常**鞅鞅**(通‘怏怏’,不满)怨望。愿王早图之。”吴王曰:“**微**(无,没有)子之言,吾亦疑之。”乃使使赐伍子胥**属镂**(zhǔ lòu)之剑,曰:“子以此死。”伍子胥仰天叹曰:“嗟乎!谗臣嚭为乱矣,王乃反诛我。我**令**(使)**若**(你)父霸。自若未立时,诸公子争立,我以死争之于先王,**几**(差点儿)不得立。若既得立,欲分吴国予我,我**顾**(却)不敢**望**(奢望)也。然今若听谀臣言以杀长者。”乃告其舍人曰:“必树吾墓上以**梓**(乔木),令可以为器;而**抉**(挖)吾眼**县**(通‘悬’)吴东门之上,以观越寇之入灭吴也。”乃自刭死。吴王闻之大怒,乃取子胥尸盛以**鸱**(chī)**夷革**(皮革制的口袋),浮之**江**(吴淞口,即苏州河)中。吴人怜之,为立祠于江上,因命曰**胥山**(江苏太湖边)。

——《伍子胥列传第六》

【故事导读】

太宰嚭接受了越国的多次贿赂后，就没日没夜地在吴王面前说越国的好话。吴王总是相信和采纳太宰嚭的计谋。后来，太宰嚭和伍子胥产生了矛盾，太宰嚭就趁机在吴王面前谗言陷害伍子胥，说："伍子胥对吴王攻打齐国心怀不满，假装有病不随大王出征；作为吴国的臣子，却把儿子托付给齐国的鲍氏；自认为是先王的谋臣，现在不被重用，时常郁郁不乐，产生怨恨情绪。希望大王对这件事早日想办法。"于是，吴王夫差就派使臣赐给伍子胥属镂宝剑，令其自杀。伍子胥仰望天空，叹息说："唉！小人伯嚭要作乱，大王反而杀我。你还没确定为王位继承人时，公子们争着立太子，我在先王面前冒死相争。你立为太子后，还答应把吴国分一部分给我，现在你竟听信谄媚小人的坏话来杀害长辈。"伍子胥愤恨之余留下遗言，要家人在他死后把他的眼睛挖出，挂在吴国都城的东城门上，他要亲眼看着越国军队灭掉吴国。伯嚭进谏，夫差大怒，伍子胥的尸首被鸱夷革裹着抛入苏州河。吴国人哀怜他，建造了胥王庙；把抛尸处更名为胥口，把濒临的太湖命名为胥湖。

民间流传，伍子胥含冤而死，死后化为涛神。后世人们便在五月初五这一天吃粽子、划龙舟，纪念他。

商鞅立木取信

卫鞅曰："治世不**一道**（一种方法），**便**（有利）国不**法**（效法）古。故汤武不**循**（遵循）古而**王**（称王），夏殷不**易礼**（改变礼俗）而亡。反古者不可非，而循礼者**不足**（不值得）**多**（称赞）。"孝公曰："善。"以卫鞅为左庶长，**卒**（最终）定变法之令。

令民为什伍（让居民五家为伍，十家为什），而相**牧司**（监督，窥伺）**连坐**（一家犯罪，同什伍的其他各家如不告发就一同受罚）。不告**奸**（邪恶）者腰斩，告奸者与斩敌首同赏，匿奸者与降敌同罚。民有二男以上不**分异**（分家）者，倍其赋。有军功者，各以**率**（lǜ，标准，规定）受上爵；为**私**（私利）斗者，各以轻重**被**（遭受）刑大小。**僇**（通"戮"，尽力）力**本业**（农业），耕织致粟帛多者**复**（免除徭役赋税）其身。**事末**（从事商业）利及**怠**（懒惰）而贫者，**举**（尽，全）以为收**孥**（nú，通"奴"）。宗室非有军功**论**（判断，评定），不得为**属籍**（族谱，此指贵族族谱）。明尊卑爵秩等级，各以**差次**（等级）**名**（占有）田宅，**臣**（家臣）妾衣服**以家次**（以家族的等级而定）。有功者显荣，无功者虽富无所**芬华**（光彩）。

令既**具**（准备，拟订），未布，恐民之不信，**已**（随后，随即）乃立三丈之木于国都市南门，募民有能徙置北门者予十金。民怪之，莫敢徙。复曰"能徙者予五十金"。有一人徙之，**辄**（就）予五十金，以**明**（表明）不欺。卒下令。

——《商君列传第八》

【故事导读】

商鞅姓公孙，名鞅，在秦国当相国时受封于商地、於地，故以封地为姓，称“商鞅”。商鞅年少时就喜欢法家学说，曾得到魏国相国公叔座的赏识。公叔座病重时推荐商鞅，魏惠王不听。于是，商鞅前往秦国，通过秦孝公的宠臣景监求见孝公。初见孝公，谈论帝王之道，孝公昏昏欲睡；再见孝公，谈论为王之道，孝公仍不中意；三见孝公，谈论称霸天下之道，孝公“不自知膝之前于席也。语数日不厌”。

商鞅被重用后，提出变法主张，孝公怕招来麻烦，犹豫不决，大臣甘龙、杜挚等守旧派公然反对。商鞅与之就“法古”“循礼”与“治世不一道，便国不法古”展开辩论，他说只要可以使国家强盛、人民富足，就不必效法旧制。夏、商、周三代用不同的礼教，都称王天下；春秋五霸用不同的法令，各成霸业。秦孝公大开眼界，信心十足，任他为相，推行变法。

公元前356年，商鞅制定了一系列法令条文，准备公之于众。为了取信于民，他在都城市场南门立了一根三丈高的木杆，贴出告示悬赏：谁能把这根木杆搬到北门，赏金十两。人们议论纷纷，觉得搬一根木杆就赏金十两，不可相信，谁也不肯搬。于是，赏金提高到五十两。人们一片哗然，更不相信。这时，人群中走出一人，搬走了木杆。商鞅立即赏金五十两。人群沸腾，大家都说商鞅说话算数。威信树立起来后，商鞅就开始公布新法。变法一年，太子犯法，商鞅“黥其师公孙贾”，以肃其法。变法十年，“秦民大说……家给人足”，国家强盛。

商鞅任秦相十年，许多皇亲国戚都怨恨他。赵良去见商鞅，两人展开辩论。商鞅认为自己改变了秦国教化，使男女有别，分居而住，大造宫城，很有才干。赵良反驳他身为国相不为百姓造福，却大建宫阙，用严刑酷法残害百姓，违背情理，变更法度。商鞅出门时有卫士贴身保卫，其处境宛如朝露，赵良建议其交还封地、隐居山林，以保平安。五个月后，孝公去世，太子即位。公子虔等人告发商鞅造反，商鞅潜逃到魏，魏国人怨恨其当年欺骗公子卬而打败魏军，把他送回秦国。最后，秦惠王把他五马分尸，诛灭其全家。

苏秦衣锦还乡

于是六国**从合**(合纵,六国联盟对付秦国)而并力焉。苏秦为从约长,并**相**(做宰相)六国。

北报赵王,乃行过洛阳,车骑**辎重**(车上装载的各种物资),诸侯各发使送之甚众,**疑**(同"拟",比拟)于王者。周显王闻之恐惧,**除**(清扫)道,使人郊**劳**(慰问)。苏秦之**昆弟**(兄弟)妻嫂侧目不敢仰视,俯伏**侍取食**(侍候他饮食)。苏秦笑谓其嫂曰:"何前**倨**(傲慢)而后恭也?"嫂**委蛇**(同"逶迤")**蒲服**(同"匍匐",爬行),以面掩地而谢曰:"见**季子**(小叔子)位高金多也。"苏秦喟然叹曰:"此**一人之身**(同样是一个人),富贵则亲戚畏惧之,贫贱则轻易之,况众人乎!且**使**(假使)我有洛阳**负郭**(背靠城郭)田二顷,吾岂能佩六国相印乎!"于是散千金以赐宗族朋友。初,苏秦之燕,**贷**(借)人百钱为**资**(资费,路费),乃得富贵,以百金偿之。**遍报**(全部报答)诸所**尝见德者**(曾经对他有恩的人)。其从者有一人独未得报,乃前自言。苏秦曰:"我非忘**子**(您)。子之与我至燕,再三欲去我易水之上,方是时,我困,故**望**(怨恨)子深,**是以后子**(因此把你放在最后)。子今亦得矣。"

——《苏秦列传第九》

【故事导读】

苏秦是东周洛阳人,曾到齐国拜师求学,在鬼谷子门下学习。他外出游历多年,穷困潦倒,狼狈而归。兄嫂、弟妹、妻妾都私下讥笑他,他听后惭愧伤感,便闭门读书,研读《阴符》。一年后得其真谛,开始游说诸侯各国。后来,前往秦国游说惠王,秦国刚刚处死商鞅,忌讳痛恨游说之士，所以没被任用；乃东至赵，赵肃侯的弟弟赵成出任国相，不喜欢苏秦；后北上燕国，燕文侯对他说："你如果能用合纵的办法使燕国安全无事，我愿倾国相从。"于是赞助苏秦车马钱财到赵国。这次，赵王被苏秦的游说所打动，赠送他车、金、白璧、绸缎，用以资助他游说各国。其后，苏秦先后去了韩、魏、齐、楚，游说成功。于是，六国合纵，苏秦做了合纵联盟的盟长，并担任了六国的国相。苏秦北上，向赵王回复游说的情况。路过家乡洛阳，他满载行装，荣归故里，气派如同帝王。当年出游，大困而归，遭家人冷遇；今衣锦还乡，兄嫂毕恭毕敬，温暖如春。权势和钱财，驱动着世人乃至家人的聚散离合，世态炎凉，跃然纸上。

为了燕国，苏秦假装得罪了燕王而逃至齐国。齐国大夫与他争宠，派人刺杀他，他伤势危重。齐王派人捉拿凶手，无果。临死之际，他献计，请齐王以"苏秦在齐国帮助燕国从事反间活动"为名，将他车裂于市，并悬赏行刺之人。齐王照计行事，车裂苏秦，凶手果然出现。

长平之战

廉颇**坚壁**(加固,坚守军营)以待秦,秦**数**(多次)挑战,赵兵不出。赵王数以为**让**(指责)。而秦相应侯又使人行千金于赵为反间,曰:"秦之所**恶**(厌恶,怕),独畏**马服**(马服君赵奢)子赵括**将**(做大将)**耳**(兼词,而已,罢了),廉颇易**与**(对付),**且降矣**(而且他也快要投降了)。"赵王既怒廉颇军多失亡,军数败,又**反**(反而)坚壁不敢战,而又闻秦反间之言,因使赵括代廉颇将以击秦。秦闻马服子将,乃**阴**(暗中)使武安君白起为上将军。而王**龁**(hé)为尉**裨**(pí,副,辅佐)将,令军中有敢泄武安君将者斩。赵括至,则出兵击秦军。秦军**详**(通"佯")败而走,**张**(设置,埋伏)二奇兵以**劫**(掠夺,袭击)之。赵军逐胜,追**造**(到)秦壁。壁坚拒不得入,而秦奇兵二万五千人绝赵军后,又一军五千骑绝**赵壁间**(赵国军营之间的联络),赵军分而为二,粮道绝。而秦出轻兵击之。赵战不利,因筑壁坚守,以待救至。秦王闻赵食道绝,王**自之**(亲自到)河内,赐民爵各**一级**(秦汉时一般的平民也有级,共二十级。级多了可做官,可享受特权,可用以赎罪,甚至可以买卖),发年十五以上**悉诣**(都到)长平,**遮**(拦)绝赵救及粮食。

至九月,赵卒不得食四十六日,皆内阴相杀食。来攻秦垒,欲出。为四队,**四五复之**(来回突围四五次),不能出。其将军赵括出锐卒自搏战,秦军射杀赵括。括军败,卒四十万人降武安君。武安君计曰:"前秦已**拔**(攻占)上党,上党民不乐**为秦**(降秦)而归赵。赵**卒**(士兵)反覆,非尽杀之,恐为乱。"乃**挟诈**(用欺骗手段)而尽**阬**(通"坑")杀之,**遗**(留下)其**小者**(年龄小的)二百四十人归赵。前后**斩首虏**(斩首与俘虏,此指被杀与投降后被活埋的人)四十五万人。赵人大震。

——《白起王翦列传第十三》

【故事导读】

白起侍奉秦昭王，先后率军攻伐韩、魏、赵，攻破楚都郢地，“秦以郢为南郡。白起迁为武安君”。秦昭王十三年至四十六年，白起作战无数，均获全胜，战功卓著。秦昭王四十七年七月，秦、赵大战长平（山西高平市），秦采用反间计，赵国临阵换将，让赵括替换了廉颇；秦以武安君白起为上将军。赵括年少气盛，急于建功，率赵军主动出击，白起坚壁不出，却用奇兵绝赵粮道，并截断赵军军营之间的联络。粮道被封，军队又被截为两段，断粮四十六天后的赵军出现人吃人的惨景。赵括无计可施，兵分四路准备突围，结果被秦军射杀，四十五万士兵缴械投降。白起认为赵国人反复无常，恐有后患，设计将四十五万人全部活埋。

秦军势如破竹，攻打上党，韩、赵派苏代以重金贿赂秦国宰相应侯，应侯答应韩、赵割地求和的请求。正在率军攻韩、赵的“武安君闻之，由是与应侯有隙”。在攻打赵国首都邯郸时，秦王想让武安君代替王陵为将，武安君不同意秦出兵远征，因而称病，不从君命。“秦军多失亡”，“秦王闻之，怒，强起武安君，武安君遂称病笃。应侯请之，不起”。秦昭王大怒，免去武安君的官爵，让他离开咸阳迁到阴密。但武安君有病，没能成行。过了三个月，秦军邯郸前线的情况越来越糟糕，秦昭王特别愤怒，就派人驱逐白起，不让他留在咸阳城里。武安君刚离开咸阳西门十里，走到杜邮，应侯就对昭王说：“白起走的时候，还愤愤不平，有怨言。”秦昭王派使者赐给白起一把剑，叫他自杀。武安君遂自杀。一代名将惨遭杀害。

王翦屡求良田

秦将李信者，年少壮勇，**尝**(曾经)以兵数千**逐**(追赶)燕太子丹至于衍水中，**卒破**(最终打败)得丹，始皇以为贤勇。于是始皇问李信："吾欲攻取**荆**(楚。始皇父庄襄王名子楚，为避讳改楚为荆)，于将军**度**(duó，估计)用几何人而足？"李信曰："不过用二十万人。"始皇问王翦，王翦曰："非六十万人不可。"始皇曰："王将军老矣，何怯也！李将军果势壮勇，其言**是**(正确)也。"遂使李信及蒙恬将二十万南伐荆。王翦言不用，因**谢**(推辞)病，归老于**频阳**(陕西富平县)。李信攻平与，蒙恬攻寝，大破荆军。信又攻**鄢**(yān)郢，破之，于是引兵而西，与蒙恬会城父。荆人因随之，三日三夜不**顿舍**(停顿宿息)，大破李信军，入两**壁**(军营)，杀七都尉，秦军走。

始皇闻之，大怒，自驰**如**(到)频阳，见**谢**(道歉)王翦曰："寡人**以**(因)不用将军计，李信果辱秦军。今闻荆兵日进而西，将军虽病，**独**(难道)忍弃寡人乎！"王翦**谢**(推辞)曰："老臣**罢**(通'疲')病**悖乱**(糊涂，昏乱)，**唯**(希望)大王更择贤将。"始皇谢曰："已矣，将军勿复言！"王翦曰："大王**必**(如果一定)不得已用臣，非六十万人不可。"始皇曰："**为**(此处应该是'唯'，一切)听将军计耳。"于是王翦将兵六十万人，始皇自送至灞上。王翦行，请美田宅园池甚众。始皇曰："将军行矣，何忧贫乎？"王翦曰："为大王将，有功终不得封侯，故**及**(趁着)大王之**乡**(通'向'，亲近，偏爱)臣，臣亦及时以请园池为子孙**业**(产业)耳。"始皇大笑。王翦**既**(已经)至关，使使还请善田者五**辈**(批，次)。**或**(有人)曰："将军之**乞贷**(请求家产)，**亦已甚矣**(也太过分了吧)。"王翦曰："不然。夫秦王**怚**(cū，通'粗'，粗暴)而不信人。今空秦国甲士而**专**(专门，特地)**委**(交给)于我，我不多请田宅为子孙业以**自坚**(使对自己坚信不疑)，**顾**(反而)令秦王**坐**(凭空，徒然)而疑我邪？"

——《白起王翦列传第十三》

【故事导读】

王翦是战国末期秦国的名将,军事家,与白起、李牧、廉颇并称“战国四大名将”。在统一六国的过程中,王翦先后攻伐赵、燕、楚、魏,英勇善战,军功最大。秦攻楚,李信向秦始皇保证只需二十万士兵即可获胜;王翦认定必须出动六十万士兵才可取胜。结果,李信率二十万士兵攻楚,大败。秦王听说秦国军队大败,非常生气,亲自到频阳,向王翦道歉说:“我没有听取将军您的意见,致使秦军失败。现在我听说楚国军队每天都向西前进,形势不容乐观。将军您难道忍心丢下我不管吗?”王翦推辞说:“我已经告病,回到了家乡。希望大王您能另外选用其他将领。”秦王说:“将军您就不要再推辞了。”王翦说:“大王您要是一定要起用我的话,那就一定要给我六十万士兵。”秦王答应了他。

王翦率领六十万士兵准备出发,秦王在灞上送行。王翦请求秦王赏赐自己良田华屋。秦王问:“将军您就要出发了,为什么还要田地和房屋呢?”王翦回答:“我担任大王您的将军,即使有功劳,也不能封侯,所以趁着现在大王您任用我的时候,及时为我的子孙们赚取家业。”秦王哈哈大笑。王翦到达函谷关时,连续五次派使者回秦国,向秦王讨要田宅。有人对他说:“将军您的要求也太过分了。”王翦回答:“不是这样的。秦王多疑粗暴,不相信别人。现在秦王把秦国全部的军队都交给我,让我去攻打楚国。如果我不多请求一些田地使他对我坚信不疑,他又怎么会放心我呢?”最后,王翦代替李信统率全军,打败了楚国部队,杀了楚国将军项燕。

王翦出兵前后屡求良田美宅,这是他打消秦始皇疑虑的清醒行为。与白起相比,王翦能听从皇帝调遣,为人有变通性,因此才避免了白起的结局。

鸡鸣狗盗

齐滑王二十五年，复**卒**（终于）使孟尝君入秦，昭王即以孟尝君为秦相。**人或说**（有人劝说）秦昭王曰："孟尝君贤，而又**齐族**（齐国同宗族）也，今相秦，必先齐而后秦，秦**其**（大概，恐怕）危矣。"于是秦昭王乃止。囚孟尝君，谋欲杀之。孟尝君使人**抵**（到）昭王**幸姬**（宠爱的妾）**求解**（请求解救）。幸姬曰："妾**愿**（希望）得君狐白**裘**（皮衣）。"此时孟尝君有一狐白裘，**直**（通"值"）千金，天下无双，入秦献之昭王，更无他裘。孟尝君患之，遍问客，莫能对。最下**坐**（通"座"）有能**为狗盗者**（装扮成狗一样偷盗的人），曰："臣能得狐白裘。"乃夜为狗，以入秦宫**臧**（通"藏"，仓库）中，取所献狐白裘至，以献秦王幸姬。幸姬为言昭王，昭王释孟尝君。孟尝君得出，即驰去，**更**（换）**封传**（通行证），变名姓以出关。夜半至函谷关。秦昭王后悔出孟尝君，求之已去，即使人驰**传**（驿车）逐之。孟尝君至关，**关法**（函谷关法令规定）鸡鸣而出客，孟尝君恐追至，客之居下坐者有能为鸡鸣，而鸡齐鸣，**遂发**（打开，出示）**传**（通行证）出。出如**食顷**（一顿饭的时间），秦追果至关，**已后**（已经落后）孟尝君出，乃还。

——《孟尝君列传第十五》

【故事导读】

田文，姓田名文，孟尝君是其封号。田文的父亲叫田婴，曾与田忌、孙膑一起伐魏，在马陵道杀了魏将庞涓。齐宣王九年，田婴担任齐国宰相。田婴儿子众多，田文的母亲是小妾，田文出生那天是五月初五，据说这天出生的男孩子对父亲有害，这天出生的女孩子对母亲有害。所以田婴让妾不要喂养田文，把他扔掉。但母亲偷偷抚养田文长大。田婴知道后很生气，训斥小妾。田文见状，磕头问父："您不让五月初五出生的孩子活下来，有什么缘故吗？"田婴说："这天出生的儿子，长到门框高时，就会对父亲不利。"田文接着问："人的命运是天决定的还是门框决定的？如果是天决定的，那您就不用忧愁，要听天命；如果是门框决定的，那我们可以把门框修得高高的，谁还能长得和门框一样高呢？"从此，田婴开始重视田文，让他开始管理家务、接待宾客。田婴死后，田文继承了父亲的爵位和封地。

秦昭王请田文入秦为相，却在大臣们的反对声中扣押了田文。田文依赖手下门客（鸡鸣狗盗之徒）的帮助逃出秦国。返回齐国后，孟尝君被齐湣王任命为宰相。任宰相后，他挟持韩、魏对秦进行报复；被免相后，又怂恿秦国征伐齐国；后来逃到魏国，担任了魏相。任魏相后，他联合秦、赵等国攻破齐国。为了维护自己的尊严和权势，孟尝君不择手段，对齐国竟反目成仇。

孟尝君死后，儿子们争着继承爵位，齐、魏联合灭掉了田氏。

《鸡鸣狗盗》写的是孟尝君逃出秦国的故事。孟尝君在薛地广招天下有才之士，士人最多时高达三千多人。齐湣王二十五年，秦昭王邀请孟尝君入秦为相，但大臣们反对，认为他是齐国贵族，门客又多，一旦为相，必定先齐后秦。秦昭王一听，便将他软禁。后来秦昭王的妃子求情，孟尝君被放回国。走到半道，昭王后悔，派人追杀，孟尝君的门客假装鸡鸣，帮主人脱险。

弹铗而歌

初，冯**谖**(xuān)闻孟尝君好客，**蹑屩**(niè juē，穿着草鞋)而见之。孟尝君曰："先生**远辱**(谦词，意为远道而来，受辱了)，何以教**文**(孟尝君，姓田名文)也？"冯谖曰："闻君好士，**以贫**(因为贫穷)身归于君。"孟尝君置**传舍**(驿站，客馆)十日，孟尝君问传舍长曰："客何所为？"答曰："冯先生甚贫，犹有一剑耳，又**蒯缑**(kuǎi gōu，用草绳缠着剑柄)。弹其剑而歌曰'长**铗**(jiá，剑)**归来乎**(回家吧)，食无鱼'。"孟尝君迁之**幸舍**(中等客馆)，食有鱼矣。五日，又问传舍长。答曰："客复弹剑而歌曰'长铗归来乎，出无舆'。"孟尝君迁之代舍，出入乘舆车矣。五日，孟尝君复问传舍长。舍长答曰："先生又尝弹剑而歌曰'长铗归来乎，无以**为家**(养家，治家)'。"孟尝君不悦。

居期年(停留一年)，冯谖无所言。孟尝君时**相齐**(在齐国做宰相)，封万户于薛。其食客三千人，**邑入**(封邑收入)不足以**奉**(供给)客，使人**出钱**(放债)于薛。岁余**不入**(收不上钱来)，贷钱者多不能**与**(给，还)其息，客**奉**(通"俸"，奉养之资)将不给。孟尝君忧之，问左右："何人可使收债于薛者？"传舍长曰："代舍客冯公形容状貌甚**辩**(精明)，**长者**(年高，辈分大)，无他**伎**(通'技')能，宜可令收债。"孟尝君乃**进**(迎进)冯谖而请之曰："宾客不知文**不肖**(无能)，**幸临**(幸而光临)文者三千余人，邑入不足以奉宾客，故出息钱于薛。薛**岁不入**(年成不好)，民颇不与其息。今客食恐不给，愿先生**责**(讨，收账)之。"冯谖曰："诺。"辞行，至薛，召**取**(借)孟尝君钱者皆会，得息钱十万。乃多酿酒，买肥牛，召诸取钱者，能与息者皆来，不能与息者亦来，皆持取钱之券书**合**(符合，查验)之。**齐为会**(请大家都来聚会)，日杀牛置酒。酒酣，乃持券如前合之，能与息者，**与为期**(与他们约定还钱时间)；贫不能与息者，取其券而烧之。曰："孟尝君所以贷钱者，**为**(给)民之**无者**(无以为生的人)以为本业也；所以求息者，**为**(因为)无以奉客也。今富给者以**要**(通‘约’,约定)期,贫穷者燔券书以**捐**(抛弃)之。诸君**强饮食**(客气话,多吃点饭)。有君如此,岂可**负**(辜负,背叛)哉!”坐者皆起,再拜。

——《孟尝君列传第十五》

【故事导读】

孟尝君是战国四君子之一,善养士。冯谖作为其中一士,投奔孟尝君后几无所用,便用手指弹着自己的佩剑,边弹边唱,表达不满,先怨吃饭无鱼,再怨出入无车,三怨养家无钱。孟尝君听后不悦。一年后,孟尝君派他去薛地收债。到了薛地,他收回了十万利息,用这些钱宰牛设宴,召集借债人开怀畅饮。酒至半酣,他让众人拿出债券一一核对,有能力付息的,重新约定期限;无能力付息的,一把火烧了借据。他给孟尝君收回的是“情义”,是百姓的感恩戴德。后来,齐王听信谗言,罢免了孟尝君。孟尝君回到薛地,百姓出城百里迎接,场面之大,令孟尝君十分感动。冯谖是孟尝君数千门客中唯一不因权势兴衰而决定去留、不因贫贱而易交的人。

美人笑躄

平原君家楼临民家。民家有**躄**(bì,腿瘸)者,**槃散**(走路一瘸一拐)行**汲**(jí,从井里向上提水)。平原君美人居楼上,**临**(从高处向下看)见,大笑之。明日,躄者至平原君门,请曰:"臣闻君之喜士,士不远千里而至者,**以**(因为)君能贵士而贱妾也。臣不幸有**罢**(pí,通'疲')**癃**(lóng,残疾)之病,而君之后宫临而笑臣,臣愿得笑臣者头。"平原君笑应曰:"诺。"躄者去,平原君笑曰:"观此**竖子**(小子,蔑称),**乃**(竟然)欲以一笑之故杀吾美人,不亦甚乎!"终不杀。居岁余,宾客门下舍人**稍稍**(渐渐)引去者过半。平原君怪之,曰:"**胜**(平原君,名胜)**所以**(用来)待诸君者未尝敢失礼,而去者何多也?"门下一人前对曰:"以君之不杀笑躄者,以君为爱色而贱士,士即去耳。"于是平原君乃斩笑躄者美人头,自**造**(到)门**进**(进献)躄者,**因谢焉**(就向他道歉)。其后门下乃复稍稍来。是时齐有孟尝,魏有信陵,楚有春申,故争相**倾**(倾倒,超越一般礼仪)以待士。

——《平原君虞卿列传第十六》

【故事导读】

《平原君虞卿列传第十六》中,平原君的事迹写了四件。一是选文《美人笑躄》,二是选文《毛遂自荐》。三是邯郸之围。赵国首都邯郸被秦国大军包围,情况万分紧急,邯郸驿站官吏的儿子李同劝平原君,将平原君的夫人以下所有家人编到士兵队伍中,分别承担守城劳役,把家里的所有东西捐献出来供士兵享用。平原君听从建议,组织起三千勇士迎战秦军,秦军被击退,邯郸之围解除。四是请功封地。邯郸之围解除后,虞卿想替平原君请功增加封地，公孙龙连夜驾车去见平原君，说："你担任赵国宰相并非因为你的智慧和功劳，而是由于你是赵王近亲的缘故；邯郸之围解除，你要求增加封邑，这是无功时作为近亲接受了封邑，而有功时又要求按照普通人来论功求赏，很不合宜。"平原君采纳了公孙龙的建议。

秦、赵长平之战，赵王召见楼昌、虞卿商议对策，楼昌主张派重要的使臣前往秦国求和。虞卿认为和谈的主动权在秦不在赵，主张派使臣带上珍宝去联合楚、魏，只有秦国担心诸侯联合抗秦才会与赵国和谈。赵王拒绝了虞卿的建议，派郑朱前往秦国求和。结果求和未成，长平之战赵国大败，首都邯郸被围。

邯郸之围解除后，赵王准备派赵郝到秦国订立盟约，割出六个县与秦讲和。虞卿反对割地求和，认为今年一旦割地求和，明年秦再进攻，赵国无以求和。赵王犹豫不决，适逢楼缓从秦回赵，赵王问计，楼缓认为六个县"不如予之"。于是，围绕割地，楼缓、虞卿你来我往，上演了一场场精彩的辩论，最后虞卿建议将赵国的六个县送给秦国的死敌齐国，齐、赵结盟，秦必主动与赵讲和，这样"则是王失之于齐而取偿于秦也"；一旦秦、赵讲和，韩、魏必定敬重赵国，如此则赵国一个举动而与三个国家结交亲善。赵王听后大加赞赏。虞卿后来做了赵国宰相，他的好友魏齐被秦国宰相范雎追杀，他却无力保护，遂弃相印、爵位，和魏齐一起逃离赵国，最后选择了著书立说，这就是世间流传的《虞氏春秋》。

《美人笑躄》记叙的是平原君为了士人而杀宠姬的故事。平原君赵胜是赵国的公子，他招纳贤士，门客千人，一生三起三落，为相于赵。一次，他宠爱的美人站在楼上俯视，嘲笑一位打水行走的跛足者，引起跛足者的不满。这本是一件小事，却因平原君袒护美人、嘲讥跛足者而引起一场轩然大波。无奈之下，平原君忍痛割爱，斩了美人谢罪，才使其门客士人陆续返回。

这个故事，今天读来让人觉得难以接受，为了取悦士人竟答应一个跛足者的无理要求，杀了爱姬，但它反映了当时士人地位的尊贵。

毛遂自荐

平原君与楚**合从**(苏秦倡导的六国联盟抗衡秦国的策略。从:通“纵”),言其利害,日出而言之,日中不决。十九人谓毛遂曰:“先生上。”毛遂按剑**历阶**(踏阶。按照当时礼节,每上一级台阶要并一下脚,然后上第二级台阶,现因事急,故不顾礼节历阶而上)而上,谓平原君曰:“从之利害,两言而决耳。今日出而言从,日中不决,何也?”楚王谓平原君曰:“客**何为者也**(是干什么的人)?”平原君曰:“**是**(这是)**胜**(我,赵胜)之舍人也。”楚王叱曰:“**胡**(为什么)不下!吾乃与**而**(通‘尔’,你)君言,汝何为者也!”毛遂按剑而前曰:“王之所以叱遂者,以楚国之众也。今十步之内,王不得恃楚国之众也,王之命**县**(通‘悬’)于遂手。**吾君在前,叱者何也**(当着我们君王的面,你为什么这样叱责我呢)?且遂闻汤以七十里之地**王**(称王,称霸)天下,文王以百里之壤而**臣**(使……臣服)诸侯,岂其士卒众多哉,**诚**(实在)能据其势而**奋**(发扬,表现)其威。今楚地方五千里,**持戟**(士卒)百万,此霸王之资也。以楚之强,天下弗能当。白起,小**竖子**(小子,蔑称)耳,率数万之众,兴师以与楚战,一战而**举**(攻下)鄢郢,再战而烧夷陵,三战而辱王之先人。此百世之怨而赵之所羞,而王弗知**恶**(羞耻)焉。合从者为楚,非为赵也。吾君在前,叱者何也?”楚王曰:“**唯唯**(应答声),诚若先生之言,谨**奉**(供给,交出)**社稷**(国家)而以从。”毛遂曰:“从定乎?”楚王曰:“定矣。”毛遂谓楚王之左右曰:“取**鸡狗马**(结盟时所用牲,天子用牛及马,诸侯用犬及猪,大夫以下用鸡)之血来。”毛遂奉铜**槃**(同“盘”)而跪进之楚王曰:“王当**歃**(shà,饮)血而定从,次者吾君,次者遂。”遂定从于殿上。

——《平原君虞卿列传第十六》

【故事导读】

秦军围攻赵都邯郸，赵王紧急召见平原君，命他带领二十名随从出使楚国，联合抗秦。平原君从门客中选了十九人，尚缺一人。这时，毛遂挺身而出，自荐出使。到了楚国，平原君和楚王商讨联合抗秦的益处，楚王十分犹豫，他们从早晨谈到中午，仍无结果。十九人对毛遂说:“你快去说说。”毛遂手按宝剑，匆忙拾阶而上，向平原君询问道:“谈了这么久，为什么还不签订联合条约?”楚王看见毛遂闯进来，很不礼貌，便大声叱责说:“你是什么人?还不赶快下去！”

毛遂气愤地责问楚王:“大王您叱责我，是依仗您强大的国力。可现在我和您只有十步远，任何人都无法阻挡我的宝剑，您的生命控制在我的手中。我听说，当年商王汤以七十里的土地便统一了天下，周文王也以百里的土地号令诸侯。这是因为他们土地多吗?不是!是因为他们能根据当时的形势做出正确的决定。现在楚国沃土五千里，雄师百万，足可以统治天下。而秦国的白起，一个无名小卒，就率兵攻占了楚国的很多城池，污辱了您的祖先。这是百世不解的深仇大恨！合纵完全是为了楚国，希望大王马上签约。”楚王听后连声称是，于是楚国决定派兵去解救赵国。

在与楚订立盟约的过程中，毛遂大智大勇，超群不凡，迫使楚王签订了合纵盟约。这就是至今流传的“毛遂自荐”的故事。

楚国宰相春申君

楚考烈王无子，春申君**患**(担忧)之，求妇人**宜**(适宜，能)**子**(生子)者**进**(献)之，甚众，**卒**(最终)无子。赵人李园**持**(带着)其**女弟**(妹妹)，欲进之楚王，闻**其**(楚王)不宜子，恐久毋宠。李园**求事**(请求侍奉)春申君**为舍人**(做门客)，已而**谒归**(请假回家)，**故**(故意)失期。**还谒**(回来后拜见)，春申君问之状，对曰："齐王使使求臣之女弟，与其使者饮，**故**(所以)失期。"春申君曰："**娉**(通'聘'，聘礼)**入**(送来)乎？"对曰："未也。"春申君曰："可得见乎？"曰："可。"于是李园乃进其女弟，即**幸**(宠幸)于春申君。知其有**身**(身孕)，李园乃与其女弟谋。园女弟**承间**(趁机)以**说**(劝说)春申君曰："楚王之贵幸君，虽兄弟不如也。今君**相楚**(做楚国宰相)二十余年，而王无子，即**百岁后**(如果死后)**将更**(将另外)立兄弟，则楚更**立君后**(立了国君以后)，亦各贵其**故**(原来)所**亲**(亲信)，君又**安得**(哪里能)长有宠乎？非**徒然**(只是这样)也，君贵**用事**(掌权)久，多失礼于王兄弟，兄弟**诚**(如果)立，祸且及身，何以保相印、江东之**封**(封邑)乎？今妾自知有身矣，而人莫知。妾**幸君**(得宠于君)未久，诚以君之**重**(显贵)而进妾于楚王，王必幸妾；妾赖天有**子男**(儿子)，则是君之子为王也，楚国尽可得，**孰与**(与……比，哪个更好)身临不测之罪乎？"春申君**大然**(认为正确)之，**乃出**(送出，令其居于外)李园女弟**谨舍**(侍卫甚谨)，而言之楚王。楚王召入幸之，遂生子男，立为太子，以李园女弟为王后。楚王贵李园，园用事。

后十七日，楚考烈王**卒**(死)，李园果**先入**(先入宫廷)，**伏死士**(埋伏亡命之徒)于棘门之内。春申君入棘门，园死士**侠**(通"夹")刺春申君，斩其头，投之棘门外。于是遂使吏尽灭春申君之家。而李园女弟初幸春申君有身而入之王所生子者遂立，是为楚幽王。

——《春申君列传第十八》

【故事导读】

《春申君列传第十八》主要写了春申君三件事。

第一件事是上书秦昭王,劝他放弃伐楚,两国联合。秦昭王听了他的游说后,下令停止攻楚,派出使者贿赂楚君,与楚结盟。

第二件事是舍身遣送太子离秦返楚,继承王位。春申君黄歇接受了盟约返回楚国,楚王派他与太子完到秦国做人质。几年后,楚顷襄王生病,太子却不能回去。黄歇劝秦国宰相应侯放归太子。秦王下令让太子的师傅先回楚探问病情,回来再计议。黄歇献计,让太子扮作楚国使臣的车夫出关,而他则留守驿馆,"度太子已远,秦不能追",才报告秦昭王太子已归,"歇当死,愿赐死"。在应侯的劝说下秦王赦免了他。黄歇回楚三个月,顷襄王去世,太子完即位,为考烈王,黄歇为宰相,被封为春申君。春申君任相第二十二年,六国合纵伐秦,春申君担任六国盟长。六国联军到达函谷关,秦出关应战,六国败北。楚考烈王归罪于春申君,春申君渐渐被疏远。

第三件事是送孕妾进宫,以图篡取楚国政权,此即选文《楚国宰相春申君》。春申君交往的士人主要有两个,一是李园,二是朱英。李园心怀叵测,图谋不轨,春申君却对他缺少警惕,深信不疑。朱英洞察事理,具有远见卓识,愿为春申君排忧解难,春申君却不能采纳朱英的建议,导致杀身之祸。春申君为相前后判若两人:做宰相前,上书秦王,解楚国燃眉之急;舍身使楚太子归国,大义凛然,其行为与完璧归赵的蔺相如和鸿门宴上的张良相同。那时的他头脑清醒,大智大勇。做了宰相后,利令智昏,能服秦王却不能控制李园,进献李园妹妹于楚王,成了又一个吕不韦,其身死族灭理所应当。

范雎复仇雪耻

范**雎**(jū)者,魏人也,字叔。游说诸侯,欲**事**(侍奉)魏王,家贫**无以自资**(没办法自己筹集活动资金),乃先事魏中大夫须贾。

须贾为魏昭王使于齐,范雎从。留数月,**未得报**(没什么结果。报:回报,结果)。齐襄王闻雎**辩口**(能言善辩),乃使人赐雎金十斤及牛酒,雎辞谢不敢受。须贾知之,大怒,以为雎持魏国**阴**(秘密)事告齐,故得此**馈**(馈赠),令雎受其牛酒,还其金。**既**(已经)归,心怒雎,以告魏相。魏相,魏之**诸**(众,这里指宗族)公子,曰魏齐。魏齐大怒,使舍人**笞**(chī,用竹板、荆条打)击雎,**折胁**(肋骨)折齿。雎**详**(通"佯")死,即卷以**箦**(zé,竹席),置厕中。宾客饮者醉,更**溺**(niào,撒尿)雎,**故**(故意)**僇**(lù,侮辱)辱以惩后,令无**妄言**(乱说)者。雎从箦中谓守者曰:"公能出我,我必厚谢公。"守者乃请出弃箦中死人。魏齐醉,曰:"可矣。"范雎得出。后魏齐悔,复召求之。魏人郑安平闻之,乃遂**操**(带着)范雎亡,伏匿,更名姓曰张禄。

范雎归取大车驷马,为须贾**御**(驾车)之,入秦相府。府中望见,有识者皆避匿。须贾怪之。至**相舍门**(相府内宅门),谓须贾曰:"待我,我为君先入**通**(通报)于相君。"须贾待门下,**持**(守着)车良久,问门下曰:"范叔不出,何也?"门下曰:"无范叔。"须贾曰:"**乡**(通'向',刚才)者与我载而入者。"门下曰:"乃吾相张君也。"须贾大惊,自知**见**(被)卖,乃肉袒膝行,**因**(通过)门下人谢罪。于是范雎**盛**(美盛,华丽)帷帐,侍者甚众,见之。须贾**顿首**(叩头)言死罪,曰:"贾**不意**(没想到)君能自**致**(到达)于青云之上,贾不敢复读天下之书,不敢复**与**(参与)天下之事。贾有**汤镬**(烹煮。镬,huò)之罪,请自**屏**(通'摒',退避,到)于**胡貉**(古代对北方与东北方少数民族的称呼。貉,mò)之地,**唯君死生之**(是死是活,听任你判决)!"范雎曰:"汝罪有几?”曰:“**擢**(拔)贾之发以**续**(数)贾之罪,尚未足。”范雎曰:“汝罪有三耳。昔者楚昭王时而申包胥为楚**却**(击退)吴军,楚王封之以荆五千户,包胥辞不受,**为丘墓**(因为他祖墓)之寄于荆也。今雎之先人丘墓亦在魏,公前**以**(认为)雎为有外心于齐而**恶**(wù,说坏话)雎于魏齐,公之罪一也。当魏齐辱我于厕中,公不止,罪二也。更醉而溺我,公其何忍乎?罪三矣。然公之所以**得**(能)无死者,以绨袍**恋恋**(依恋之情),有**故人**(老朋友)之意,故释公。”乃**谢罢**(谢恩离开)。入言之昭王,罢归须贾。

须贾**辞**(辞别)于范雎,范雎**大供具**(大摆筵席),尽请诸侯使,与坐堂上,食饮甚**设**(完备,丰盛)。而坐须贾于堂下,置**莝**(cuò)**豆**(喂马的豆类饲料)其前,令两**黥徒**(受过黥刑的囚徒)夹而马**食**(sì,像喂马一样让他吃)之。**数**(shǔ,一一列举罪状)曰:“为我告魏王,急持魏齐头来!不然者,我且屠大梁。”须贾归,以告魏齐。魏齐恐,亡走赵。匿平原君所。

——《范雎蔡泽列传第十九》

【故事导读】

范雎是魏国人,侍奉魏国中大夫须贾。须贾出使齐国,范雎随从,因能言善辩得到齐襄王的赞赏,齐襄王馈赠他金钱与牛酒。须贾知道后,怀疑范雎泄露了魏国机密。返回魏国后,范雎遭受了残酷的污辱、迫害。须贾的疑心,宰相魏齐的偏听偏信,使范雎几乎丧命。范雎假装死去,被卷入草席扔进厕所,饮酒的宾客们轮番在他身上撒尿。本来已入死地,却不料看守竟答应了范雎的请求,去请示魏齐扔掉厕所里的死人,喝得酩酊大醉的魏齐不假思索,同意了看守的请求。最后,好心人郑安平带他逃走,将其藏起来。

秦国使者王稽出使魏国,范雎随王稽投奔秦王。一年后,他上书秦昭王,因能言善辩,当上了秦国宰相。

得势后的范雎,“一饭之德必偿,睚眦之怨必报”。入见秦王,为王稽请功,王稽被任命为河东太守,郑安平被任命为将军。秦王对他言听计从。当年范雎受辱被迫害,身为魏国宰相的魏齐是主要责任人。秦昭王为了替范雎报仇,逼迫赵国交出藏在平原君家的魏齐。魏齐与赵国宰相虞卿一起出逃。但俩人无处可投,只好又返回魏国首都大梁,打算通过信陵君投奔楚国,但信陵君担心秦国降罪,犹豫不决。得知消息,魏齐一怒之下刎颈自杀。

昭王四十一年(前267年),秦王分封应城给范雎,封号为应侯。做了秦国宰相后,范雎权势日高,为防人暗算,他改变姓名叫张禄。战国七雄争霸,魏国为阻止秦国攻打韩、魏,便派须贾出使秦国。于是,等待时机的范雎穿着破旧衣服来见须贾,须贾惊讶于范雎还活着。一番寒暄,须贾见他穷困潦倒,破衣裹身,心生怜悯,赐他饮食,“乃取其一绨袍以赐之”,并向他打听秦国宰相张君。范雎说他的主人与张宰相熟悉,可以引见须贾见张宰相。须贾提出替他找一辆前往秦国相府的四马豪车,范雎满口答应。于是,范雎引诱须贾进入丞相府;随后大摆酒宴,将须贾安排在最次的座位,以牲畜待之。

选文虽为选段,但故事情节波澜起伏,读它如同在读一篇生动的小说。

完璧归赵

秦王坐**章台**(宫殿名)见相如,相如奉璧**奏**(进献)秦王。秦王大喜,传以示**美人**(嫔妃)及**左右**(侍从),左右皆呼万岁。相如视秦王无意偿赵城,乃前曰:"璧有**瑕**(斑点),请指示王。"王授璧,相如因持璧**却**(退后)立,倚柱,怒发上冲冠,谓秦王曰:"大王欲得璧,使人发书至赵王,赵王**悉**(全)召群臣议,皆曰'秦贪,**负**(依仗)其强,以空言求璧,偿城恐不可得'。议不欲予秦璧。臣以为**布衣**(百姓,平民)之交尚不相欺,况大国乎!且以一璧之故**逆**(违背)强秦之**欢**(欢心),不可。于是赵王乃斋戒五日,使臣奉璧,**拜送书于庭**(在朝廷上将国书交给我)。何者?**严**(尊重)大国之威以**修敬**(整饬礼仪,表示敬意)也。今臣至,大王见臣**列观**(一般的殿堂。观,guàn),礼节甚**倨**(jù,傲慢);得璧,传之美人,以戏弄臣。臣观大王无意偿赵王城邑,故臣复取璧。大王**必**(如果一定)欲急臣,臣头今与璧俱碎于柱矣!"相如持其璧**睨**(nì)柱,欲以击柱。秦王恐其破璧,乃**辞谢**(婉言道歉)**固**(坚决)请,召**有司**(有关官员)案图,指从此以往十五都予赵。相如度秦王**特**(只,不过)以诈佯为予赵城,实不可得,乃谓秦王曰:"和氏璧,天下所**共传**(公认)宝也,赵王恐,不敢不献。赵王送璧时,斋戒五日,今大王亦宜斋戒五日,设**九宾**(由傧者九人依次传呼接引宾客上殿,是古代外交上最隆重的礼节)于廷,臣乃敢上璧。"秦王度之,终不可强夺,遂许斋五日,**舍**(安置住宿)相如广成**传**(zhuàn,传舍,驿馆)。相如度秦王虽斋,决负约不偿城,乃使其从者**衣**(yì,穿)褐,怀其璧,从**径道**(小道)亡,归璧于赵。

——《廉颇蔺相如列传第二十一》

【故事导读】

廉颇、蔺相如的故事现已家喻户晓，高中语文课本中《廉颇蔺相如列传》就以蔺相如为主，记述了廉颇、蔺相如的三件事。一是选文《完璧归赵》，二是渑池会，三是将相和。《完璧归赵》中的壮烈场面与荆轲刺秦王相似，蔺相如怒发冲冠、威武不屈，使人一睹战国壮士的风采。

完璧归赵后（前279年），秦国为了集中力量攻楚，主动与赵和好，约赵王在西河外渑池会盟。蔺相如随赵王前往。酒宴正酣，秦王要求赵王鼓瑟助兴。赵王弹奏结束，秦国史官立即记载这次弹奏的事迹，“某年月日，秦王与赵王会饮，令赵王鼓瑟”，赵王成了秦史官笔下的臣子。为了使赵国与秦国地位对等，蔺相如据理力争，逼迫秦王“为赵王击缶”。秦国大臣认为自己的国王受了屈辱，要求赵王献出十五座城池为秦王祝酒。面对这种公然污辱与挑衅行为，蔺相如寸步不让，“请以秦之咸阳为赵王寿”。双方斗智斗勇，直到渑池之会结束，秦毫无所得。回国后，蔺相如由上大夫升为上卿。

蔺相如的官位高过廉颇，廉颇恃功自傲，心理失衡，扬言一定要羞辱蔺相如。蔺相如常以各种借口躲避廉颇。对此，蔺相如的家臣们认为主人胆小怕事，争相进谏。蔺相如劝说家臣，将廉颇与秦王做比较，说：“我这样忍辱退让，是以国事为先，而把个人的私怨放在其后。”廉颇听到后非常感动，负荆请罪，二人结成生死与共的朋友，将、相和好。

长平之战，赵军惨败，四十万大军被坑杀后，赵国元气大伤，从此由强变弱。这时，燕国乘机发兵攻打赵国，赵王重新起用廉颇。廉颇率军大破燕军，逼迫燕国割地求和，于是赵王封廉颇为信平君，让他代理国相，掌管国政。悼襄王即位后，派廉颇攻魏。不久，又起用乐乘代替廉颇，“廉颇怒，攻乐乘，乐乘走”，廉颇逃往魏国。后来，赵国又遭秦国入侵，赵王就派使者前往魏国打探廉颇。廉颇的仇人郭开重金收买使臣。于是，就有了后世流传的“廉颇老矣，尚能饭否”的故事。

纸上谈兵

赵括自少时学兵法，言兵事，以天下莫能当。**尝**（曾经）与其父奢言兵事，奢不能难，然不谓善。括母问奢其故，奢曰“**兵**（战争），死地也，而括**易**（轻易）言之。**使**（假使）赵**不将括即已**（不让赵括当大将则已），若必将之，破赵军者必括也。”及括将行，其母上书言于王曰：“括不可使将。”王曰：“何以？”对曰：“始妾事其父，时为将，**身**（他父亲亲自）所奉饭饮而**进食者**（所招待的客人）以十数，**所友者**（结交的朋友）以百数，大王及宗室所赏赐者尽以予军吏士大夫，受命之日，不问家事。今括一旦为将，**东向**（向东坐着接受部下的参见。汉初，正式的坐殿、升堂以南向为尊，一般的集会、宴饮以东向为尊）而朝，军吏无敢仰视之者，王所赐金帛，归藏于家，而日视便利田宅可买者买之。王以为何如其父？父子异心，愿王勿遣。”王曰：“母置之，吾已决矣。”括母因曰：“王终遣之，**即**（如果）有如不称，妾**得无**（能不）**随坐**（连坐）乎？”王许诺。

赵括**既**（已经）代廉颇，**悉更**（全部更改）**约束**（法令，纪律），**易**（更换）置军吏。秦将白起闻之，**纵**（驱，派）奇兵，**详**（通“佯”）败走，而绝其粮道，分断其军为二，士卒离心。四十余日，军饿，赵括出锐卒自搏战，秦军射杀赵括。括军败，数十万之众遂降秦，秦悉**阬**（通“坑”）之。赵前后所亡**凡**（共）四十五万。明年，秦兵遂围邯郸，岁余，几不得脱。赖楚、魏诸侯来救，乃得解邯郸之围。赵王亦以括母先言，**竟**（最终）不诛也。

——《廉颇蔺相如列传第二十一》

【故事导读】

赵奢,原是赵国征收田租的官吏,经平原君推荐做了掌管赵国赋税的官。秦攻赵、韩,军队驻扎在阏(yù)与,赵奢率军救阏与。他坚壁防守,军士许历进谏献策,赵奢全部采纳,最后大败秦军。十一年后,秦、赵长平大战,此时赵奢已死,蔺相如身患重病,赵王派廉颇率军攻秦。两军对峙,赵王听信秦国间谍的谗言,临阵换将,让赵括代替廉颇。赵括是名将赵奢之子,自幼喜谈兵法,讲起军事理论头头是道,其父也难不倒他,但赵奢从不认为儿子优秀。长平之战,秦将白起充分利用赵括无实战经验、年轻气盛、求胜心切的弱点,诱其出营,切断赵军退路及粮道,聚而歼之。纸上谈兵的代价是四十五万士兵被活埋。

重用良将则赵国强,廉颇、赵奢、李牧就是证明;废斥良将则赵国衰,廉颇、李牧被疏远迫害就是明证;用错人则赵国败,赵括就是典型。传记用具体的历史事实揭示了上述道理,告诉人们,一国之君能否正确任用将领、重用人才事关国家兴亡。

李牧示怯破匈奴

李牧者，赵之北边良将也。常居**代**（代郡，山西大同市以东的山西东北部与河北省西北地区）**雁门**（山西大同市以西），备匈奴。**以便宜**（根据实际需要。便，biàn）**置**（设置，任命）吏，**市租**（税收）皆输入**莫府**（将军府。莫：通“幕”），为士卒费。日击数牛**飨**（xiǎng，用酒食款待）士，习骑射，**谨**（谨守）烽火，多**间谍**（侦察兵），厚遇战士。为约曰：“匈奴**即**（如果）入盗，急入**收保**（退守营垒），有敢捕虏者斩。”匈奴每入，**烽火谨**（认真举烽火报警），辄入收保，不敢战。如是数岁，亦不亡失。然匈奴**以**（认为）李牧为怯，**虽**（即使）赵边兵亦以为吾将怯。赵王**让**（责备）李牧，李牧如**故**（原来一样）。赵王怒，召之，使他人代将。

岁余，匈奴每来，出战。出战，数不利，失亡多，边不得**田畜**（耕田放牧）。复请李牧。牧**杜**（闭）门不出，**固**（坚持）称疾。赵王乃复**强**（强迫）起使将兵。牧曰：“王**必**（如果一定）用臣，臣如前，乃敢奉令。”王许之。

李牧至，如故约。匈奴数岁无所得。终以为怯。边士日得赏赐而不用，皆愿一战。于是乃**具**（准备）**选车**（挑选战车）得千三百**乘**（shèng，一车四马为一乘），选骑得万三千匹，**百金之士**（冲锋陷阵的勇士。古代打仗破敌擒将者，赏百金）五万人，**彀**（gòu，善射）者十万人，**悉勒**（全部组织）习战。大纵畜牧，人民满野。匈奴**小**（小股兵力）入，**详**（通“佯”）**北**（败北）不胜，以数千人**委**（送，丢弃）之。单于闻之，大率众来入。李牧多为奇阵，张左右翼击之，大破杀匈奴十余万骑。灭**襜褴**（chān lán，代郡以北的少数民族），破**东胡**（辽宁西部、内蒙古东胜一带少数民族），降**林胡**（内蒙古东胜一带少数民族），单于奔走。其后十余岁，匈奴不敢近赵边城。

——《廉颇蔺相如列传第二十一》

【故事导读】

李牧是赵国良将，长期驻守代地雁门郡，防御匈奴。李牧防守匈奴策略独特：高度戒备，谨慎小心，守边几年始终不与匈奴交战。将士觉得他胆小才防守，匈奴也以为他胆怯畏战。于是赵王立即将李牧召回，派另外一员将领替代了李牧。新将领一到任，每逢匈奴入侵，就下令军队出战，结果每次出战都失利，人员伤亡很大，而且边境不安，百姓没有办法耕种和放牧。赵王只得又派使臣去请李牧复职，李牧闭门不出，坚称有病，不肯就任。赵王不得已，只得下令强令李牧出山。李牧对赵王说："王必用臣，臣如前，乃敢奉令。"赵王只好答应了。

李牧又来到雁门郡，坚持按既定方针下令坚守。几年内匈奴多次入侵都一无所获，但匈奴总以为李牧胆小避战。其实李牧早已定下诱敌深入、设伏包围歼灭的计谋，对种种屈辱骂名置之不理，而将士们因为天天得到犒赏，却没有出力的机会，都希望能在战场上效力。李牧看条件成熟了，就严格挑选战车一千三百辆、精壮战马一万三千匹、勇敢善战的士兵五万人、优秀射手十万人，然后把挑选出来的车、马、战士统统严格编队，进行训练。一切准备就绪，李牧让百姓满山遍野去放牧，引诱匈奴入侵。匈奴大举入侵，结果李牧巧设奇阵，两路夹击，一举歼灭匈奴主力。从此，匈奴十多年都不敢再犯边境。可惜，这样一位名将却在秦、赵大战中遭到赵王宠臣郭开的谗言陷害而被杀。三个月后，秦击赵，虏赵王，赵国灭。

火牛阵

田单知士卒之可用，乃身操**版插**（筑墙、挖土的工具），与士卒分功，妻妾编于**行伍**（军队。五人为伍，二十五人为行）之间，尽散饮食**飨**（慰劳，用酒食招待）士。令甲卒皆伏，使老弱女子**乘**（登）城，遣使约降于燕，燕军皆呼万岁。田单又收民金，得千**溢**（通"镒"，二十四两为一镒），令即墨富豪**遗**（赠送）燕将，曰："即墨即降，愿无虏掠吾族家妻妾，令**安堵**（安居）。"燕将大喜，许之。燕军由此益懈。

田单乃收城中得千余牛，**为绛缯**（给牛做了红色丝帛）衣，画以五彩龙**文**（通"纹"），束兵刃于其角，而灌脂束苇于尾，烧其端。凿城数十穴，夜纵牛，壮士五千人随其后。牛尾热，怒而奔燕军，燕军夜大惊。牛尾炬火光明炫耀，燕军视之皆龙文，所触尽死伤。五千人因**衔枚**（口衔木片）击之，而城中**鼓噪**（擂鼓呐喊）从之，老弱皆击铜器为声，声动天地。燕军大骇，败走。齐人遂**夷**（杀，灭）杀其将骑劫。燕军扰乱奔走，齐人追**亡**（逃亡）逐**北**（败北），所过城邑皆**畔**（通"叛"）燕而归田单，兵日益多，乘胜，燕日败亡，**卒**（最终）至河上，而齐七十余城皆复为齐。乃迎襄王于莒，入**临淄**（齐国都城，山东淄博市）而听政。

——《田单列传第二十二》

【故事导读】

《田单列传第二十二》选材布局类似小说，场面描写、人物刻画完全是小说写法，读来生动有趣。作品记载了田单巧用智谋、出奇制胜，在即墨大破燕军并乘势恢复齐国的过程。

燕军长驱直入，攻打齐国安平。安平城破，人们争先恐后地逃亡，道路拥挤，车辆争道，其他人都车轴相撞被俘，只有田氏家族因车轴裹铁而车辆完好，顺利逃脱。因此，田单被推举为将军，守卫莒、即墨。“燕昭王卒，惠王立，与乐毅有隙”，田单抓住机会巧施反间计，令燕国军中易帅，以骑劫代替乐毅。即墨被围，田单装神弄鬼，假借巫师之言诱使燕军割下齐国降卒鼻子，挖齐人祖坟，以激发齐军斗志；将妻妾编入军队，“尽散饮食飨士”，以激励齐军士气；隐藏埋伏的壮士，派老弱、女子登城守卫，又派使者诈降，以麻痹燕军。最后，采用奇计，用火牛阵大败燕军，并相继收复了齐国七十余城。

火牛阵是田单众多奇计中的一计，奇谋超乎常人。即墨之战，是中国历史上有名的出奇制胜的战例。作者绘声绘色地描写了这次战争激动人心的场景，牛尾炬火明亮，宛如一条条奔腾向前的火龙，将士的冲杀声、老弱的呐喊声“声动天地”。读此，使人如临其境、如闻其声。

屈原投江

屈原至于江滨，**被**（通“披”）发**行吟**（边走边吟）泽畔。**颜色**（脸色）憔悴，**形容**（容貌）枯槁。渔**父**（fǔ，老年男子）见而问之曰：“**子非**（您不是）三闾大夫欤？何故而至此？”屈原曰：“举世混浊而我独**清**（清白），众人皆醉而我独醒，**是以见放**（因此被流放）。”渔父曰：“夫圣人者，不**凝滞**（拘泥）于物而能**与世推移**（随着世道前移）。举世混浊，何不随其**流**（世俗大流）而**扬其波**（推波助澜）？众人皆醉，何不**餔**（bù，吃）其糟而**啜**（chuò，饮）其**醨**（lí，味道淡的酒）？何故**怀瑾握瑜**（比喻才高德美）而自令**见放为**（被流放了呢。为：句末语助词，呢）？”屈原曰：“吾闻之，**新沐者必弹冠**（刚刚洗过头的人一定弹去帽子上的灰尘），新浴者必**振衣**（抖衣，抖去尘土），人又谁能以身之**察察**（洁净的样子，比喻品节高尚），受物之**汶汶**（mén，蒙受尘垢的样子，比喻黑暗污浊）者乎！宁赴**常**（通‘长’）流而葬乎江鱼腹中耳，又安能以皓皓之白而**蒙**（蒙受）世俗之**温蠖**（污垢。蠖，huò）乎！”

于是怀石遂自投**汨**（mì）罗以死。

——《屈原贾生列传第二十四》

【故事导读】

屈原生活在楚怀王时期，任左徒。他学识渊博，记忆力强，对治国、外交非常熟悉，因此引起了上官大夫等人的嫉妒，被怀王疏远。屈原对邪恶伤害公道、正直不被朝廷所容感到十分痛心，忧愁苦闷，沉郁深思，写成了《离骚》。

屈原遭贬黜后，楚怀王贪图秦国的土地而轻信张仪的许诺，违背了与齐国的盟约，派使者入秦受地，被秦拒绝，方知上当受骗。于是，派兵伐秦，却以失败告终。第二年"秦割汉中地与楚以和"，愤怒的怀王称不要土地而要张仪人头。张仪入楚，故伎重演，以厚礼贿赂楚国掌权大臣靳尚，用花言巧语欺骗怀王宠姬郑袖，怀王听信郑袖之言，张仪再次被放回秦国。

秦昭王邀请怀王到秦国会晤，怀王决定前往，屈原认为这是秦王的诡计，极力反对怀王前往，但怀王的小儿子子兰极力怂恿怀王前往。结果，怀王刚刚踏入秦国土地，秦国伏兵就断绝了其归路。怀王被扣留，一年后病死在秦国。怀王的长子顷襄王即位，子兰做了令尹。后来，顷襄王听信谗言，流放了屈原。流放后的屈原站在汨罗江边，披头散发，面色憔悴，吟咏着悲伤的诗句，与渔翁对答，表明心志，最后作《怀沙》，投江而死。

《屈原投江》写的是屈原与渔父对答。屈原虽遭流放，但仍眷恋祖国，怀念楚王，时刻惦记着自己能重返朝廷，复兴国家，所以在作品中多次流露这种心情。然而，屈原最终也没能使怀王觉悟，反而因此得罪了令尹子兰，惨遭流放，最后怀石投江。"举世混浊而我独清，众人皆醉而我独醒"，悲愤地道出了自己被放逐的原因，也映射了一个孤独、坚强的爱国者不屈的灵魂。

豫让刺衣报恩

豫让又**漆身**（以漆漆身）为**厉**（同"癞"，肌肤肿烂），吞炭为哑，使形状不**可知**（辨），行乞于市。其妻不识也。……

既去（已经离开），顷之，襄子当出，豫让伏于所当过之桥下。襄子至桥，马惊，襄子曰："此必是豫让也。"使人问之，果豫让也。于是襄子乃**数**（一一列举罪过）豫让曰："**子不尝事**（你不是曾经侍奉）范、中行氏乎？智伯尽灭之，而子不为报仇，**而反委质臣**（却反而投奔称臣）于智伯。智伯亦已死矣，而子**独**（偏偏）**何以**（为什么）为之报仇之深也？"豫让曰："臣事范、中行氏，范、中行氏皆众人**遇**（对待）我，我故众人报之。至于智伯，**国士**（国内杰出人才）遇我，我故国士报之。"襄子喟然叹息而泣曰："嗟乎豫子！子之为智伯，名既成矣，而寡人赦子，亦已足矣。子**其**（还是）自**为计**（想办法），寡人不复释子！"使兵围之。豫让曰："臣闻明主不掩人之**美**（美名），而忠臣有**死名**（死于美名）之义，前君已宽赦臣，天下莫不称君之贤。今日之事，**臣固伏诛**（我本应受到诛罚），然愿请君之衣而击之，**焉以致**（这样来达到）报仇之意，则虽死不**恨**（遗憾）。**非所**（这本来不是我）敢望也，**敢**（冒昧）**布**（表达）腹心！"于是襄子**大义之**（认为他很有道义），乃使使持衣与豫让。豫让拔剑三跃而击之，曰："吾可以**下**（下九泉）报智伯矣！"遂伏剑自杀。死之日，赵国志士闻之，皆为涕泣。

——《刺客列传第二十六》

【故事导读】

《刺客列传第二十六》记述了五个刺客的故事。

一是柯邑之盟的曹沫。曹沫是鲁国的将军，与齐作战，多次失败。齐桓公与鲁庄公在柯地会盟，曹沫用匕首胁迫齐桓公，迫使他答应归还侵占鲁国的全部土地。

二是鱼腹藏剑的专诸。这个故事见本书《鱼腹藏剑》。

三是吞炭为哑的豫让，即选文《豫让刺衣报恩》。

四是刺杀韩国宰相侠累的聂政。侠累的政敌严仲子四处游历，寻访杀手，有人推荐了聂政。严仲子多次拜访，献金百镒，但聂政坚决谢绝。过了很久，聂政母亲去世。安葬了母亲，丧服期满，聂政便前去见严仲子。严仲子告诉聂政，侠累不仅是韩国宰相，也是国君的叔父，身边防卫甚严，要多带一些壮士。聂政认为去的人多了会走漏风声，“乃辞独行”。刺杀侠累后，聂政为了不连累亲属，趁势毁了面容，挖了眼睛，剖开肚子，流出肠子，“遂以死”。聂政的尸体陈列在街市，韩国悬赏千金寻求凶手姓名。聂政的姐姐赶来，趴在弟弟尸体上痛哭，极为哀伤。人们惊讶她竟然敢前来认尸。姐姐哭着说：“老母已逝，弟弟才去报答严仲子的知遇之恩；我已嫁人，弟弟才自毁容貌，以免牵连亲属，我怎能因害怕杀身之祸而永远埋没弟弟的名声呢！”烈女聂荣终因悲伤过度而死在弟弟身旁。

五是荆轲刺秦王。《荆轲刺秦王》是高中语文课本中长期保留的经典篇目，其故事几乎家喻户晓。荆轲是卫国人，喜欢读书击剑，与四方名士豪杰交往。在榆次与盖聂论剑，话不投机，盖聂怒目而视，荆轲扬长而去；在邯郸与鲁句践下棋赌博，互相争吵，鲁句践怒斥他，他一走了之；到燕国，与当地杀狗的屠夫高渐离结交，成为知己。后经燕国节侠田光推荐，太子丹派他入秦行刺。行前，易水送别，场面十分悲壮，“风萧萧兮易水寒，壮士一去兮不复还”，最后荆轲死在秦国。唐代骆宾王赋诗怀念：“此地别燕丹，壮士发冲冠。昔时人已没，今日水犹寒。”一个国家面临灭亡，一群勇士不甘为虏，起而做最后的抗争，尽管不能挽救危局，但其气节可歌可泣。这正是故事荆轲刺秦王的感人之处。

《豫让刺衣报恩》的背景是，豫让侍奉晋国智伯，很受尊宠。智伯被灭族后，豫让改名换姓，“入宫涂厕”，伺机刺杀赵襄子，为主人报仇。赵襄子上厕所，突然感到莫名其妙的心慌，就命令侍从审问那个打扫厕所的人，发现竟是豫让，并从他身上搜出了短剑。赵襄子认为主人已死，豫让却还替主人报仇，这样的人是义士，便释放了豫让。选文故事就是从这里开始的，这次他将自己涂漆弄哑，浑身肿烂，让人难以辨认。他找准机会，潜藏在赵襄子必经之地的桥下，准备行刺，但因赵襄子的马受惊而被发现，没有刺杀成功，仅以刺衣代替，了却心愿，“遂伏剑自杀”。

“士为知己者死，女为说己者容”，这是豫让对知遇之恩的肺腑之言，也是普天下被礼遇的士人共同的人生信条。

李斯被斩

赵高使其客十余**辈**(批)**诈**(假装)为御史、谒者、侍中,**更**(交替,轮流)往覆讯斯。斯更以其实**对**(回答),**辄**(就)使人复**榜**(拷打)之。后二世使人**验**(验证口供)斯,斯以为如前,终不敢**更言**(改变口供),**辞服**(招供服罪)。**奏当上**(判决书呈上),二世喜曰:"**微**(无,没有)赵君,几为丞相所**卖**(欺骗)!"及二世所**使案**(派去调查)**三川之守至**(三川郡守到了三川。三川郡守为李斯之子李由),则项梁已击杀之。使者**来**(返回朝廷),**会**(正逢)丞相**下吏**(交给狱官),赵高皆**妄为反辞**(胡乱编造谋反罪状)。

二世二年七月,**具斯五刑**(让李斯遭受了五种刑罚。具:准备,遭受),**论**(判处)腰斩咸阳市。斯出狱,与其**中子**(次子)俱**执**(拘),**顾**(回头)谓其中子曰:"吾欲与**若**(你)复牵黄犬俱出上蔡东门逐狡兔,岂可得乎?"遂父子相哭,而**夷**(灭)三族。

——《李斯列传第二十七》

【故事导读】

李斯是楚国上蔡(河南上蔡县)人,师从荀卿学治国之道,学成后西入秦,投奔到丞相吕不韦门下做舍人。得到吕不韦的赏识,被推荐给秦王嬴政。于是,他借机游说。本来就野心勃勃的秦王听了李斯的游说,更是深受鼓舞,任命他为客卿。大臣们建议秦王驱逐来自其他诸侯国的客卿,李斯自然也在被驱逐之列。李斯便写了一篇文情并茂的《谏逐客书》,用秦国的四位君王来论述驱逐客卿的错误,总结秦国重用客卿、变法图强的历史经验,恳请秦王不要把所有的客卿都驱逐出境,而要不论国别，任人唯贤。秦王采纳了李斯的建议，恢复了其官职。李斯辅佐秦王二十多年，使秦最终吞并六国，秦王被尊为皇帝，李斯做了丞相。

秦始皇出游，半道驾崩，李斯与胡亥、赵高密谋，秘不宣丧，并在赵高的劝说威胁下假造遗诏，立胡亥为太子，并赐扶苏诏书，指责他在外十几年“士卒多耗，无尺寸之功……其赐剑以自裁”。扶苏自杀，胡亥即位，即秦二世。二世即位后，继续建造阿房宫，“赋敛愈重，戍徭无已”，农民起义蜂起。

赵高阿谀奉承，诋毁李斯，李斯“上书言赵高之短”。但二世只信赵高，不信李斯，下令审查李斯。李斯被投进监狱，“责斯与子由谋反状，皆收捕宗族宾客”。赵高惩治李斯，拷打一千多下，李斯不能忍受痛苦而屈招。他自负能言善辩，对秦有大功，又确实没有反叛之心，便狱中上书，表面列了自己七条罪状，实际向二世摆功劳。奏书呈上，赵高扣压不报，派门客假扮御史、侍中，轮流审问李斯。二世二年（前208年），李斯被腰斩。

鸟之将死，其鸣也悲；人之将亡，其言也善。李斯临终前与儿子的对话发自肺腑，颇为沉痛，也富有讽刺意味。当初以贫贱为悲哀和耻辱，此时大难临头却渴望过上贫贱的平民生活。

赵高被夷三族

李斯已死，二世**拜**（任命）赵高为**中丞相**（居住在宫中以理事之丞相），事无大小辄决于高。高自知权重，乃献鹿，谓之马。二世问左右："此**乃**（是）鹿也？"左右皆曰"马也"。二世惊，自以为惑，乃召太卜，令卦之。太卜曰："陛下春秋**郊祀**（祭天祭祖），奉宗庙鬼神，斋戒不**明**（虔诚），故至于此。可依**盛**（大）德而明斋戒。"于是乃入**上林**（秦朝帝王狩猎场）斋戒。日游**弋**（yì，射鸟）猎，有行人入上林中，二世自射杀之。赵高教其女婿咸阳令阎乐**劾**（弹劾）不知何人**贼杀**（残杀）人移上林。高乃谏二世曰："天子无故贼杀**不辜**（无罪）人，此上帝之禁也，鬼神**不享**（不保佑），天**且**（将）降殃，当远避宫以**禳**（ráng，祭祀鬼神来消除灾祸）之。"二世乃出居望夷之宫。

留三日，赵高诈诏卫士，令士皆**素服**（白色的衣服，一说便服）**持兵内乡**（手持兵器面向宫内。乡：通"向"），入告二世曰："山东群盗兵大至！"二世上观而见之，恐惧，高即因**劫**（胁迫）令自杀。引玺而佩之，左右百官莫从；上殿，殿欲坏者三。高自知天弗**与**（yù，赞同，允许），群臣弗许，乃召始皇**弟**（应为"孙"，子婴是二世兄长扶苏的儿子），授之玺。

子婴即位，患之，乃称疾不听事，与宦者韩谈及其子谋杀高。高**上谒**（前来拜见），**请病**（询问病情），**因召入**（趁机召他入宫），令韩谈刺杀之，**夷**（灭）其三族。

——《李斯列传第二十七》

【故事导读】

赵高是赵国人。秦灭赵，赵高被掳往秦国。秦始皇听说赵高精通法律，就提拔他做了中车府令，负责管理皇帝车马仪仗，并让他教自己的小儿子胡亥判案断狱。赵高善于察言观色、逢迎献媚，很快就博得了秦始皇的赏识和信任。

秦始皇三十七年（前210年），秦始皇第五次出巡全国，半道患病，在沙丘去世。赵高经过一番威逼利诱，说服李斯支持立胡亥为太子。于是，胡亥、赵高、李斯三人伪造诏书：命令扶苏自杀，立胡亥为太子。胡亥即位（秦二世）后，赵高就成为秦王朝权力最大的人。

权力越大，赵高的野心也就越大。他将眼光转向了一人之下、万人之上的丞相李斯，他每天想的就是怎么能除掉李斯。经过一系列精心策划，赵高终于罗织好了李斯的罪名，而糊涂的胡亥也大手一挥，让赵高自己处理。为秦王朝建立立下了汗马功劳的李斯，被奸臣赵高送上了刑场，腰斩而死。

李斯死了以后，赵高名正言顺地当上了丞相，什么事情都由他一个人决定，他甚至不把胡亥放在眼里。大臣们对赵高很害怕，都竭尽全力巴结他。后来赵高逼胡亥自杀，自己拿了玉玺想当皇帝，但文武百官没有一个人听从他。赵高没有办法，只得立公子子婴为皇帝。子婴即位以后，担心赵高再作乱，就假装有病，趁赵高前来探病之机，派宦官韩谈刺杀了赵高。

《史记》未单独给赵高作传，其故事只夹杂于《秦始皇本纪第六》《李斯列传第二十七》《蒙恬列传第二十八》中，但赵高在中国历史上的知名度很高，不亚于秦桧。伪造遗诏，害死扶苏、蒙恬，指鹿为马，逼死李斯，滥杀公子，杀死二世，可谓坏事做绝。对权势的欲望使他变得近乎疯狂，最后咎由自取，被灭三族。

贯高重诺

汉九年(前198年),贯高怨家知其谋,乃**上变**(上书告谋反)告之。于是**上**(皇上)皆并逮捕赵王、贯高等。十余人皆争自刭,贯高独怒骂曰:"**谁令公为之**(谁让你们自杀)?今王实无谋,而并捕王;公等皆死,谁**白**(辩白)王不反者!"乃**槛车**(囚车)**胶致**(用胶粘牢木板,以防犯人逃脱),与王**诣**(到)长安。治张敖之罪。上乃诏赵群臣宾客有敢**从王**(跟从赵王进京)**皆族**(都灭族)。贯高与客孟舒等十余人,皆自**髡**(kūn,剃去头发的刑罚)**钳**(qián,用铁圈束脖子),**为王**(装作赵王)家奴,从来。贯高至,**对狱**(回答法官审问),曰:"独**吾属**(我们)为之,王实不知。"吏治**榜笞**(鞭笞。笞,chī)数千,**刺剟**(duō,用锥子刺),身无可击者,终不复言。吕后数言**张王**(赵王张敖)以鲁元公主**故**(缘故),不宜有此。上怒曰:"**使**(假使)张敖**据**(占据,拥有)天下,岂**少**(缺少)**而**(通'尔')女乎!"不听。廷尉以贯高事**辞**(供词)**闻**(报告皇上),上曰:"壮士!谁知者,以**私**(私人身份)问之。"中大夫泄公曰:"**臣之邑子**(他是我的老乡。邑子:县里的人,老乡),**素**(平素)知之。**此固赵国立名义**(他本来就是赵国重名节讲义气)**不侵**(不受侵辱)**为然诺**(不违背诺言)者也。"上使泄公持节问之**箯舆**(用竹子编成的轿子,此指把贯高抬至泄公前。箯,biān)前。仰视曰:"泄公邪?"泄公**劳苦**(慰问劳苦)如生平欢,与语,问张王果有计谋不。高曰:"**人情宁**(人的感情难道)不各爱其父母妻子乎?今吾三族皆以**论**(判处)死,岂以王**易**(交换,替代)吾亲哉!**顾**(只是)为王实不反,独吾等为之。"**具道**(详细说了)**本指**(本意。指:通"旨")**所以为者**(之所以要谋杀)王不知**状**(情况)。于是泄公入,具以报,上乃赦赵王。

上**贤**(认为有德有才,赞赏)贯高为人能**立然诺**(讲信义),使泄公具告之,曰:"张王已出。"因赦贯高。贯高喜曰:"吾王**审**(确实)出乎?"泄公曰:"然。"泄公曰:"上**多**(称赞)足下,故赦足下。"贯高曰:"所以不死一

身无余(打得体无完肤)者,白张王不反也。今王已出,吾责已**塞**(堵塞,尽),死不恨矣。且人臣有**篡杀**(谋杀)之名,何面目复事上哉!纵上不杀我,我不愧于心乎?"乃仰**绝**(割断)**肮**(喉咙),遂死。当此之时,名闻天下。

——《张耳陈余列传第二十九》

【故事导读】

张耳是魏国外黄县令,陈余也是魏国人,二人志同道合,是生死与共的朋友。秦灭魏后,悬赏重金捉拿张耳、陈余。两人改名换姓,投奔陈涉。陈涉任命二人为左右校尉,"予卒三千人,北略赵地"。攻下赵国几十座城池后,二人立赵歇为赵王,自封为将军、丞相。秦将章邯率军进攻赵国,包围了巨鹿城,城内的张耳兵少粮断,派使者召陈余救援,陈余兵少力单不敢前往。张耳大为生气,二人关系出现裂痕。

张耳在巨鹿被围,项羽破釜沉舟,强渡黄河,打败了章邯,解了巨鹿之围,赵王与张耳才得以幸免于难。张耳见到陈余后,责备他不讲信用、不讲交情。陈余一气之下将官印交给张耳。张耳收缴了陈余的印信,统领了陈余的军队。从此,两人结下了仇怨。

汉元年(前206年)二月,项羽封张耳为常山王,封陈余为三县侯。陈余愤恨不平,趁张耳上任之际率军袭击张耳,张耳败逃,投靠了汉王。陈余抢夺了张耳的封地,重新立赵歇为赵王,自任相国。楚汉交战,刘邦拉拢陈余攻楚,陈余提出条件:杀了张耳。汉王杀了一个与张耳长得很像的人,派人将他的头送给陈余。于是,陈余出兵助汉。后来,陈余发觉上当,便背离了汉王。第二年,刘邦派韩信、张耳进攻赵国,杀死了陈余,封张耳为赵王。

汉五年,赵王张耳死去,儿子张敖立为赵王。高祖的女儿嫁给张敖,立为王后，史称“鲁元王后”。六年，高祖巡游各地，经过赵国。赵王以对待岳父的礼节早晚侍候，毕恭毕敬，但高祖盘腿坐在席上，对他呼来喊去，又旁敲侧击地咒骂，傲慢到了极点。这时，已六十多岁的贯高看到高祖这样无礼，非常气愤，便暗中与赵午布置，谋杀高祖。贯高的仇人得知此事，向朝廷告密，高祖闻讯大怒，立刻命人将赵王与贯高捉拿归案。

张耳、陈余，当初亲如父子，后来变成冤家仇人，是伴随着他们由贫贱到富贵的转变而发生的。身处逆境，能风雨同舟，生死与共；富贵之后，却反目成仇，兵戎相见。人与人之间的友谊，常因相知而起，常因误会而衰，更因权势而终。但《贯高重诺》中的贯高是一个不以贫贱易交的光辉形象，他的自杀既是对旧主新君恩惠的报答，也是对自己谋杀天子行为的惩罚。

冤杀彭越

十年秋（前197年），陈豨反代地，高帝自往击，至邯郸，征兵梁王。梁王称病，使将将兵**诣**（到，往）邯郸。高帝怒，使人**让**（责备）梁王。梁王恐，欲自往**谢**（道歉）。其将扈辄曰："王始不往，**见**（被）让而往，往则**为禽**（被擒）矣。不如遂发兵反。"梁王不听，称病。梁王怒其太仆，欲斩之。太仆亡走汉，告梁王与扈辄谋反。于是上使使**掩**（趁人不备而袭击或捉拿）梁王，梁王不觉，捕梁王，囚之洛阳。**有司治反形**（有关部门处理此事时认为他谋反证据）已**具**（具备），**请论**（判处）如法。上赦以为庶人，**传处**（用驿车押往）蜀**青衣**（四川名山区）。西至郑，逢吕后从长安来，欲之洛阳，道见彭王。彭王为吕后泣涕，自言无罪，愿处故**昌邑**（彭越的老家）。吕后许诺，与俱东至洛阳。吕后**白**（告诉）上曰："彭王壮士，今**徙之**（迁移到）蜀，此自遗患，不如遂诛之。妾谨与俱来。"于是吕后乃令**其舍人**（彭越的门客）告彭越复谋反。廷尉王恬开奏请**族**（灭族）之。上乃可，遂夷越宗族，**国除**（封地被废除）。

——《魏豹彭越列传第三十》

【故事导读】

彭越本是江洋大盗，秦末农民起义，江湖上的年轻人劝他起事，他与众人约定第二天日出集合，迟到者斩。第二天，有人直到中午才来集合，彭越"诛最后者一人"，杀一儆百，率众起义。汉元年（前206年）秋，汉王赐彭越将军印，彭越率三万人投奔刘邦，助汉攻楚。不久，汉王任命彭越为魏相国，让他独揽兵权。固陵大战，汉王战败，援兵不至，张良献计汉王：告诉彭越，如果攻破楚军，睢阳以北至谷城，全部分封给彭越，使其称王。于是，彭越“悉引兵会垓下”，攻破了项羽军队，被封为梁王。汉十年秋，陈豨造反，高祖亲征，“征兵梁王。梁王称病”，此即选文《冤杀彭越》。

《冤杀彭越》写的是彭越被杀的过程。汉十年秋，陈豨造反，高祖亲自率军前去讨伐，到达邯郸，向梁王彭越征兵。梁王推脱说自己有病，派手下将领带着军队前往邯郸。高祖很生气，责备梁王。梁王的部将扈辄劝梁王造反，梁王不听。后来，梁王的太仆告梁王和扈辄反叛。高祖派使臣袭击梁王，并逮捕了梁王，把他囚禁在洛阳。主管官吏审理案件，认为他谋反的罪证具备，请求皇上依法判处。最后，彭越被废为平民百姓，被流放到蜀地青衣县。半道巧遇吕后，彭越对着吕后哭泣，分辩自己无罪，希望回到故乡昌邑。吕后满口答应，带他折回洛阳。回到洛阳，吕后对高祖说：“彭王豪壮勇敢，把他流放到蜀地，这是给你自己留祸患，不如杀掉他。”于是，吕后就让彭越的门客告他再次造反。彭越被杀。

天下平定后，异姓诸侯王陆续以谋反罪一一被诛，尤其是陈豨被诛，彭越有一种兔死狐悲之感。文末写有人告彭越谋反，纯属无中生有、强加罪名，但廷尉装模作样奏请灭族，似乎反叛属实，刘邦这才答应奏请。这出君臣谋划诛杀彭越的阴谋剧，演得滑稽而虚伪；彭越死后，刘邦将他的尸体剁成肉酱，分赐群臣，该行为更是空前绝后。

爱姬就医引怀疑

十一年（前196年），高后诛淮阴侯，**布**（黥布）**因**（就）心恐。夏，汉诛梁王彭越，**醢**（hǎi，剁成肉酱）之，盛其醢遍赐诸侯。至淮南，淮南王方猎，见醢，因大恐，**阴**（暗中）令人**部聚**（部署集结）兵，**候伺**（暗中打探）旁郡**警急**（紧急动向）。

布所**幸**（宠爱）姬疾，请就医，医家与中大夫**贲**（bēn）赫对门，姬**数如**（屡次到）医家，贲赫自以为侍中，乃**厚馈遗**（给医生送厚礼），从姬饮医家。姬侍王，**从容**（悠闲，随意）**语次**（谈到），誉赫长者也。王怒曰："汝**安从**（从哪里）知之？"**具说状**（详细说了情况）。王疑其与**乱**（淫乱）。赫恐，称病。王愈怒，欲捕赫。赫**言变事**（说有谋反的事要报告），**乘传**（驿车）**诣**（到）长安。布使人追，不及。赫至，**上变**（上书告谋反），言布谋反有**端**（迹象），可先**未发**（趁其未发兵）诛也。上读其书，语萧相国。相国曰："布不宜有此，恐仇怨**妄诬**（胡乱诬陷）之。**请系**（拘押）赫，使人**微验**（暗中验证）淮南王。"淮南王布见赫**以罪亡**（因罪逃跑），上变，**固**（本来）已疑其言国**阴**（秘密）事；汉使又来，**颇有所验**（更证明这件事），遂族赫家，发兵反。

——《黥布列传第三十一》

【故事导读】

黥布，姓英，因犯法受黥刑而称"黥布"。黥布小时候，有人给他算命说："你以后要受刑，受刑之后会封王。"黥布当时年纪小，没把这话放在心上，只是笑着回答："等我当了王，就封你为丞相！"黥布长大后，果然因为犯法而受黥刑。受刑后，黥布逢人就说："小时候有人给我相面，说我受刑后会封王。他说得多么准啊！"大家听了，都嘲笑他不知天高地厚。黥布定罪后被发配到了骊山。骊山有刑徒几十万人,黥布整天和他们混在一起,品行越来越坏,而且还跟其中的大小头目拉帮结伙,称兄道弟,关系十分密切。没过多久,他就成了这里的头儿,率领这些刑徒逃往长江一带,成了强盗,专门抢劫民舍,杀富济贫。陈胜起义时,他响应起义,率军击秦,归属项梁。巨鹿大战、入关之战,他勇敢善战,屡建战功;秦围赵国,他跟随项羽救赵,率先渡河攻破秦军,迫使章邯投降;项羽迁义帝到长沙,暗中命他半道杀死义帝,“布使将击义帝,追杀之郴县”。

汉三年(前204年),楚汉大战于彭城,汉王派儒生随何出使淮南,诱说黥布,黥布叛楚归汉。刘邦召见,他兴高采烈地前往,进门却看见刘邦正踞床洗足,根本就没把接见他的事放在心上,他倍感羞辱,怒悔交加,几欲自杀。回到驿馆,看见帐幔、饮食、侍从一如汉王那样豪奢,又喜出望外。后来,他被封为淮南王,与汉王共同攻打楚军,大败项羽于垓下。战场上英布叱咤风云,生活上却因疑生妒,终于惹祸杀身。英布的造反,固然与自己对爱姬就医事件处理失当有关,但根本原因在于汉初刘邦疑杀异姓王、苦苦相逼有功之臣。

一饭千金与胯下之辱

信钓于城下，**诸**（众）**母**（老妇）**漂**（洗涤丝棉），有一母见信饥，饭信，**竟漂数十日**（一直到漂洗完毕，几十天都给他饭吃）。信喜，谓漂母曰："吾必有以重报母。"母怒曰："大丈夫不能自食，吾哀**王孙**（公子，年轻人）而进食，岂望报乎！"

淮阴**屠**（屠户）中少年有侮信者，曰："若虽**长大**（高大），好带刀剑，**中情**（内心）怯耳。"众辱之曰："**信**（确实，如果真的）**能死**（不怕死），刺我；不能死，出我**袴**（kuà，通'胯'）下。"于是信**孰**（通"熟"，仔细）视之，**俛**（fǔ，同"俯"，低头）出袴下，**蒲伏**（同"匍匐"，爬行）。一市人皆笑信，以为怯。

汉王之困固陵，用张良计，召齐王信，遂**将**（率领）兵会垓下。项羽已破，高祖**袭**（乘人不备时攻击）夺齐王军。汉五年正月，徙齐王信为楚王，都**下邳**（pī，江苏邳州市）。

信至**国**（封地），召所从食漂母，赐千金。及下乡南昌亭长，赐百钱，曰："公，小人也，**为德**（做好事）不**卒**（终）。"召辱己之少年令出胯下者以为楚中尉。告诸将相曰："此壮士也。方辱我时，我**宁**（难道）不能杀之邪？杀之**无名**（无名声，无价值），故忍而**就**（成就）于此。"

——《淮阴侯列传第三十二》

【故事导读】

韩信是淮阴（江苏清江浦区）人。项梁起义时，韩信持剑追随；项梁失败，他归属项羽，做了郎中。他多次献计，项羽都未采纳。刘邦入蜀，他便离楚投汉。

井陉大战，赵王、成安君陈余聚兵井陉口，号称二十万大军。广武君李左车劝陈余：井陉道极其狭窄难行，韩信的运粮大队只能跟随在军队后面，只要给我三万士兵，抄小路切断汉军粮道，陈将军坚守不出，使汉军进退两难，不出十日就能打败汉军。但陈余不听。结果，韩信背水一战，大破赵军，活捉了赵王歇，杀了陈余，此即《背水一战》。

活捉了广武君李左车后，韩信虚心求教，采纳李左车建议降服了燕国，并请求汉王立张耳为赵王。随即率军攻齐，途中听闻汉使郦食其已说服了齐王，准备停止进军；辩士蒯通劝他继续进攻，“信然之，从其计”，一举攻破了齐军。这时，楚军派龙且率二十万大军前来救齐，自负轻敌的龙且与韩信在潍水夹岸布阵，韩信急令士卒装满一万多个沙土口袋，堵住潍水上游。龙且军渡水一半，韩信命令拆除沙袋，大水狂泻而下，楚军大败，龙且被杀。齐地平定后，韩信做了齐王。

项羽失去龙且后，派武涉去游说韩信，劝他反汉联楚，三分天下，韩信拒绝说：“臣事项王，官不过郎中，位不过执戟，言不听，画不用，故倍楚而归汉。汉王授我上将军印，予我数万众，解衣衣我，推食食我，言听计用，故吾得以至于此。夫人深亲信我，我倍之不详，虽死不易。”齐人蒯通求见韩信，力劝他“参分天下，鼎足而居”，但他不为所动；过了数日，蒯通再劝，他仍“不忍倍汉，又自以为功多，汉终不夺我齐，遂谢蒯通”。“汉六年，人有上书告楚王信反”，刘邦采用陈平的计谋，假装巡游云梦，会见诸侯，乘机“令武士缚信”。后，贬韩信为淮阴侯。从此，韩信知道皇帝对他的才能又怕又恨，闷闷不乐。最后韩信被斩，三族被夷。一代名将战神，一代开国功臣，就这样落得兔死狗烹的结局。

《一饭千金与胯下之辱》截取了传记前后两段文字，组成首尾呼应的完整故事。当年贫困时，韩信去城下钓鱼，一位老大娘看他饥饿，就拿出食物给他；走在街上，淮阴屠户中有个年轻人侮辱他，他默默忍受。韩信功成名就后，找到当年给他饭吃的老大娘，赠她千金，以德报德；又招来曾当街侮辱他的淮阴少年，任命他为巡城捕盗的官，以德报怨。

韩信拜将

信**数**(多次)与萧何语,何**奇之**(认为他奇特)。至南郑,诸将**行道亡者**(行军途中逃跑的人)数十人,信**度**(duó,估计)何等已数**言上**(多次向汉王推荐自己),上不我用,即亡。何闻信亡,不及以**闻**(报告汉王),自追之。人有言上曰:“丞相何亡。”上大怒,如失左右手。居一二日,何来**谒**(拜见)上,上且怒且喜,骂何曰:“**若**(你)亡,何也?”何曰:“臣不敢亡也,臣追亡者。”上曰:“若所追者谁?”何曰:“韩信也。”上复骂曰:“诸将亡者以十数,公无所追;追信,诈也。”何曰:“诸将易得耳。至如信者,国士无双。王**必**(如果一定)**欲长王**(想长久称王)汉中,无所**事**(用)信;必欲争天下,非信**无所与**(就没有与你)计事者。**顾**(只,就看)王策安所决耳。”王曰:“吾亦欲东耳,安能郁郁久居此乎?”何曰:“王计必欲东,能用信,信即留;不能用,信终亡耳。”王曰:“吾**为公**(为了你)**以为将**(以他为将)。”何曰:“**虽**(即使)为将,信必不留。”王曰:“以为大将。”何曰:“幸甚。”于是王欲召信拜之。何曰:“王**素**(向来)慢无礼,今拜大将如呼小儿耳,此乃信所以去也。王必欲拜之,择良日,斋戒,设坛场,**具礼**(准备礼仪),乃可耳。”王许之。诸将皆喜,人人各自以为得大将。至拜大将,**乃**(竟然,却)韩信也,一军皆惊。

——《淮阴侯列传第三十二》

【故事导读】

韩信曾先后投靠过项梁、项羽,但一直默默无闻。后来,转投刘邦,仍得不到重视,唯独萧何对他非常敬佩,认为他是一位奇才。于是,就有了夜追韩信的故事。追回韩信后,萧何极力劝说刘邦重用韩信,拜他为将。当其他将领听说刘邦要拜将时,个个欢天喜地,都以为自己要做大将了。等到举行仪式时,才知道竟是韩信,“一军皆惊”。拜将仪式结束,刘邦召见,韩信侃侃而谈,一番宏论,崭露头角,显示出他的雄才大略。

背水一战

韩信使人**间视**(暗中侦察),知**其不用**(陈余不采纳李左车的建议),还报,则大喜,乃敢引兵遂下。未至**井陉口**(河北井陉县。陉,xíng)三十里,**止舍**(停下宿营)。夜半**传发**(传令出发),选轻骑二千人,人持一赤帜,从**间道**(小路)**萆**(同"蔽")山而望赵军,诫曰:"赵见我**走**(逃跑),必**空壁**(全军离开军营)逐我,**若疾**(你们快速)入赵壁,拔赵帜,立汉赤帜。"令其**裨**(pí,副)将**传飧**(sūn,晚饭,泛指饭食),曰:"今日破赵会食!"诸将皆莫信,**详**(通"佯")应曰:"诺。"谓军吏曰:"赵已先据**便**(有利)地为壁,且彼未见吾大将旗鼓,未肯击**前行**(先头部队),恐吾至**阻险**(险要之地)而还。"信乃使万人先行,出,背水**陈**(通"阵",布阵)。赵军望见而大笑。平旦,信**建**(树立)大将之旗鼓,**鼓**(击鼓)行出井陉口,赵开壁击之,大战良久。于是信、张耳详弃鼓旗,走水上军。水上军**开**(打开营门)入之,复疾战。赵果空壁争汉鼓旗,逐韩信、张耳。韩信、张耳已入水上军,军皆殊死战,不可败。信所出奇兵二千骑,共候赵空壁**逐利**(追逐利益,即追逐战利品),则驰入赵壁,皆拔赵旗,立汉赤帜二千。赵军已不胜,不能**得**(俘获)信等,欲还归壁,壁皆汉赤帜,而大惊,以为汉皆已得赵王将矣,兵遂乱,遁走,赵将虽斩之,不能禁也。于是汉兵夹击,大破虏赵军,斩成安君**泜**(河北赞皇县)水上,**禽**(通"擒")赵王歇。

诸将**效**(献)**首虏**(首级,俘虏),**毕**(都)贺,因问信曰:"兵法右**倍**(通'背',靠)山陵,前左水泽,今者将军令臣等**反**(反而)背水陈,曰破赵会食,臣等不服。然**竟**(最终)以胜,此何术也?"信曰:"此在兵法,**顾**(只是)诸君不察耳。兵法不曰'陷之死地而后生,置之亡地而后存'?且信**非得素**(没有能够一向)**拊循**(抚慰,此指受过训练、听从指挥)士大夫也,此所谓'驱**市人**(市民)而战之',其势非置之死地,使人人**自为**(为自己)战;今予之生地，皆走，**宁尚**（怎么）可得而用之乎！”诸将皆服曰：“善。非臣所及也。

——《淮阴侯列传第三十二》

【故事导读】

背水一战发生在汉三年(前204年)，这是韩信诸多战役中最负盛名的一场战役，韩信以区区五万兵力打败了二十万赵军，创造了以少胜多、以弱胜强的经典战例。仗未打，却预料必胜，下令战后会餐；背水布阵，违背兵书常规；交战中，竖起大将旗帜，浩浩荡荡；敌军倾巢出动时，骑兵驰入敌营，遍插汉军旗帜。战役结束，将领们向韩信讨教背水布阵的道理。韩信说：“兵法上不是说‘置之死地而后生’吗？这次参战的将士，平素都没有经过我的训练，也没有和我同甘共苦过，这种情况下势必要把军队放在绝路上，才能迫使他们拼死作战。假如让军队有生路可逃，只怕大家早跑光了。”将领们听后，都钦佩地说：“将军的用兵之术，我们的确无法相比！”

韩信知己知彼，灵活智慧地运用作战策略，表现了他卓越的军事才能。这是一种天才智慧，只可欣赏，不可模仿。三国时的徐晃、马谡都曾依此排兵布阵，最终一败涂地。

败也萧何

信知汉王畏**恶**(wù,嫉妒)其能,常称病不**朝从**(朝见随从)。信**由**(从)此日夜怨**望**(怨恨),居常**鞅鞅**(yàng,通"怏",不满意),羞与绛、灌**等列**(同等地位)。信**尝过**(曾经拜访)樊将军哙,哙跪拜送迎,言称臣,曰:"大王乃肯**临**(光临)臣!"信出门,笑曰:"**生**(这一生,即到头来)乃与哙等为伍!"……

陈豨**拜**(被任命)为巨鹿守,辞**于**(向)淮阴侯。淮阴侯**挈**(qiè,拉)其手,**辟**(通"避")左右与之步于庭,仰天叹曰:"**子**(您)可与言乎?欲与子有言也。"豨曰:"**唯将军令**(希望将军吩咐)之。"淮阴侯曰:"公之所居,天下精兵**处**(处所,地方)也;而公,陛下之**信幸**(信任,宠爱)臣也。人言公之**畔**(通'叛'),陛下必不信;再至,陛下乃疑矣;三至,必怒而自将。吾为公从**中**(京城)**起**(起兵做内应),天下可图也。"陈豨**素**(一向)知其能也,信之,曰:"谨奉教!"汉十年,陈豨果反。上自将而往,信病不从。**阴**(暗中)使人至豨所,曰:"**第举兵**(只管起兵),吾从此助公。"信乃谋与家臣夜**诈诏**(假传诏令)赦诸**官徒奴**(官府囚徒、奴仆),欲**发**(派兵)以袭吕后、太子。部署已定,待豨报。其舍人得罪于信,信囚,欲杀之。舍人弟**上变**(上书告谋反),告信欲**反状**(造反的情况)于吕后。吕后欲召,恐其**党**(同"傥",倘)**不就**(不前来),乃与萧相国谋,诈令人**从上所**(从皇帝所在地)来,言豨已得死,列侯群臣皆贺。相国**绐**(dài,欺骗)信曰:"虽疾,**强**(勉强)入贺。"信入,吕后使武士缚信,斩之长乐钟室。信方斩,曰:"吾悔不用蒯通之计,乃为**儿女子**(妇女、小孩子,即吕后、太子)所诈,岂非天哉!"遂夷信三族。

——《淮阴侯列传第三十二》

【故事导读】

韩信为刘邦夺取天下立下了汗马功劳，但常遭到猜疑。在攻打齐国前，刘邦就曾以诡诈的手段削弱韩信的兵权；垓下打败项羽后，刘邦趁韩信毫无防备之机，夺了他的兵权，改封他为楚王；有人告韩信想造反，刘邦用陈平计谋诈缚了韩信，贬他为淮阴侯；最后萧何献计吕后，在长乐宫杀了韩信。韩信被杀，并非因为他真的谋反，而是因为他功劳太大、地位过高。他对刘邦忠心耿耿，以德报德；刘邦对他却始终猜疑，以怨报德。在杀韩信的决策上，丞相萧何扮演了极不光彩的角色。如果说"夜追韩信"的故事堪称萧何识才惜才的佳话，那么，"成也萧何，败也萧何"的史实，使他成为反复无常的败事典型。

五百壮士同自刎

后**岁余**(一年多),汉灭项籍,汉王立为皇帝,以彭越为梁王。田横惧诛,而与其徒属五百余人入海,居岛中。高帝闻之,以为田横兄弟**本定**(本来平定)齐,齐人贤者多附焉,今在海中不收,后恐为乱,乃使使赦田横罪而召之。田横因**谢**(推辞)曰:"臣**亨**(通'烹')陛下之使郦生,今闻其弟郦商为汉将而贤,臣恐惧,不敢奉诏,请**为庶人**(做一个平民),守海岛中。"使还报,高皇帝乃诏卫尉郦商曰:"齐王田横**即**(如果)至,人马**从**(随从)者敢动摇者**致**(招来)**族夷**(灭族)!"乃复使使持节**具**(通"俱",详细)**告以诏商状**(把诏令郦商的情况告诉田横),曰:"田横来,大者王,小者乃侯耳;不来,且举兵加诛焉。"田横乃与其客二人乘**传**(驿车)**诣**(到,往)洛阳。

未至三十里,至**尸乡**(河南偃师市)**厩置**(马房,驿站),横谢使者曰:"人臣见天子当洗沐。"止留。谓其客曰:"横始与汉王俱**南面**(面向南)**称孤**(称王),今汉王为天子,而横**乃为亡虏**(却是亡国的俘虏)而北面事之,其耻**固**(本来)已甚矣。且吾**亨**(通'烹')人之兄,与其弟并肩而事其主,**纵彼**(即使他)畏天子之诏,不敢动我,我**独**(难道)不愧于心乎?且陛下所以欲见我者,不过欲一见吾面貌耳。今陛下在洛阳,今斩吾头,驰三十里间,**形容**(形体容貌)尚未能**败**(改变),犹可观也。"遂自刭,令客奉其头,从使者驰奏之高帝。高帝曰:"嗟乎,**有以也夫**(竟有这样的事)!起自布衣,兄弟三人**更王**(交替称王),岂不贤乎哉!"为之流涕,而**拜**(任命)其二客为都尉,**发卒**(派士兵)二千人,以王者礼葬田横。

既葬,二客穿其**冢**(zhǒng,坟墓)旁孔,皆自刭,下从之。高帝闻之,乃大惊,**以**(认为)田横之客皆贤,"吾闻其余**尚**(还有)五百人在海中",使使召之。至则闻田横死,亦皆自杀。于是乃知田横兄弟能**得士**(得贤士之心)也。

——《田儋列传第三十四》

【故事导读】

田儋是原来齐王田氏家族的人，田荣、田横是其堂兄弟。陈涉起义后，田儋反秦，自立为齐王。秦将章邯围攻魏王咎，田儋率军救魏，被章邯击破，杀于临济城下。田儋死后，田荣立田儋的儿子田市为齐王，自己为相，田横为将。

项羽分封天下后，田荣、陈余因未被封王而造反，田荣自立为齐王。"项羽闻之，大怒，乃北伐齐"，田荣兵败被杀。田荣的弟弟田横集合齐国散兵几万人，反击项羽，立田荣的儿子田广为齐王，田横为相。汉王派韩信攻齐，又派郦食其游说齐王。在郦食其的游说下，齐王准备归降汉王，这时韩信采纳谋士蒯通的计策袭击齐国，大败齐军。齐王田广、齐相田横认为郦食其出卖了自己，就下令将他施以烹刑。

田横自立为齐王后一年，汉灭项羽，汉王立为皇帝。"田横惧诛，而与其徒属五百余人入海，居岛中"，刘邦担心如果不及时收服田横，恐怕以后容易生变，便下诏命令田横归降。归降的路上，在距离洛阳只有三十里的驿站，田横自杀。其后，田横的门客、下属也全部自杀。

田横作为齐国最后一位诸侯王，其地位原可与刘邦分庭抗礼，如今刘邦贵为天子，田横却是暂居海岛的天涯浪人，他不肯屈事刘邦，所以刎颈自杀，此举本已非同寻常；两位随行人员在墓旁挖洞，自杀相随，更令人惊讶；最后，五百壮士全部自杀，震撼人心。

齐鲁多豪杰。田横与五百壮士的故事，充满传奇色彩而感人；其"威武不能屈"的气节，流芳后世，成为文人墨客创作的题材。徐悲鸿 1930 年完成的名画《田横五百士》，即取材于此。

期期艾艾

昌为人**强力**(刚强有原则),敢直言,自萧、曹等皆**卑下之**(对他让步,敬畏)。**昌尝燕时**(曾经安闲时。燕:通"晏")入奏事,高帝方**拥**(抱着)戚姬,昌还走,高帝**逐得**(追上去拉住),骑周昌**项**(脖子),问曰:"我何如主也?"昌仰曰:"陛下即桀纣之主也。"于是上笑之,然尤**惮**(怕,敬畏)周昌。及帝欲废太子,而立戚姬子如意为太子,大臣**固**(坚持)**争**(通"诤",规劝)之,莫能得;上**以**(因为)留侯策**即止**(就停止了废立太子的事)。而周昌廷争之强,上问其说,昌为人吃,又盛怒,曰:"臣口不能言,然臣**期期**(口吃者说不出话的着急之声)知其不可。陛下虽欲废太子,臣期期**不奉诏**(不听命)。"上欣然而笑。既**罢**(散朝),吕后侧耳于东**箱**(通"厢")听,见周昌,为跪谢曰:"**微**(无,没有)君,太子**几**(差点)废。"

——《张丞相列传第三十六》

【故事导读】

周昌,沛县人,堂兄是周苛。汉王在荥阳被围,周苛守城,被项羽烹煮。汉朝建立,周昌做了御史大夫,被封为汾阳侯。在汉初御史中,周昌最有个性,他为人坚忍刚强,敢于面折廷争,回骂皇帝时竟挺直脖子,仰头而骂,而且骂皇帝是桀纣王,可谓胆识过人。为了汉初稳定,他极力反对刘邦更换太子,本来说话就口吃,盛怒中口吃更加厉害,"期……期"的口吃声确切地表现了他憨厚、正直的性格。高祖临终,将赵王如意托付给他,但他在吕后的淫威之下无力保护,眼睁睁看着赵王如意被毒害致死;他也无法改变自己耿直的性格,于是只好谢病不朝,三年后郁郁而死。

高阳酒徒郦食其

初，沛公引兵过陈留，郦生**踵**（到）军门**上谒**（递上名片）曰："高阳贱民郦**食其**（yì jī），**窃**（我，私下）闻沛公**暴**（通'曝'，日晒）**露**（露宿），将兵助楚讨**不义**（无道的秦朝），敬**劳**（慰问）**从者**（你的左右，此指沛公），愿得望见，口画天下便事。"使者入通，沛公方洗，问使者曰："何如人也？"使者对曰："状貌**类大儒**（像有学问的儒士），衣儒衣，**冠**（头戴）**侧注**（儒冠）。"沛公曰："为我**谢**（谢绝）之，言我方以天下为**事**（大事），未暇见儒人也。"使者出谢曰："沛公敬谢先生，方以天下为事，未暇见儒人也。"郦生**瞋目**（睁大眼睛注视。瞋，chēn）**案**（通"按"，握）剑叱使者曰："走！复入言沛公，吾高阳酒徒也，非儒人也。"使者惧而**失谒**（掉了名片），跪拾谒，还走，复入报曰："客，天下壮士也，叱臣，臣恐，至失谒。曰'走！复入言，**而公**（你老子。而：通"尔"）高阳酒徒也'。"沛公**遽雪足**（立刻擦干脚）**杖矛**（手拄着长矛柄）曰："**延**（请）客入！"

——《郦生陆贾列传第三十七》

【故事导读】

郦食其是陈留县高阳人，是看管里门的小吏。沛公攻城略地来到陈留，郦食其通过一个骑士的引见拜见沛公。他劝沛公攻克陈留，从而使沛公军队扩编了一万多人，沛公封他为广野君。汉三年（前 204 年）秋，再劝汉王"急复进兵，收取荥阳，据敖仓之粟"，并奉诏劝说齐王田广降汉。汉王采纳了他的建议，占据了当时天下最大的粮仓，稳住了中原。他出使齐国，说服了齐王田广，齐王撤除了兵守。正在双方举杯欢宴时，韩信听取蒯通的建议，为展现自己的功劳，率军袭齐。田广听到汉军袭齐，认为郦食其出卖了自己,将郦食其施以烹刑。

郦食其面见汉王,传记写了两次,《高阳酒徒郦食其》写的是第二次。作为辩士,传记突出了郦食其的狂放:第一次拜见,进门面对汉王,不跪拜只作揖;第二次当刘邦拒绝拜见时,他说自己不是儒生而是高阳酒徒;出使齐国,面临被烹的灭顶之灾时,他仍大言迂阔,镇定自若。在汉朝的开国谋士中,郦食其富于谋略,敢作敢为,是一个狂放之士。成语高阳酒徒后来成为喜好饮酒而狂放不羁之人的代名词。

《高阳酒徒郦食其》记述的是郦食其求见沛公的故事。郦食其求见沛公,只因他头戴儒冠,一副儒士装扮,所以遭到拒绝。当使者出来告诉他沛公"未暇见儒人也"时,他便瞪圆眼睛,手握宝剑威逼使者再去通报,吓得使者连手里的名片都掉在地上;使者慌慌张张跑进宫殿报告沛公时,添油加醋,说:"客人说快!再进去告诉沛公,你老子不是儒生,是高阳酒徒!"沛公立刻请他进见。短短百余字,生动地刻画了一个自信而狂放的儒士形象。

智囊策士陆贾

吕太后时，**王诸吕**（分封吕氏家族人为王），诸吕擅权，欲**劫**（胁迫）少主，危刘氏。右丞相陈平患之，力不能争，恐祸及己，常**燕**（通“宴”，闲）居**深念**（思，忧）。陆生往请，直入坐，而陈丞相方深念，**不时见**（没有立刻发觉）陆生。陆生曰：“何念之深也？”陈平曰：“生**揣**（揣测，猜）我何念？”陆生曰：“足下位为上相，**食**（食邑，封地）三万户侯，可谓极富贵无欲矣。然有忧念，不过患诸吕、少主耳。”陈平曰：“然。为之奈何？”陆生曰：“天下安，**注意**（重视）相；天下危，注意将。将相和调，则士**务附**（亲附）；士务附，天下虽有变，**即权不分**（那么权力也不会分散）。**为社稷计**（为国家大业考虑），在**两君掌握**（这事在您与周勃两人的手中）耳。臣常欲谓太尉绛侯，绛侯与我**戏**（开玩笑），**易**（轻视）吾言。君何不交**欢**（好）太尉，深相结？”为陈平**画**（策划）吕氏数事。陈平用其计，乃以五百金为绛侯**寿**（祝福），厚**具**（准备）**乐饮**（音乐、酒宴）；太尉亦**报**（回报）如之。此两人深相结，则吕氏谋益衰。陈平乃以奴婢百人，车马五十乘，钱五百万，**遗**（wèi）陆生为饮食费。陆生以此**游**（交游）汉廷公卿间，名声**藉**（显赫）甚。

——《郦生陆贾列传第三十七》

【故事导读】

陆贾是一位能言善辩、工于心计的智囊型人物，经常替高祖出使各诸侯国，每次都能顺利地完成任务，经常得到高祖的称赞。刘邦称帝时，尉他平定了南越，自立为王。刘邦为了稳定局势，笼络尉他，派陆贾出使南越，赐给尉他南越王印绶。到了南越，陆生看见尉他梳着当地流行的锥子一样的发髻、像簸箕一样伸开两腿坐着接见他。陆生上前就对他说：

"大王您是中原人,现在却一反中原人的习俗,抛弃戴帽子、系腰带的习俗,凭着弹丸之地的南越和天子抗衡,你的大祸就要临头了。如今汉王打败了项羽,平定了天下,这不是人的力量所能比的,这是上天赐给汉王的天下!大王您在南越称王,汉王不仅不派兵征伐,反而派我来授给您王印,让您称王,这是多么仁慈的君主啊!"陆贾凭自己的能言善辩、威逼利诱,竟然与尉他相谈甚欢,尉他送给他价值千金的宝物,他以天子的诏令封尉他为南越王。使命完成,返回朝廷,他把出使南越时所得的赏赐分给五个儿子,自己却成天四处游玩,闲居于家。吕太后掌权,大封吕家人为王,吕氏专揽大权想取代刘氏天下,陆贾拜见右丞相陈平,为陈平筹划对付吕氏的办法,促使陈平与周勃强强联合,铲除了吕氏集团。

吕后专权,他韬光养晦,四处游玩;时机成熟,他面见陈平,出谋划策,铲除吕氏,于国于家一举两得。历史上人们都以为诛灭吕氏是陈平、周勃的功劳,却不知促成陈平与周勃联手的人是背后的谋士陆贾。

刘敬劝和亲

高帝**罢**(结束,撤兵)**平城**(山西大同市东北)归,韩王信亡入**胡**(匈奴)。当是时,**冒顿**(mò dú)为**单于**(匈奴的君王),兵强,**控弦**(拉弓射箭的士卒)三十万,数**苦**(侵扰)北边。上患之,问刘敬。刘敬曰:“天下初定,士卒**罢**(通‘疲’)于兵,未可**以武服**(用武力征服)也。冒顿杀父代立,**妻**(以……为妻)**群母**(父亲的众多姬妾),以力为威,未可以仁义**说**(shuì,说服)也。**独可以计**(只可用计谋)久远子孙**为臣**(做汉朝的臣子)耳,然恐陛下不能为。”上曰:“**诚**(如果真的)可,何为不能!**顾**(只是)为奈何?”刘敬对曰:“陛下诚能以**适长公主**(皇后生的公主。汉初,长公主与公主都指公主。适:通‘嫡’)**妻**(嫁)之,**厚奉遗之**(给他奉送丰厚的礼物),彼知汉**适**(通‘嫡’)女**送厚**(馈赠又丰厚),蛮夷必慕**以为**(以之为)**阏氏**(yān zhī,王后),生子必为太子,代单于。何者?贪汉重**币**(财物)。陛下**以岁时**(用每年)汉所**余**(剩余)彼所**鲜**(缺少)**数问遗**(多次抚问赠送),因使辩士**风谕**(委婉劝谕)以礼节。冒顿在,**固为**(本来是)子婿;死,则外孙为单于。**岂尝**(难道曾经)闻外孙敢与**大父**(祖父,此指外祖父)抗礼者哉?兵可无战以**渐臣**(逐渐臣服)也。若陛下不能遣长公主,而令宗室及后宫诈称公主,彼亦知,不肯贵**近**(亲近),无益也。”高帝曰:“善。”欲遣长公主。吕后日夜泣,曰:“妾唯太子、一女,奈何弃之匈奴!”上**竟**(终)不能遣长公主,而取**家人子**(平民女儿)名为长公主,妻单于。使刘敬往结和亲约。

——《刘敬叔孙通列传第三十九》

【故事导读】

刘敬，姓娄，是前往陇西戍守的役夫，路过洛阳时去拜见高祖。别人告诉他，要换上鲜洁的衣服去见，他断然拒绝，说："我穿什么衣服来，就穿什么衣服去见！"于是，他穿着羊皮袄拜见高祖。他对高祖详细分析了建都关中与建都洛阳的利与弊，劝高祖建都关中。高祖采纳了他的建议，"即日车驾西都关中"，赐他姓刘，升为郎中。

汉七年（前200年），高祖准备征伐匈奴，前后派十余批使者出使匈奴，窥探虚实，匈奴将年轻力壮的人和肥壮的牛马全部隐藏起来，使者只看见三三五五的老弱残兵和草原上瘦得露骨的马，"皆言匈奴可击"。唯独刘敬回来报告"匈奴不可击"，高祖大怒，将他关押起来。高祖率军前往，到达平城，匈奴出奇兵将高祖围困在白登山上，七天七夜后高祖才得以逃脱。回来后，高祖赦免了刘敬，封他为关内侯。

匈奴屡次侵扰汉朝北境，高祖问计刘敬。刘敬提出和亲，建议皇帝将嫡长公主嫁给匈奴冒顿，再以丰厚的钱物赠他，这样，将来冒顿在世时是汉朝的女婿，死后汉朝的外孙便成了单于。外孙不敢与外祖父分庭抗礼，这样不用出兵作战就可以逐渐使匈奴称臣了。和亲的事，因为吕后的哭闹而改为以别人家的女儿假装嫡长公主，嫁给单于，刘敬前往缔结和亲盟约。和亲归来，刘敬建议迁徙六国诸侯的后代以及豪强富家到关中，"无事，可以备胡；诸侯有变，亦足率以东伐"，汉中的人口因此充实了十多万。

迁都长安、缓征匈奴、公主和亲、移民北方，刘敬的这些主张很切合时宜，多被采纳，他也因此平步青云。

汉初礼仪的制定者叔孙通

叔孙通者，薛人也。……及项梁之薛，叔孙通从之。败于**定陶**（山东定陶区），从怀王。怀王为义帝，徙长沙，叔孙通留事项王。汉二年，汉王从五诸侯入彭城，叔孙通降汉王。汉王败而西，因**竟**（最终）从汉。

汉五年，已并天下，诸侯共尊汉王为皇帝于定陶，叔孙通就其仪号。高帝悉去秦苛仪法，为简易。群臣饮酒争功，醉或妄呼，拔剑击柱，高帝患之。叔孙通知上益厌之也，说上曰："夫儒者难与进取，可与守成。臣愿征鲁诸生，与臣弟子共起**朝仪**（朝中的礼仪）。"高帝曰："得无难乎？"叔孙通曰："……臣愿**颇**（略微）采古礼与秦仪杂就之。"上曰："可试为之，令易知，**度**（估计）吾所能行为之。"

于是叔孙通使征鲁诸生三十余人。鲁有两生不肯行，曰："公所事者**且**（将近）十主，皆面谀以得亲贵。今天下初定，死者未葬，伤者未起，又欲起礼乐。礼乐所由起，积德百年而后可兴也。吾不忍为公所为。公所为不合古，吾不行。公往矣，无污我！"叔孙通笑曰："若真**鄙儒**（鄙俗的儒生）也，不知时变。"

遂与所征三十人西，及上左右为学者与其弟子百余人习之月余，叔孙通曰："上可试观。"上既观，使行礼，曰："吾能为此。"乃令群臣习**肄**（学习，练习），会十月。

汉七年，长乐宫成，诸侯群臣皆朝十月。仪：先平明，谒者**治**（主持）礼，引以次入殿门，廷中**陈**（排列）车骑步卒卫宫，设兵张旗帜。传言"**趋**"（小步快走，向前施礼）。殿下郎中**夹陛**（侍立于台阶两侧），陛数百人。功臣列侯诸将军军吏以次陈西方，**东乡**（向东）；文官丞相以下陈东方，西乡。大行设九宾，胪传。于是皇帝辇出房，百官执职**传警**（传报圣驾将到），引诸侯王以下至吏六百石以次奉贺。自诸侯王以下莫不振恐肃敬。至礼毕，复置**法酒**(朝廷举行大礼时的宴饮)。诸侍坐殿上皆伏抑首,以尊卑次起**上寿**(敬酒)。觞九行,**谒者**(官名,掌接待宾客及赞礼)言"罢酒"。御史执法举不如仪者辄引去。竟朝置酒,无敢喧哗失礼者。于是高帝曰:"吾乃今日知为皇帝之贵也。"乃拜叔孙通为太常,赐金五百斤。

叔孙通因进曰:"诸弟子儒生随臣久矣,与臣共为仪,愿陛下官之。"高帝悉以为郎。叔孙通出,皆以五百斤金赐诸生。诸生乃皆喜曰:"叔孙生诚圣人也,知当世之**要务**(紧要事务)。"

——《刘敬叔孙通列传第三十九》

【故事导读】

这篇选文是2009年北京高考试题的原文,个别字句有删节。

叔孙通在秦朝时以长于文章、知识渊博被征召入宫。陈胜起义进入陈县,秦二世召集博士、儒生问计,众生异口同声建议"急发兵击之",二世一听大怒,脸色大变。这时,叔孙通上前,用假话说得二世满心欢喜,厚赐他帛、衣以及博士职位。出宫后,他立即逃往薛地,投奔项梁;项梁在定陶战死,他随从怀王;怀王被迁往长沙,他留侍项王;汉王攻进彭城,他投奔了汉王。叔孙通经常穿一身儒生服装,汉王见了很讨厌,他便立即换上短袄,而且按楚地习俗裁制。

楚汉相争,他向刘邦专门推荐那些曾经聚众偷盗的勇士,而把跟随他的一百多名儒生置之一边。这些弟子们对他很不满。高祖五年(前202年),天下已定,他负责拟定朝廷礼仪,便乘机请求召集儒生参与。得到允许后,他与儒生们在郊外进行演练。长乐宫建成,诸侯王与群臣朝拜,参加皇帝岁首大典,叔孙通按照演练的程序排练大臣与诸侯王,秩序井然,场面庄重肃穆。具体情景是这样的:天刚亮的时候,司仪带领人们依次进入殿门，宫廷中陈列着大量车马、步兵和侍卫官，还要陈设各种兵器，张挂旗帜。传言让进宫的人快步走，殿下的郎中并排站在台阶两旁，台阶上要站几百人。功臣、列侯、将军、军官，按顺序排列在西面，面朝东方；文官从丞相开始，按顺序排列在东面，面向西方。这时，高祖乘坐辇车从寝宫出来，众官员各就各位、各司其职，有人传报圣驾将到，引导各级官员按顺序朝拜高祖。典礼进行完后举行正式宴会。陪同高祖在殿上坐着的官员都要低头俯视，按照官位高低依次起立，给高祖敬酒。行酒礼结束，由司仪宣布“酒会结束”，然后百官一齐退场。在整个朝会过程中，百官的表现由御史来监督，如果发现谁不合礼仪，就让他退场。整个朝会、宴会，没有一个人大声喧哗和失礼。大典结束，高祖非常高兴地说：“我今天才感受到了当皇帝的尊贵！”于是赏赐叔孙通五百斤金，并任命各位儒生为郎官。出了宫殿，他立即将五百斤金分赠给各位儒生。

高祖打算让赵王如意代替太子，叔孙通慷慨陈词，极力反对。惠帝即位后，叔孙通进言，更立高祖祠庙；惠帝春游，他进言采果献祭。大凡这种礼仪礼节，他提了许多意见，皇帝一一采纳。

刘敬、叔孙通以献策得官，他们都有过人的才智。刘敬直言敢谏，秉公持正；叔孙通专事阿谀，见风使舵，二人形成强烈的反差。但叔孙通在汉初礼仪建设方面，功不可没。

栾布赴汤镬

栾布者，梁人也。始梁王彭越为**家人**(居家之人，平民)时，**尝**(曾经)与布**游**(交往)。穷困，**赁佣**(做雇工。赁，lìn)于齐，为**酒人保**(酒保)。数岁，彭越去之**巨野**(山东巨野县)中为盗，而布为人所**略**(通"掠")卖，为奴于燕。为其家主报仇，燕将臧荼**举**(举荐)以为都尉。臧荼后为燕王，以布为将。及臧荼反，汉击燕，虏布。梁王彭越闻之，乃言上，请赎布以为梁大夫。

使于齐(彭越派他出使齐国)，未还，汉召彭越，**责**(责罚)以谋反，夷三族。已而**枭**(xiāo，砍头悬挂示众)彭越头于洛阳下，诏曰："有敢**收视**(收殓探视)者，**辄**(就)捕之。"布从齐还，**奏事**(汇报出使情况)彭越头下，祠而哭之。吏捕布以**闻**(上报皇帝)。上召布，骂曰："**若**(你)与彭越反邪？吾禁人勿收，若**独**(偏偏)祠而哭之，与越反**明**(清楚)矣。**趣**(通'促'，快)**亨**(通'烹')之。"**方提**(正抬着栾布)**趣**(通"趋"，走向)汤，布**顾**(回头)曰："愿一言而死。"上曰："何言？"布曰："方上之困于彭城，败荥阳、成皋间，项王所以不能遂西，**徒**(只是)以彭王居梁地，与汉**合从**(合纵，此指联合)**苦**(侵扰)楚也。当是之时，彭王**一顾**(调头一走)，**与**(结交)楚则汉破，与汉而楚破。且垓下之**会**(会战)，**微**(无，没有)彭王，项氏不亡。天下已定，彭王**剖符**(剖开符信。符信：用竹木或金玉制成，从中间剖分两半，朝廷与当事人各执一半，使用时合二为一验证)受封，亦欲**传之**(爵位)万世。今陛下**一**(一次)征兵于梁，彭王病不行，而陛下疑以为反，反**形**(迹象)未**见**(通'现')，以**苛小**(苛求小事)**案**(审查)诛灭之，臣恐功臣人人自危也。今彭王已死，臣生不如死，请就亨。"于是上乃释布罪，拜为都尉。

——《季布栾布列传第四十》

【故事导读】

栾布是梁地人，早年与彭越交好，后来做了燕王臧荼的将军。臧荼起兵反汉，汉军攻打臧荼，栾布被俘。梁王彭越请求刘邦，赎出了栾布，并让他担任了梁国大夫，所以栾布与彭越是贫贱之交，且彭越对他有知遇之恩。

栾布出使齐国时，刘邦杀了彭越，灭了其三族，将彭越的头悬挂在洛阳城上，并下诏有敢收殓或吊唁者立即逮捕。栾布回来后，赶到悬挂彭越脑袋的地方，汇报出使情况，并边祭祀边痛哭。官吏逮捕了他，并报告刘邦。刘邦命令将他烹杀。临刑前，他对刘邦说："当初皇上被困彭城，在荥阳、成皋打败仗时，项王之所以不能向西行，是因为有彭王在梁地与汉结盟。当时，彭王助楚则汉亡，助汉则楚亡。何况垓下会战，没有彭王之力，项氏是不会败亡的。现在，天下平定了，皇上就开始怀疑他，灭了他三族，我想功臣们都会人人自危的。现在，彭王已死，我活着还不如死了好。"结果，刘邦反而释放了他，甚至任命他为都尉。

明知违抗诏令却哭祭彭越这种举动是要招致杀身之祸的，但栾布义无反顾，我行我素，不为朝廷的淫威所屈服。被捕后，他义正词严，毫无惧色。彭越、栾布的故事，是一部贫贱定交、富贵不忘而又临危相恤的友谊史。

内心公道成至交

绛侯为丞相，朝罢**趋**（小步快走）出，**意得**（得意）甚。上礼之恭，常自送之。袁盎进曰："陛下以丞相何如人？"上曰："**社稷臣**（国家重臣）。"盎曰："绛侯**所谓**（通常所说的）功臣，非社稷臣，社稷臣主在与在，主亡与亡。方吕后时，诸吕用事，**擅相王**（擅自封王），刘氏**不绝如带**（岌岌可危）。**是**（此）时绛侯为太尉，**主兵柄**（掌握兵权），弗能**正**（匡正，挽救）。吕后崩，大臣**相与**（一起）共**畔**（通'叛'）诸吕，太尉主兵，**适会**（恰好遇上）其成功，所谓功臣，非社稷臣。丞相如**有骄主色**（在皇上面前有骄傲的神色）。陛下**谦让**（谦虚退让），臣主失礼，**窃为**（我私下认为）陛下不取也。"后朝，**上益庄**（皇上渐渐庄重严肃），丞相益畏。已而绛侯**望**（怨恨）袁盎曰："吾与**而**（通'尔'）兄善，今**儿**（小子）廷毁我！"盎遂不**谢**（认错）。

及绛侯免相**之国**（到他的封地），国人上书告以为反，**征系**（征召关押）**清室**（专门囚禁官员的监狱），宗室诸公莫敢为言，唯袁盎**明**（申明）绛侯无罪。绛侯得释，盎颇有力。绛侯乃大与盎结交。

——《袁盎晁错列传第四十一》

【故事导读】

《袁盎晁错列传第四十一》中，袁盎的故事记载较多。淮南王刘长朝见时杀死了辟阳侯，袁盎劝文帝对淮南王严加约束，并削减其封地，但皇帝未予采纳。后来淮南王造反，皇帝以造反罪将其谪放蜀地，袁盎进谏反对，但文帝也未听取。淮南王途中病死，消息传来，文帝痛哭辍食，袁盎出面宽慰，提出分封其三子。皇帝宠爱宦官赵同，袁盎劝皇帝疏远赵同；皇帝乘车下坡，他禁止急驰；皇帝驾临上林苑，窦皇后、慎夫人跟从，就座时他不许慎夫人与天子、皇后同席而坐；出任吴相时，骄横奸诈的吴王厚遇他；道遇丞相被轻慢，他求见丞相，慷慨陈词，成为丞相的座上客。景帝即位后，晁错当上了御史大夫，开始派官员查核袁盎收受吴王财物之事。袁盎遭黜，成为平民。

吴、楚反叛，晁错归罪于袁盎，请求惩处；袁盎得知消息，夜见窦婴，陈述吴王反叛的原因；皇帝召见，他屏退晁错，说明吴王反叛源于晁错削减诸侯封地，请求杀晁错以平息叛乱。晁错被杀后，他出使吴国，吴王"使一都尉以五百人围守盎军中"，他面临被杀的危险，但在别人救助下死里逃生。反叛被平定，袁盎因病免官。后因进言景帝，中止梁王为景帝继承人的议论，遭梁王怀恨，最后被梁王派人刺杀。

袁盎在汉文帝时，深得信任，所言皆被采纳，但到景帝时，却被查办，降为庶人；晁错在文帝时，默默无闻，上书屡被拒，但到景帝时，却官运亨通，权倾九卿。这真可谓一朝天子一朝臣。但袁盎的直谏、智慧，晁错的维护中央集权、打击割据势力、重本抑末等主张，值得肯定。

《内心公道成至交》写的是袁盎与周勃成为至交的过程。周勃得意洋洋，出入朝廷时皇帝目迎亲送，袁盎严厉批评，毫不留情，令周勃怀恨在心；当周勃被诬入狱时，袁盎又大胆站出来，说公道话，解救了周勃，二人成为至交。

张廷尉持平断案

顷之（不久），**上行出**（皇帝出巡经过）中渭桥，有一人从桥下走出，**乘舆**（皇帝的车）马惊。于是使骑捕，**属**（交给）之廷尉。释之**治问**（处理，审问）。曰："**县人**（长安县人，即我是长安县的乡下人）来，闻**跸**（bì，帝王出行时开路清道，戒严），匿桥下。久之，以为行已过，即出，见乘舆车骑，即**走**（跑）耳。"廷尉奏**当**（dàng，判罪），一人犯跸，当罚金。文帝怒曰："此人亲惊吾马，吾马**赖**（幸亏）**柔和**（柔顺温和），**令**（如果）他马，**固不败伤**（还不摔伤）我乎？而廷尉**乃**（竟，却）当之罚金！"释之曰："法者天子所与天下**公共**（共同遵守）也。今法**如此而更重**（这样规定却变更、加重）之，**是**（这样）法不信于民也。且方其时，上使立诛之则已。今既下廷尉，廷尉，天下之平也，**一倾**（稍一偏失）而天下用法皆为**轻重**（或轻或重），民安**所措**（哪里放置）其手足？**唯**（希望）陛下**察**（明察）之。"良久，上曰："廷尉当是也。"

——《张释之冯唐列传第四十二》

【故事导读】

张释之生活在汉文帝时期，因家中财产丰厚被选为皇帝的侍从，但十年未得升迁，想辞职回家。中郎将袁盎请求文帝调补张释之为谒者。朝见时，文帝很赏识他，提拔他担任谒者仆射。

一次，张释之随文帝出行，登临虎圈，皇帝问圈养的各种野兽的数量，上林尉答不上来，下属啬夫却替他答得头头是道。皇帝准备提拔啬夫为上林令。张释之提醒文帝不要重蹈历史覆辙，助长这种因伶牙俐齿而被越级提拔的风气，皇帝取消了原来的打算。回到朝廷，他被任以公车令。不久，太子与梁王乘车入朝，到了皇宫外的司马门不下车，张释之严格管理交通秩序，阻止其入门，并弹劾他们犯了“不敬”之罪。文帝觉得他与众不同，任命他为中大夫。后升为中郎将，随皇帝到霸陵，皇帝谈起陵墓的坚固问题，张释之直言进谏：“假如坟墓里面有了引发人们贪欲的东西，即使将南山当作棺椁，也还会有缝隙；假如里面没有引发人们贪欲的东西，即使没有棺椁，也用不着忧虑！”借此讽喻天子薄葬。文帝称赞，升他为廷尉。

皇帝出行，经过中渭桥，有人突然从桥下跑出，皇帝的马被惊。皇帝下令治罪，张释之判他罚金。皇帝发怒，责怪判罚过轻。张释之耐心解释，皇帝肯定他处罚公正。

文帝驾崩，景帝即位，张释之诚惶诚恐，生怕因当年阻拦太子于殿门外的事而被杀头，假称生病。后用王生的计策，向景帝谢罪，景帝没有责怪他。侍奉景帝一年多，终因以前得罪景帝而被贬谪为淮南王丞相，不久死去。

张释之执法公平，量刑适中，无论是对选文中惊扰了皇帝坐骑的人的处治，还是后文对盗窃高祖庙内座前玉环的人的判罚，他都顶住天子的压力，据理力争，依法行事，最后赢得皇帝与太后的称许，也被天下人称赞。

冯唐论将

冯唐者，其**大父**（祖父）赵人。父**徙**（移居）代。汉**兴**（建立）徙**安陵**（陕西咸阳市）。唐以孝著，为中郎署长，事文帝。文帝**辇**（niǎn，车）过，问唐曰："**父老**（您老人家）何自为郎？家安在？"唐**具**（通"俱"，仔细）以实对。文帝曰："吾居代时，吾**尚食监**（主管皇帝膳食的官吏）高祛（qū）**数**（多次）为我言赵将李齐之贤，战于巨鹿下。今吾每饭，**意**（内心）**未尝不在巨鹿也**（常常想起巨鹿打仗的李齐）。父知之乎？"唐对曰："尚不如廉颇、李牧之为将也。"上曰："何以？"唐曰："臣大父在赵时，为官卒将，**善李牧**（与李牧交情好）。臣父**故**（以前）为代相，善赵将李齐，知其为人也。"上既闻廉颇、李牧为人，**良说**（很高兴。说：通'悦'），而**搏髀**（拍着大腿。髀，bì）曰："嗟乎！吾**独**（偏偏）不得廉颇、李牧**时**（应为'使'）为吾将，吾岂忧匈奴哉！"唐曰："**主臣**（主子。这里是因惶恐而既称主又称臣）！**陛下虽**（即使）得廉颇、李牧，弗能用也。"上怒，起入**禁中**（宫中）。良久，召唐**让**（责备）曰："公奈何众辱我，**独**（难道）**无间处乎**（不能私下告诉我）？"唐**谢**（谢罪）曰："鄙人不知忌讳。"

——《张释之冯唐列传第四十二》

【故事导读】

冯唐以孝著称，被荐为中郎将。一次，文帝问他关于赵将李齐的才能，他说李齐不如廉颇、李牧。文帝很惊讶，问道："为什么这么说呢？"冯唐回答："我祖父在赵国时跟李牧关系很好，我父亲以前当过代王的丞相，和李齐交往密切，所以很了解他们。"文帝听冯唐讲廉颇、李牧的为人后，十分高兴，感叹道："可惜，我怎么就得不到像廉颇、李牧这样的将领呢！我要是有他们这样的大将，还用担心匈奴吗？"冯唐说："请皇上恕我直言，即使皇上得到了廉颇、李牧，也不可能重用他们。”文帝大怒，说：“你这话是什么意思！”随后，文帝愤然起身回宫。过了很长时间，文帝又召见冯唐，责备他说：“当着文武百官的面，你怎么能那样说话！你难道就不能私下告诉我？”冯唐道歉说：“我这个人直来直去，不知道避讳。”于是文帝继续追问谁是良将。他便说云中太守魏尚就是廉颇、李牧式的良将，朝廷只因他报军功时多报了六个首级就将他贬谪治罪。文帝被这番话打动，当天就让冯唐拿着符节传达旨意，赦免了魏尚，将他从狱中放出，官复原职。

景帝即位后，冯唐任楚相，免职后在家闲居，等到武帝想起用他时，他已九十多岁了。王勃《滕王阁序》对此感叹：“嗟乎！时运不齐，命途多舛。冯唐易老，李广难封。”

万石君持身治家

万石君名奋，其父赵人也，姓石氏。

文帝时，东阳侯张相如为太子太傅，免。选可为傅者，皆推奋，奋为太子太傅。及孝景即位，以为九卿；**迫近**（过于恭敬谨慎），惮之，徙奋为诸侯相。奋长子建，次子甲，次子乙，次子庆，皆以**驯行孝谨**（性情温顺、孝敬长辈、做事谨慎），官皆至二千石。于是景帝曰："石君及四子皆二千石，人臣尊宠乃集其门。"号奋为万石君。

孝景帝**季年**（晚年），万石君以上大夫禄归老于家，**以岁时为朝臣**（在朝廷举行盛大典礼时作为大臣参加）。过宫门**阙**（皇宫两边的门楼），万石君必下车**趋**（小步快走），见**路马**（天子的车驾）**必式**（通"轼"，手扶在轼上表示敬意）焉。子孙为小吏，来**归谒**（回家拜见亲人），万石君必朝服见之，**不名**（不称呼姓名）。子孙有过失，不**谯让**（责备），为**便坐**（坐到旁侧的座位），对案不食。然后诸子相责，**因长老**（通过族中长辈求情）肉袒固谢罪，改之，乃许。子孙**胜冠**（成年）者在侧，虽**燕居**（闲居）必冠，**申申如**（庄重的样子）也。僮仆如**訢訢**（谨慎恭敬的样子。訢，xīn）也，唯谨。上时赐食于家，必稽首俯伏而食之，如在上前。其**执丧**（办理丧事），哀戚甚悼。子孙遵教，亦如之。万石君家以孝谨闻乎郡国，虽齐鲁诸儒**质行**（品行朴实），皆自以为不及也。

建元二年，郎中令王臧以文学获罪。皇太后以为儒者**文**（文饰浮夸）**多质**（朴实）少，今万石君家不言而躬行，乃以长子建为郎中令，少子庆为内史。

建老白首，万石君尚无**恙**（疾病）。建为郎中令，每**五日洗沐**（官员每五天休假一天以洗沐）归谒亲，入**子舍**（小房子），窃问侍者，**取亲中裙**（取走父亲的内衣）**厕牏**（旁边的水沟。厕：通"侧"），身自浣涤，复与侍者，不敢令万石君知，以为常。建为郎中令，事有可言，屏人**恣言**（无拘束），**极切**（急）；

至廷见，如不能言者。**是以**（因此）上乃亲尊礼之。

万石君徙居陵里。内史庆醉归，入外门不下车。万石君闻之，不食。庆恐，肉袒请罪，不许。**举宗**（全族人）及兄建肉袒，万石君让曰："内史贵人，入**闾里**（里巷），里中长老皆走匿，而内史坐车中自如，**固当**（本来是应该的吗）！"乃**谢罢庆**（告诉庆让他走开）。庆及诸子弟入里门，趋至家。

万石君**以**（在）元朔五年中卒。

——《万石张叔列传第四十三》

【故事导读】

《万石张叔列传第四十三》是一篇记述万石奋父子与其他几位大臣的合传，其中万石奋一家是重点。

选文中的几个故事，给人很深的印象。作为一家之长，万石君持身治家，树立榜样，用自身行为引导、教育家人做事谨慎小心，做一个忠厚长者；作为大臣，面对皇帝赐食，毕恭毕敬，以朝廷内外相同的礼节，表明臣子的一片忠心。儿子石庆醉酒回家，坐在官府的车上长驱直入，连里巷的老人都不回避，万石君对此非常生气，用不肯吃饭来逼迫儿子自我惩罚，知错改错。这些故事，对于今天的我们很有借鉴意义。

对于这篇作品中的人物，人们或褒或贬，看法不一。有人认为，万石君固然谨慎老成，但也未免过分小心，矫饰唯诺，居家却朝服见子孙，装出一本正经的样子，其虚伪迂腐超乎常人。这样的人，自己无能无才却要装出一副有德有才的样子，靠谨小慎微、逢迎媚上求取功名，这"对于持身治家来说没有坏处，起码可以使家族免受伤害，为社会树立榜样。但是，如果重用这样的人来治理国家，那就未必是什么好事"（李炳海《史记校勘评点本》）。作者司马迁在肯定万石君治家品格的同时，也揭露了他政治上碌碌无为，事业上一无建树。

招募郎卫看贫富

其后有诏**募择**（招募选择）卫将军**舍人**（家臣，门客）以为郎，将军**取**（选取）舍人中**富给**（富裕）者，令**具**（准备）鞍马绛衣**玉具剑**（美玉做装饰的佩剑），欲入奏之。会贤大夫少府赵禹来**过**（拜访）卫将军，将军呼所**举**（举荐）舍人以示赵禹。赵禹**以次**（按次序）问之，十余人无一人**习事**（晓事理）、有智略者。赵禹曰："吾闻之，将门之下必有将类。传曰'不知其君，视其所**使**（使用的人）；不知其子，视其所友'。今有诏**举**（举荐）将军**舍人**（门客）者，欲以观将军而能得贤者文武之士也。今**徒**（只）取富人子上之，又无智略，如木偶人**衣**（穿上）之绮绣耳，将奈之何？"于是赵禹**悉**（全部）召卫将军舍人百余人，以次问之，得田仁、任安，曰："独此两人可耳，余无可用者。"卫将军见此两人贫，**意不平**（内心不满）。赵禹去，谓两人曰："**各自具鞍马新绛衣**（皇帝身边郎官，或凭父兄保荐，或凭家里钱多。这些人到皇帝身边效力时，都要自备鞍马、服饰、佩剑）。"两人对曰："家贫无**用**（以）**具**（准备）也。"将军怒曰："今两君家自为贫，何为出此言？**鞅鞅**（yàng，通'怏'，不满意）如有**移**（给予）德于我者，何也？"将军不得已，**上籍**（呈上名单）以**闻**（报告皇帝）。有诏召见卫将军舍人，此二人前见，诏问能**略**（谋略），**相推第也**（他们彼此相互推崇）。田仁对曰："**提桴鼓**（手拿鼓槌。桴，fú）立军门，使士大夫乐死战斗，仁不及任安。"任安对曰："夫决嫌疑，定是非，**辩**（通'辨'，分辨）治官，使百姓无怨心，安不及仁也。"武帝大笑曰："善。"使任安**护**（监护）北军，使田仁护边田谷于河上。此两人立名天下。

其后用任安为益州刺史，以田仁为丞相长史。

——《田叔列传第四十四》

【故事导读】

田叔是当年不顾朝廷禁令、冒着被杀头的危险，跟随赵王张敖与贯高、孟舒等人一起进京受审的人。赵王被无罪放出后贬为宣平侯，高祖召见其他跟随赵王进京的十余人，“尽拜为郡守、诸侯相”，田叔被任命为汉中太守。文帝即位后，召见田叔，说起天下忠厚长者时，田叔推荐原来的云中太守孟舒，替孟舒说明当年驻守云中的真情。皇帝召回孟舒，让他重新做了云中郡太守。

梁孝王派人暗杀了从前的吴国丞相袁盎，景帝派田叔审查。他查清案件的全部事实后，却劝皇帝不要再过问梁孝王谋反之事，因为这个案子会使皇帝陷于进退两难的境地：保护了骨肉亲情就无法维护法律的尊严，顾及了王法则要伤害太后。皇帝非常赞赏，任命他为鲁国丞相。田叔刚刚到任，百姓就蜂拥而来，状告鲁王掠夺他们的财产。鲁王是景帝的儿子刘余，被封鲁王后，不理国政，终日花天酒地，胡作非为。面对这样一个被告状的国君，田叔采取了一种特殊的办法，即把带头告状的人每人打五十大板，其余每人打二十大板，并装作很生气的样子说：“你们怎么敢毁谤自己的主人！”以此使鲁王心有惭愧，尽数偿还侵夺百姓的财物。鲁王打猎，田叔常坐在露天地里等待，鲁王让他回馆舍休息，他说：“我们鲁王在苑囿暴晒，我怎能在馆舍休息呢！”鲁王听出了话外之音，从此不再大举出猎。他故意以这种方式来唤醒鲁王的廉耻心、自制力，反而使君臣关系更加融洽。

田叔死后，鲁王送一百斤金做祭礼，田叔小儿子田仁不肯接受，说：“不能因一百斤金损害先父的名声。”

《招募郎卫看贫富》选自褚少孙的补叙。补叙记述了田仁、任安的事迹。田仁、任安是司马迁的好友，都是卫青门下的舍人。虽屈居下僚，但很有人格尊严，不肯与普通骑奴同席而食；又都很有才能，却因贫穷而得不到举荐。汉武帝想从卫青的家臣中挑选出一部分人做郎官。卫青就从家臣里面挑了几个有钱的人，吩咐他们准备好鞍马、宝剑等物品，准备带他们进宫面见皇上。正在这时，太中大夫赵禹来拜访卫青将军，卫青就把那些入选者叫到跟前，让赵禹看。赵禹一一询问、了解，发现十几个人里面竟然没有一个有见识的人，并且都缺少谋略。卫青就把所有的家臣叫出来，请赵禹挑选。赵禹只挑选出田仁、任安两个人。武帝见到他俩，问："你们两个都有什么才能啊?"田仁先说道："要说行军打仗，让士兵们奋勇战斗，我不如任安。"任安马上说："可是决断国事，评价是非，管理官吏，让百姓心平气和地过日子，那我比不上田仁。"武帝大笑，说："好!你们真是太谦虚了！"于是，就派任安监护北军，派田仁去黄河边监护边塞的屯田和谷物。任安和田仁都得到了武帝的重用，从此名扬天下。

扁鹊扬名

扁鹊过齐，齐桓侯**客之**（把他当作宾客）。入朝见，曰："君有疾在**腠理**（皮肤的纹理。腠，còu），不治将深。"桓侯曰："寡人无疾。"扁鹊出，桓侯谓左右曰："医之好**利**（功利）也，欲以**不疾**（没病）者为功。"后五日，扁鹊复见，曰："君有疾在血脉，不治恐深。"桓侯曰："寡人无疾。"扁鹊出，桓侯不悦。后五日，扁鹊复见，曰；"君有疾在肠胃间，不治将深。"桓侯不应。扁鹊出，桓侯不悦。后五日，扁鹊复见，望见桓侯而退**走**（跑）。桓侯使人问其故。扁鹊曰："疾之**居**（处在）腠理也，汤熨之所及也；在血脉，针石之所及也；其在肠胃，酒**醪**（láo，药酒）之所及也；其在骨髓，虽**司命**（掌握生命之神）无奈之何。今在骨髓，臣**是以**（因此）无请也。"后五日，桓侯体病，使人召扁鹊，扁鹊已逃去。桓侯遂死。

使圣人预知**微**（细微，不明显的病），能使良医得**蚤**（通"早"）**从事**（治），则疾可已，身可活也。人之所**病**（忧虑），病疾多；而医之所病，病**道**（治病办法）少。故病有六不治：**骄恣**（骄横放纵）不**论**（讲）于理，一不治也；轻身重财，二不治也；衣食不能**适**（适当），三不治也；阴阳**并**（合并，这里指紊乱），**藏气**（五脏功能）不**定**（正常），四不治也；**形羸**（身体羸弱）不能服药，五不治也；信巫不信医，六不治也。有此一者，则**重**（极）难治也。

扁鹊名闻天下。过邯郸，闻**贵**（尊重，重视）妇人，即为**带下**（妇科）医；过洛阳，闻周人爱老人，即为**耳**（耳聋）**目**（眼花）**痹**（bì，肢体疼痛、麻木）医；来入咸阳，闻秦人爱小儿，即为小儿医：随俗为变。秦太医令李**醯**（xī）自知**伎**（通"技"）不如扁鹊也，使人刺杀之。至今天下言脉者，由扁鹊也。

——《扁鹊仓公列传第四十五》

【故事导读】

扁鹊，本名秦越人，在别人家的客馆当主管。客馆里住着一位老人长桑君，人们都把他当作普通人，只有扁鹊认为他不同凡响，对他格外恭谨。一天，长桑君从怀里取出一包药给扁鹊，叮嘱他用露水服用，三十天后就能透视物了。随后，又把自己的秘方交给扁鹊。扁鹊正要拜谢，长桑君忽然不见，消失得无影无踪。

一次，扁鹊到了晋国，权臣赵简子得了怪病，五天五夜不省人事。扁鹊诊断后，做出了神奇的判断，说不出三天就会苏醒。过了两天半，赵简子就苏醒了。有一年，虢国太子突然死亡，扁鹊用针砭刺太子的百会穴，又用药敷胁下，太子奇迹般地坐了起来。又一年，扁鹊行医至齐，齐桓公听说了他的大名，就热情款待，即选文《扁鹊扬名》。

扁鹊是一个半人半神的人物，他诊断病症主要靠观察，他的眼睛具有透视功能，把人的五脏六腑看得一清二楚。扁鹊的行医随俗为变，在赵地是妇科医生，在周地是老年医生，到了秦地是儿科医生。他医术精湛，招致嫉妒，秦国太医“自知伎不如扁鹊也，使人刺杀之”。

吴王装病谋反

孝文时，**吴太子**（吴王刘濞之子）入见，得侍**皇太子**（刘启，即后来的汉景帝）**饮博**（饮酒、下棋）。吴太子师傅皆楚人，**轻悍**（浮躁、强悍），又**素骄**（平素骄纵），博，争**道**（棋路），不恭，皇太子引**博局**（棋盘）**提**（dǐ，投掷）吴太子，杀之。于是**遣其丧归葬**（送他的遗体回吴国埋葬）。至吴，吴王愠曰："天下同宗，死长安即葬长安，何必**来葬为**（运回来埋葬呢）！"复遣丧**之**（到）长安葬。吴王由此**稍**（渐）失**藩臣**（下属，臣子）之礼，称病不朝。京师知其以子故称病不朝，验问实不病，诸吴使来，**辄系**（就拘押）**责**（诘问）治之。吴王恐，**为谋滋甚**（策划谋反更加厉害）。及后使人为**秋请**（朝见皇帝。春天朝见称"朝"，秋天朝见称"请"），上复责问吴使者，使者对曰："王实不病，汉系治使者数**辈**（批），以故遂称病。且夫'察见渊中鱼，**不祥**（古俗语，意为不要把下面的什么事都观察得一清二楚，有些可留着让他自己去觉悟改正）'。今王始诈病，及**觉**（被发觉），**见**（被）责急，愈益**闭**（闭门躲匿，装病），恐上诛之，**计乃无聊**（称病的计谋出于没有办法）。**唯上弃之**（希望皇上抛弃他以前的错误）而与**更始**（重新开始）。"于是天子乃赦吴使者归之，而赐吴王**几**（可靠的坐具）**杖**（拐杖），老，不朝。吴得释其罪，谋亦**益解**（渐渐消除）。然其居国以铜盐故，百姓无赋。**卒**（士卒）**践更**（服兵役），辄与**平贾**（佣金也公平。当时，不愿服兵役的可花钱雇人代替）。岁时**存问**（慰问）**茂材**（有才能的人），赏赐**闾里**（平民）。他郡国吏欲来捕**亡人**（逃犯）者，**讼**（通"公"，公开）共禁弗**予**（交出）。如此者四十余年，以故能使其众。

——《吴王濞列传第四十六》

【故事导读】

《吴王濞列传第四十六》写了以吴王刘濞为首的七国之乱从产生、发展到最后被平定的过程。刘濞是刘邦的侄子,被封为吴王。临去吴国前,刘邦召见,观其面相后说:“你有反叛之相。”说完有些后悔,但又不能收回成命,便拍拍刘濞的后背,告诫他:“汉朝建立以后五十年间东南方向将有叛乱发生,难道是你吗? ……你千万不要造反! ”吴地豫章郡拥有铜矿,吴王到任后私下招集亡命之徒铸造钱币,并海水煮盐,吴国富饶。

五十年后,吴王果然发兵反叛。皇帝颁布命令,对叛军的暴行予以揭露,对谋反的七国之王予以斥责,并下令将活捉的三百石以上俸禄的官员就地斩杀。条侯周亚夫坚壁不战,诱敌自损;断吴粮道,使吴不战自败。随后周亚夫率兵全力出击,吴王的军队很快就被击垮,吴王连夜逃到丹徒,不久被东越人杀死。

谋反的诸侯王中,胶西王刘卬是吴王的主要同谋,是仅次于吴王的第二号罪犯,兵败后心存侥幸,希望能免于一死。最后,他在彻底绝望的情况下被迫自杀。七国叛乱,正月起兵,三月就被彻底击败。

《吴王装病谋反》记述了太子被杀后吴王刘濞从此称病不再赴京朝见的过程。文帝在位时,吴太子到京城朝见,住在宫中陪皇太子(即后来的景帝)饮酒下棋,为下棋两人发生争执,吴太子对皇太子不恭,皇太子一气之下提起棋盘砸向吴太子,吴太子被打死。从此,吴王便称病不朝,开始谋反。

冤杀晁错

七国**反书**(反叛书信)**闻**(报知)天子,天子乃遣太尉条侯周亚夫将三十六将军,往击吴楚;遣曲周侯郦寄击赵;将军栾布击齐;大将军窦婴屯荥阳,**监**(监视,节制)齐赵兵。

吴楚反书闻,兵未发,窦婴未行,**言故**(向皇帝提起以前)吴相袁盎。盎时**家居**(赋闲在家),诏召入见。上方与晁错调兵算军食,上问袁盎曰:"君尝为吴相,知吴臣田禄伯为人乎?今吴楚反,**于公何如**(你的看法如何)?"对曰:"不足忧也,今破矣。"上曰:"吴王**即山**(靠近山)铸钱,煮海水为盐,诱天下豪杰,**白头举事**(老年造反)。若此,其计不百全,岂**发**(反叛)乎?何以言其无能为也?"袁盎对曰:"吴有铜盐利则有之,安得豪**桀**(同'杰')而诱之!**诚**(如果真的)令吴得豪杰,亦且辅王**为义**(做道义的事),不反矣。吴所诱皆无赖子弟,亡命铸钱奸人,**故相率**(所以相互勾结)以反。"晁错曰:"袁盎**策**(策划分析)之善。"上问曰:"**计安出**(怎样才能有好的计策)?"盎对曰:"愿**屏**(bǐng,屏退)左右。"上屏人,独错在。盎曰:"臣所言,人臣不得知也。"乃屏错。错趋避东厢,恨甚。上**卒**(终,最后)问盎,盎对曰:"吴楚**相**(相互)**遗**(wèi)书,曰'高帝**王**(封王)子弟各有分地,今贼臣晁错擅**适过**(贬谪、责罚。适:通"谪")诸侯,削夺之地'。故以反为名,西共诛晁错,**复故地而罢**(恢复他们以前的封地就会罢兵)。方今计独斩晁错,发使赦吴楚七国,复其故削地,则兵可无血刃而俱罢。"于是上**嘿**(通"默")然良久,曰:"**顾**(只是)**诚**(确实,真的)**何如**(该怎么做才好),吾不**爱**(吝惜)一人以**谢**(拒绝)天下。"盎曰:"臣愚计无**出**(超过)此,愿上**孰**(通'熟')计之。"乃拜盎为太常,吴王**弟子**(弟弟的儿子)德侯为宗正。盎装**治行**(准备行装)。后十余日,上使**中尉**(主管京城治安的官)召错,**绐**(dài,欺骗)载行东市。错**衣朝衣**(穿着上朝的衣服)斩东市。

——《吴王濞列传第四十六》

【故事导读】

七国反叛是西汉朝廷的一次大灾难，直接导火索是晁错削藩。晁错升为御史大夫后，奏请皇帝说齐、楚、吴三国疆域已占天下一半，应借机削减各诸侯王的封地，收回各诸侯国边境的郡城。他的主张引起了诸侯们的强烈反对，诸侯们对他恨之入骨。吴王接到削去豫章郡、会稽郡的文书，便与胶西王联络起兵造反，约定事成之后二人分治天下。于是，以"御史大夫晁错，荧惑天子，侵夺诸侯，蔽忠塞贤"为借口，打着"清君侧"、诛晁错的旗号，吴王刘濞、楚王刘戊、赵王刘遂、胶西王刘卬、胶东王刘雄渠、淄川王刘贤、济南王刘辟光起兵反叛。

反叛的书信报知天子后，天子派周亚夫、郦寄、栾布、窦婴等将领迎战。军队出发前，皇帝召见曾做过吴国丞相的袁盎，询问破敌的计策。袁盎请求屏退晁错等所有人，说："吴王和楚王痛恨晁错怂恿皇上削减他们的封地，以诛杀晁错的名义联合起兵，如果杀了晁错，恢复他们的封地，朝廷军队不用流血，各国就会罢兵。"十几天后，景帝派人把晁错骗到东市斩首，死时，晁错还身着朝服。

七国之乱，晁错成了牺牲品。但促使晁错被杀的导火索，是袁盎的公报私仇。

魏其设宴

灌夫有**服**(服丧),**过**(拜访)丞相。丞相**从容**(悠闲,随意)曰:"吾欲与仲孺过魏**其**(jī)侯,**会**(适逢)仲孺有服。"灌夫曰:"将军乃肯幸**临况**(光临)魏其侯,夫安敢以服为**解**(推脱)!请语魏其侯**帐**(通'张',备办)**具**(酒肴,宴席),将军旦日**蚤**(通'早')临!"武安许诺。灌夫**具**(通"俱",详细)语魏其侯如所谓武安侯。魏其与其夫人**益市**(多买)牛酒,夜洒扫,早帐具至旦。平明,令门下候伺。至日中,丞相不来。魏其谓灌夫曰:"丞相岂忘之哉?"灌夫不**怿**(高兴),曰:"**夫以服请**(我不顾服丧请他),宜往。"乃驾,自往迎丞相。丞相**特**(只)前戏许灌夫,**殊**(很,非常)无意往。及夫至门,丞相尚卧。于是夫入见,曰:"将军昨日**幸**(幸蒙)许过魏其,魏其夫妻治具,自旦至今,未敢尝食。"武安鄂谢曰:"吾昨日醉,忽忘与仲孺言。"乃驾往,又徐行。灌夫愈益怒。及饮酒酣,夫起舞**属**(zhǔ,邀请)丞相,丞相不起,夫从坐上语**侵**(侵犯,挖苦)之。魏其乃扶灌夫去,**谢**(道歉)丞相。丞相**卒**(最终)饮至夜,极欢而去。

——《魏其武安侯列传第四十七》

【故事导读】

魏其侯窦婴是汉景帝的母亲窦太后的侄子。景帝即位后,梁孝王上朝,举行家宴。景帝酒兴正浓,随便说道:"我死后把皇位传给梁王。"窦太后听了非常高兴。这时,窦婴端起酒杯,边敬酒边说:"天下者,高祖天下,父子相传,此汉之约也,上何以得擅传梁王!"太后因此憎恨窦婴,废除了他进出宫门的名籍(通行证),也不准他进宫朝见。七国反叛,景帝任命窦婴为大将军,赏赐千斤金。叛乱平定后,他被封为魏其侯。随后担任栗太子太傅三年，太子被废，他谢病引退，隐居不朝。

武安侯田蚡是汉景帝皇后的弟弟。魏其侯当大将军时，武安侯还只是一个郎官，到魏其侯家陪侍宴饮，跪拜起立像魏其侯的子孙一样。景帝晚年，武安侯开始显贵，被任命为太中大夫。武帝即位，王太后摄政，封弟弟田蚡为武安侯，后来又让他担任丞相。武安侯身材短小，长相丑陋。他担任丞相入朝奏事，往往一坐就是大半天，给皇帝推荐的人有的从闲居一下子就提拔到两千石级，把皇帝的权力揽到自己的手上；曾经要求把“考工官署”的地盘划给自己扩建住宅，以致皇帝生气地说：“你何不把武库也取走！”一次，宴请客人，他让兄长坐在最次的位置上，自己坐在最尊贵的位置上，他认为丞相尊贵，不可因私而委曲。他的府第豪奢，田园肥沃，受贿的珍宝等数不胜数。

《魏其设宴》中，魏其的好友灌夫为了拉近魏其与丞相田蚡的关系，特意拜访田蚡，不顾丧服在身而毅然在酒宴上陪侍；窦婴夫妇为了迎接炙手可热的田蚡，全力以赴，通宵达旦准备宴席。但田蚡把自己说过的话早置之脑后，当灌夫亲自前去请他时，他仍满不在乎，一路慢腾腾而来；席间又傲慢无礼，引起了灌夫的不满。

窦婴、灌夫因失势而结合在一起，成为同病相怜的患难之交。田蚡依仗外戚，身居显位，除了贪婪狡诈外，几乎看不到他有何建树。但皇太后的偏袒、保护，才使这样一位面目可憎、人品卑劣的小人得以猖狂。

灌夫骂座

夏，丞相**取**(通“娶”)燕王女为夫人，有太后诏，召列侯宗室皆往贺。魏**其**(jī)侯**过**(拜访)灌夫，欲与**俱**(俱往)。夫**谢**(推辞)曰：“夫数以酒**失**(失礼)得**过**(罪)丞相，丞相今者又与夫有**郄**(xì，同‘郤’，隔阂，矛盾)。”魏其曰：“事已解。”强与俱。饮酒酣，武安起**为寿**(敬酒)，坐皆**避席**(离开席子，表示尊敬)伏。**已**(随后)魏其侯为寿，**独故人**(只有老朋友)避席耳，余半**膝席**(跪在席上。只是欠身直腰而跪，身未离席)。灌夫不悦，起行酒，至武安，武安膝席曰：“不能满觞。”夫怒，因嘻笑曰：“将军贵人也，**属之**(干了这杯。属，zhǔ，通‘嘱’，托付)！”时武安不肯。行酒次至临汝侯，临汝侯方与程不识耳语，又不避席。夫无所发怒，乃骂临汝侯曰：“生平**毁**(诋毁)程不识不**直**(通‘值’)一钱，今日长者为寿，**乃**(却)效女儿**呫嗫**(唧唧咕咕)耳语！”武安谓灌夫曰：“程、李俱东西宫卫尉，今众辱程将军，仲孺**独**(难道)**不为李将军地**(不给李将军留余地、留面子)乎？”灌夫曰：“**今日斩头陷匈**(今天你砍我的头、刺穿我的胸，我都不在乎。匈：通‘胸’)，何知程、李乎！”**坐**(座中人)乃起**更衣**(上厕所)，**稍稍**(渐渐)去。魏其侯去，**麾**(通“挥”，挥手)灌夫出。武安遂怒曰：“此吾**骄**(娇惯)灌夫罪。”乃令**骑留**(骑士扣留)灌夫。灌夫欲出不得。籍福起为**谢**(替灌夫道歉)，**案**(通“按”)灌夫项令谢。夫愈怒，不肯谢。武安乃**麾骑缚夫置**(指挥骑士捆绑了灌夫，将其关在)**传舍**(驿馆，此指客房)，召长史曰：“今日**召宗室**(召皇族宗室来参加宴会)，**有诏**(是有诏令的)。”劾灌夫骂**坐不敬**(犯了大不敬的罪)，**系**(拘押)**居室**(拘押犯罪官员的地方)，遂**按**(追查)其前事，遣吏**分曹**(分头。曹：官署)逐捕诸灌氏支**属**(亲属)，皆得弃市罪。

——《魏其武安侯列传第四十七》

【故事导读】

灌夫,父亲张孟,做过颍阴侯灌婴的家臣,很受宠信,被推荐做了两千石的官,因此张孟就用了灌婴的姓改叫灌孟。七国叛乱,灌夫与父亲灌孟一起出征。灌孟牺牲后,灌夫奋力拼搏,英勇杀敌,名扬天下。灌夫为人刚强直爽,好发酒疯,不喜欢当面奉承人,也不喜欢经学,爱打抱不平,重然诺。被免官闲居在家时,与失势的魏其侯交往,如同父子。

丞相田蚡娶了燕王的女儿,太后下诏令列侯、皇族去祝贺。婚宴上,同是皇亲国戚,窦婴备受冷遇,田蚡得意忘形。当田蚡向来宾一一敬酒时,官员们个个受宠若惊,伏地谢恩;可是当老丞相窦婴敬酒时,却只有个别人离开座位对他表示敬意,其他人仅仅欠了欠身子勉强还礼。一向不喜欢奉承拍马的灌夫,看到这些人这样势利,怒火中烧,借酒使气,任性骂座。

故事中的群臣形象,通过神态、语言、动作描写,跃然纸上,刻画得入木三分。

魏其弃市

于是上使御史**簿责**(按文状追查)魏其所言灌夫,**颇不雠**(很不相符。雠,chóu,应答,相符),**欺谩**(触犯了欺君谩上的罪名)。劾**系**(拘押)都司空。孝景时,魏其**常**(通"尝")受遗诏,曰"事有不**便**(利),**以便宜**(根据实际情况)**论**(说,报告)上"。及系,灌夫罪至**族**(灭族),事日急,诸公莫敢复明言于上。魏其乃使**昆弟子**(兄弟的儿子,即侄子)上书言之,**幸**(希望)得复召见。书奏上,而**案**(查)**尚书**(尚书省档案)**大行**(天子崩,此指已死的皇帝)无遗诏。诏书独藏魏其家,家丞**封**(盖印封存)。乃劾魏其**矫**(假造)先帝诏,罪**当**(判决)弃市。五年十月,**悉论**(全部判罪)灌夫及家属。魏其良久乃闻,闻即**恚**(huì,恼怒),病**痱**(fèi,中风),不食欲死。或闻上无意杀魏其,魏其复食,治病,**议**(讨论)定不死矣。乃有**蜚**(同"飞")语**为**(制造)恶言闻上,故以十二月**晦**(月末)论弃市**渭城**(陕西咸阳市)。

其春,武安侯病,专呼**服**(服罪)谢罪。使**巫视鬼者**(能看见鬼的巫师)视之,见魏其、灌夫共守,欲杀之。竟死。

——《魏其武安侯列传第四十七》

【故事导读】

魏其侯窦婴被免去丞相职务后,失掉了权势。与他常来常往的宾客陆续离开了他,其中有些人还对他表现出轻视与傲慢,只有灌夫对他依然如故。魏其侯深感世态炎凉,把灌夫当作唯一的知己。灌夫被关押起来后,魏其侯挺身而出,舍命相救。魏其侯的夫人劝他说:"灌将军冒犯丞相,就等于跟太后作对,谁都救不了他。您最好不要插手这件事,免得丢了爵位,惹来杀身之祸。"魏其侯说:"现在灌夫面临杀身之祸,我绝不能袖手旁观。”

魏其侯瞒着家人给皇帝上书,皇帝接到上书后召他入宫。魏其侯把灌夫在相府酒醉失言的事详细地讲了一遍，最后说:“灌夫犯了错应该受到惩罚,但是不至于被判杀头之罪。”皇帝便下令让他到东宫当着太后的面辩论。于是,窦婴与田蚡展开辩论。御史大夫韩安国本来可以说公道话,但他两边讨好,谁也不得罪;内史郑当时与大臣都装聋作哑,模棱两可。皇帝怒斥郑当时畏首畏尾。王太后得到廷辩报告,大怒辍食,说:“现在我还活着,别人就敢欺负我的弟弟;假如我死了,他还不任人宰割!”后来,皇帝派御史大夫按照文簿记载的罪行追查灌夫。年末,魏其侯被斩首示众。

灌夫为了维护窦婴的尊严而触犯田蚡,遭到拘捕。窦婴冒着生命危险,尽力相救,最后二人都被处死。几个月后,武安侯田蚡得了一种怪病,他不断地大喊自己有罪。丞相府的人请来巫师,巫师说是魏其侯、灌夫两个鬼魂缠着他想杀他。不久,田蚡死去。作者对窦婴与灌夫的悲惨命运流露出深深的惋惜与同情,对靠裙带关系平步青云、专横跋扈、贪婪骄奢的田蚡表现出强烈的憎恶。

韩安国救主

公孙诡、羊胜**说**(游说)孝王求**为**(做)帝太子及**益地**(增加封地)事,恐汉大臣不听,乃**阴**(暗中)使人刺汉**用事**(掌权)谋臣。及杀**故**(以前)吴相袁盎,景帝遂闻诡、胜等计**画**(通"划"),乃遣使捕诡、胜,必得。汉使十**辈**(批)至梁,相以下举国大索,月余不得。内史安国闻诡、胜匿孝王所,安国入见王而泣曰:"主辱臣死。大王无良臣,**故**(所以)事纷纷至此。今诡、胜**不得**(抓不到),**请辞赐死**(向您辞行,并赐我自杀)。"王曰:"何至此?"安国泣数行下,曰:"**大王自度于皇帝**(您估量一下您与皇帝的关系),**孰与**(与……比)**太上皇**(刘邦的父亲)之与高皇帝及皇帝之与**临江王**(景帝之子,先为太子,后蒙冤被废为临江王)亲?"孝王曰:"弗如也。"安国曰:"夫太上、临江亲父子之间,然而高帝曰'提三尺剑取天下者朕也',故太上皇终不得**制**(干预)事,居于栎阳。临江王,**适**(通'嫡')长太子也,**以一言过**(因为一句话的过错),废**王**(wàng)临江;**用**(因)**宫垣事**(修建王宫时侵占了祖庙内墙的事),**卒**(终)自杀中尉府。何者?治天下终不以私乱公。语曰:'虽有亲父,安知其不为虎?虽有亲兄,安知其不为狼?'今大王列在诸侯,悦一邪臣**浮说**(虚妄言论),犯上禁,**桡**(通'挠',阻挠)**明**(彰明)法。天子以太后故,不忍**致**(加)法于王。太后日夜涕泣,**幸**(希望)大王自改,而大王终不觉寤。有如**太后宫车即晏驾**(太后突然逝世),大王尚谁攀乎?"语未卒,孝王泣数行下,谢安国曰:"吾今出诡、胜。"诡、胜自杀。汉使还报,梁事皆得**释**(解决),安国之力也。于是景帝、太后益重安国。

——《韩长孺列传第四十八》

【故事导读】

梁孝王是窦太后的小儿子、汉景帝的弟弟，深受太后溺爱，其权力、游乐时的排场，与天子相似，超出了人臣的本分。景帝对此很不高兴，太后对景帝的态度很生气。韩安国作为梁国派来的使者，通过大长公主替梁孝王辩护，把梁孝王的僭越行为说得堂堂正正、合情合理，使太后转忧为喜，使天子变恨为爱。

韩安国因为犯法被治罪，蒙县的狱官用很难听的话羞辱他："没想到堂堂的御史大夫也有今天！"韩安国说："死灰还能复燃！"狱官说："燃烧起来就用尿把它浇灭！"过了不久，韩安国被免除罪责，朝廷任用他为梁国内史。他从一名囚徒一下升为两千石官员，蒙县狱官一听，吓得弃官逃跑了。韩安国说："他要是不回来就任，我灭了他的家族！"狱官吓得赶忙回来，跪倒在地，连连求饶。韩安国笑着说："你可以在这里撒尿了！"狱官脸红一阵白一阵，不敢起来。韩安国命令狱官起身，哈哈大笑说："你们这些人不值得我处治！"后来，韩安国和他们相处得非常和睦。

公孙诡和羊胜知道太后很宠爱梁孝王，就极力怂恿梁孝王争取做皇位继承人，并请求增加封地，这引起了朝廷大臣的不满与反对。于是，二人向梁王献计，让梁王派人行刺朝廷受重用的谋臣，梁孝王听从二人的计谋，暗中派人刺杀了朝中掌权的大臣袁盎。景帝遣使者赴梁，抓捕公孙诡与羊胜，梁王将二人藏匿于王府。韩安国听说后，采取舍车保帅的策略，对梁王动之以情，晓之以理，警之以政治斗争的冷酷，使陷入困境的梁王同意交出两个罪犯。这件事的处理，缓和了梁王与朝廷的紧张关系，梁王很感激韩安国，韩安国也得到了景帝与太后的垂青。

武帝初年，外戚田蚡掌权，韩安国以五百斤金贿赂他，被召至京师，从此青云直上，官至御史大夫。韩安国担任御史大夫四年多，丞相田蚡死了。田蚡死去，韩安国逐渐失势，不断被疏远降职，最后抑郁而死。

马邑伏敌

其明年，则**元光元年**（前134年），雁门**马邑**（山西朔州市）**豪**（豪绅）聂翁壹**因**（通过）**大行**（官职）王恢言上曰："匈奴初和亲，亲信边，可诱以利。"**阴**（暗中）使聂翁壹为**间**（间谍），亡入匈奴，谓单于曰："吾能斩马邑令丞吏，以城降，财物可尽得。"单于爱信之，以为**然**（正确），许聂翁壹。聂翁壹乃还，诈斩死罪囚，**县**（通"悬"）其头马邑城，示单于使者为**信**（信物）。曰："马邑长吏已死，可急来。"于是单于**穿塞**（越过边境）将十余万骑，入**武州**（山西左云县，距当时马邑城约八十公里）塞。

当是时，汉伏兵**车**（战车）**骑**（骑兵）**材官**（力大善射的特种兵）三十余万，匿马邑旁谷中。卫尉李广为骁骑将军，太仆公孙贺为轻车将军，大行王恢为将屯将军，太中大夫李息为材官将军。御史大夫韩安国为护军将军，诸将皆**属**（隶属）护军。约单于入马邑而汉兵**纵发**（出击）。王恢、李息、李广**别**（另外）从代主击其**辎重**（军用物资）。于是单于入汉长城武州塞。未至马邑百余里，行掠**卤**（通"虏"），**徒**（只）见畜牧于野，不见一人。单于怪之，攻**烽燧**（烽火台），得武州尉史。欲**刺**（刺探）问尉史。尉史曰："汉兵数十万伏马邑下。"单于**顾**（回头）谓左右曰："**几**（差点）为汉所**卖**（欺骗）!"乃引兵还。出塞，曰："吾得尉史，乃**天**（天意）也。"命尉史为"天王"。塞下传言单于已引去。汉兵追至塞，**度**（估计）弗及，即罢。

——《韩长孺列传第四十八》

【故事导读】

《马邑伏敌》的故事发生在元光元年六月。针对匈奴屡次背信弃义、入侵边地的情况，汉武帝召集群臣商议对策。这时，恰巧马邑城人聂翁壹拜见边地守将王恢，建议他趁着匈奴刚刚与汉和亲，正信任、亲近汉朝边境官民的时机，设置圈套、诱敌入塞，从而将其伏击歼灭。王恢听后便制订了一个作战计划呈奏武帝。当时，武帝年少气盛，为之所动，就采纳了王恢的建议，开始部署兵力。同时，王恢派聂翁壹到匈奴去做间谍。聂翁壹告诉单于："我想杀掉马邑的县令，献城投降，把马邑的财物全部献给您。"单于听了很高兴，让他先回去杀马邑县令，然后匈奴再发兵。

聂翁壹返回马邑，斩杀了几个死囚犯，将他们的脑袋悬挂在马邑城头。单于的使者看见人头，以为聂翁壹真的杀死了马邑的官吏，就回去报告了单于。于是单于亲率十多万骑兵穿过边塞，进入武州塞，来攻占马邑。这时，汉朝三十万大军早已开赴马邑，埋伏在周围的山谷，只待匈奴大军钻进布好的"口袋"。结果匈奴抓获了武州的尉史，尉史将汉军伏击匈奴的机密全部告诉了匈奴。于是，匈奴十万骑兵全部逃脱，汉军无果而还。马邑伏敌之后，汉初以来屈辱的和亲政策宣告毁弃，汉朝对匈奴大规模的反击战拉开了序幕。

解鞍纵马布疑兵

匈奴**大入**(大肆入侵)上郡,天子使**中贵人**(有地位、受宠信的宦官)从广**勒习**(训练)兵击匈奴。中贵人**将骑**(率领骑兵)数十纵,见匈奴三人,与战。三人还射,伤中贵人,杀其骑且尽。中贵人**走**(逃跑到)广。广曰:“是必射雕者也。”广乃遂**从**(使……跟从)百骑往驰三人。三人**亡**(通“无”)马步行,行数十里。广令其骑张左右翼,而广身自射彼三人者,杀其二人,生得一人,果匈奴射雕者也。已缚之上马,望匈奴有数千骑,见广,以为诱骑,皆惊,上山**陈**(通“阵”,布阵)。广之百骑皆大恐,欲驰还走。广曰:“吾去大军数十里,今如此**以**(率领)百骑走,匈奴追射我立尽。今我留,匈奴必以我为大军之诱,必不敢击我。”广令诸骑曰:“前!”前未到匈奴陈二里所,止,令曰:“皆下马解鞍!”其骑曰:“虏多且近,**即**(如果)有急,奈何?”广曰:“彼虏以我为走,今皆解鞍以示不走,**用**(以)**坚其意**(坚定他们的判断)。”于是胡骑遂不敢击。有白马将出**护**(监护)其兵,李广上马,与十余骑奔射杀胡白马将,而复还至其骑中,解鞍,令士皆纵马卧。是时**会暮**(正逢天黑),胡兵终怪之,不敢击。夜半时,胡兵亦以为汉有伏军于旁欲夜取之,胡皆引兵而去。平旦,李广乃归其大军。大军不知广所之,故弗**从**(跟从,接应)。

——《李将军列传第四十九》

【故事导读】

李广是陇西成纪县人，祖先是战国末年的名将李信。文帝十四年(前166年),匈奴入侵萧关,李广参军抗击,因善射、斩敌多而被任命为中郎。景帝即位后，李广历任陇西都尉，上谷、上郡、北地、雁门、代郡、云中等地太守。

武帝即位后，李广由上郡太守调任未央宫禁卫军长官。李广为官清廉，得到赏赐就分给部下，饮食总与士兵在一起；一生，做二千石级的官共四十多年，家无余财；他身材高大，两臂如猿，天生善射；他语言迟钝，说话不多，和人在一起就在地上画军阵、比射箭；遇到缺粮断水，“士兵不尽饮，广不近水，士卒不尽食，广不尝食”，与士卒同甘共苦，深得将士爱戴。

李广有三个儿子，分别为李当户、李椒、李敢。李当户、李椒早于李广而死。李广死时，李敢正跟随骠骑将军霍去病，因出击匈奴左贤王有功被封关内侯，接替父职任郎中令。不久，李敢替父报仇，打伤了卫青。霍去病是卫青的外甥，一次随皇帝打猎，趁打猎的机会射杀了李敢。皇帝隐瞒了真相，对外宣称李敢是被鹿撞死的。

李当户死后，遗腹子李陵出生。李陵长大后继承祖业，征伐匈奴。天汉二年（前99年）秋，贰师将军李广利率三万骑兵在祁连山进攻右贤王，武帝派李陵率五千步兵到居延以北，想借此分散匈奴的兵力，不让他们专门对付贰师将军。结果，匈奴八万大军包围了李陵，李陵率军奋力搏杀八天八夜，无奈箭尽粮绝，士兵损失大半，在杀死一万多匈奴兵后被迫投降。李陵投降的消息传回，汉武帝大怒，将李陵灭族。

《解鞍纵马布疑兵》记述的是李广临危不惧、布疑兵脱险的故事。匈奴入侵上郡，只有一百多骑兵的李广面对数千敌骑，摆起了空城计，命骑兵在距离匈奴二里的地方下马卸鞍，就地休息，装出一副极为轻松的样子。双方僵持到天黑，匈奴以为附近埋伏着汉朝的大军，不敢轻举妄动。夜半时分，匈奴怕汉军趁夜偷袭，全部撤走。匈奴兵撤走后，李广才带领大家返回军营。李广一生与匈奴作战七十余次，常险中取胜，以致匈奴人闻名丧胆，称之为“飞将军”。

佯死逃生

后汉以马邑城诱单于，使大军伏马邑旁谷，而广为骁骑将军，**领属**（受节制）护军将军。是时单于觉之，去，汉军皆无功。其后四岁，广**以卫尉**（以卫尉的身份）为将军，出雁门击匈奴。匈奴兵多，破败广军，**生得**（活捉）广。单于**素**（向来）闻广贤，令曰："得李广必**生致之**（活着送来）。"胡骑得广，广时伤病，置广两马间，**络**（网）而盛卧广。行十余里，广**详**（通"佯"）死，睨其旁有一**胡儿**（匈奴少年）骑善马，广**暂**（突然）腾而上胡儿马，**因**（趁机，趁势）推堕儿，取其弓，鞭马南驰数十里，复得其余军，因**引**（带领）而入塞。匈奴捕者骑数百追之，广行取胡儿弓，射杀追骑，以故得脱。于是至汉，汉**下广吏**（把李广交给执法官）。吏**当**（判处）广所失亡多，为虏所生得，当斩，赎为庶人。

——《李将军列传第四十九》

【故事导读】

汉军在马邑伏兵诈单于，没有成功。四年后，匈奴大举进攻上谷郡。李广由卫尉被任命为将军，"出雁门击匈奴"，但这次战役，匈奴势力强大，李广军队被攻破，李广受伤被俘。匈奴将麻绳结成的网吊在两匹马之间，把浑身是伤的李广放在上面，运回军营。李广躺在网上，一动不动，假装已死，一边养神一边偷偷观察敌人。走了十多里，李广从眼角瞥见附近一个匈奴兵骑着一匹骏马，便趁匈奴兵不注意一跃而起，跳上马背，夺下匈奴兵的弓箭，趁势推他下马，然后快马加鞭，飞驰而去。

返回朝廷后，李广因被俘被判斩首，他用钱物赎罪，被削职为民。

名将之死

广**既**（已经）从大将军**青**（卫青）击匈奴，既出塞，青捕虏知单于所居，乃自**以**（率）精兵**走之**（追击单于），而令广**并**（合并）于**右将军**（赵食其）军，出东道。东道**少**（稍微）回远，而大军**行**（行军路途）水草少，其势**不屯行**（屯兵不可，行进亦不可）。广自请曰："臣**部**（部属，军队）为前将军，今大将军乃**徙**（迁移，调动）令臣出东道，且臣**结发**（二十岁）而与匈奴战，今乃**一得当单于**（得到一次与单于作战的机会），臣愿居前，先死单于。"大将军青亦**阴**（暗中）受上诫，以为李广老，数**奇**（jī，运气不好），毋令**当**（通"挡"）单于，恐不得所欲。而是时公孙敖**新**（刚刚）失侯，为中将军从大将军，大将军亦欲使敖**与**（与大将军）俱当单于，**故**（故意）徙前将军广。广时**知之**（知道内情），**固**（坚决）自**辞**（推辞）于大将军。大将军不听，令长史**封书**（写好文书）**与广之**（发到李广的。与：给予，发往）**莫**（通"幕"）府，曰："急**诣部**（到右将军军部报到），**如书**（按照文书上写的去办）。"广不谢大将军而起行，意甚愠怒而就部，引兵与右将军食其合军出东道。军**亡**（通"无"）导，或**失**（迷失）道，**后**（落在后）大将军。大将军与单于接战，单于遁走，弗能得而还。南**绝幕**（越过沙漠。幕：通"漠"），遇前将军、右将军。广已见大将军，还入**军**（自己的军营）。大将军使长史持**糒**（bèi，干饭）**醪**（láo，酒）遗广，因问广、食其失道**状**（情况），青欲上书报天子军**曲折**（出兵不利的情况）。广未对，大将军使长史**急责**（急切责令）广之**莫府**（此指李广的幕府人员）**对簿**（回答质问。簿：文状）。广曰："诸校尉无罪，乃我自失道。吾今**自上簿**（亲自受审对质）。"

至莫府，广谓其麾**下**（部下）曰："广结发与匈奴大小七十余战，今幸从大将军出接单于兵，而大将军又徙广部行回远，而又迷失道，岂非天哉！且广年六十余矣，终不能复对**刀笔之吏**（主管文案的小官吏）。"遂引刀自刭。广军士大夫一军皆哭。百姓闻之，知与不知，**无**（无论）老壮皆为垂涕。

——《李将军列传第四十九》

【故事导读】

李广跟随大将军卫青越过边境去攻打匈奴。卫青命令前锋将军李广与右将军一起从东道出击,而他自己率领精锐部队杀向单于的营地。东道迂回遥远,缺少水草,不适合大部队宿营和行军。李广请求充当前锋,卫青想起了武帝的告诫:李广年纪太大,一生都不顺利,不要让他单独和单于对阵。于是卫青拒绝了李广的请求,而有意让对自己有恩的公孙敖和自己一道对阵单于。李广察觉到卫青的私心,就坚持自己的意见,对卫青说:"我是前将军,本来就应该充当前锋。"卫青不予理会,命令李广回去按文书行动。李广极为生气,没有辞别,站起身就走,懊恼地回到了自己的幕府。李广无奈,领兵和右将军一起从东道出发,他们在行军途中迷了路,因此延误了与卫青会师的军期。

李广是将门之子,在战场上叱咤风云,令敌丧胆,但一生坎坷,终生未封侯。他带兵出征,总是运气不佳,不是敌众我寡,就是援军误期,要么就是向导迷路。结果,常常出征无功,反受惩罚。文帝对他很欣赏,但只是感叹而已,未予重用;景帝对他平定七国之乱也很器重,却只派他到边地当太守;武帝知道他是名将,却调他出任未央宫卫尉,才非所用。最后李广被逼自杀。

游牧民族匈奴

匈奴，其先祖**夏后氏**(夏朝禹的家族)之**苗裔**(后代)也，曰淳维。**唐虞**(唐尧虞舜)**以上**(以前)有山戎、**猃狁**(xiǎn yǔn)、**荤粥**(xūn yù)，居于北蛮(荒蛮之地)，随畜牧而转移。其畜之所多则马、牛、羊，其奇畜则**橐**(tuó)驼、驴骡、**駃騠**(jué tí)、**騊駼**(táo tú)、**驒騱**(dàn xí)。**逐**(追逐)水草迁徙，**毋**(通"无")城郭**常处**(固定的住所)、耕田之业，然亦各有分地。毋**文**(文字)书，以**言语**(口头)为约束。**儿**(小孩)能骑羊，引弓射鸟鼠；**少**(稍)长则射狐兔：**用**(以)为食。士力能**毌**(通"贯"，拉弓)弓，尽为甲骑。其俗，**宽**(无战争时)则随畜，因射猎禽兽为**生**(谋生)业，急则人**习**(练习)战攻以侵伐，其天性也。其长兵则弓矢，短兵则刀**铤**(chán，短矛)。利则进，不利则退，**不羞**(不认为羞耻)遁走。**苟**(如果，只要)利所在，不知礼义。自君王以下，**咸**(皆)食畜肉，**衣**(穿)其皮革，**被**(通"披")**旃**(zhān，同"毡")裘。壮者食肥美，**老者食其余**(老年人吃剩下的食物)。贵壮健，贱老弱。父死，**妻**(以……为妻，娶)其后母；兄弟死，皆**取**(通"娶")其妻**妻**(作为妻子)之。其俗有名**不讳**(无忌讳，可直呼其名)，而无姓字。

——《匈奴列传第五十》

【故事导读】

匈奴的最高统治者叫单于(chán yú)。汉初，匈奴的单于叫头曼。头曼想废掉太子冒顿(mò dú)，没想到却被冒顿射杀。冒顿射杀了父亲头曼后，自立为单于，匈奴势力变得强大起来，官吏建制也逐渐明晰化。从单于往下，依次设置了左、右贤王，左、右谷蠡(lù lí)王，左、右大将，左、右大都尉等二十四级官职，官位世袭。左、右贤王的地域东与朝鲜接界，西与月氏、羌接壤。作为游牧民族，匈奴有一整套与汉不同的聚会、祭祀、法律、丧葬、打仗、利益分配等制度习俗。

汉高祖时，韩王信驻守代地，向投降匈奴，匈奴得到韩信后引兵南下，攻太原，至晋阳。高祖亲自率军还击，正逢冬季，天降大雪，天气极寒，十分之二三的士卒冻掉了手指。高祖被匈奴四十万精骑围困在平城白登山，七天后方得逃脱。返回朝廷，高祖派刘敬到匈奴缔结和亲盟约。

孝文帝即位后，汉与匈奴时战时和，每年赠送匈奴帛币酒食，继续推行和亲策略。冒顿死后，其子稽粥(jī yù)即位，叫老上单于。老上单于刚刚即位，文帝便派皇族公主去做单于的阏氏(yān zhī)，又派宦官中行说(háng yuè)随行辅助公主。中行说一到匈奴，立即投降，单于非常宠信他。中行说在匈奴数十年，侍老上单于、军臣单于、伊稚斜单于，属三朝元老。他熟知汉朝，又多谋略，向匈奴投降后，褒胡贬汉，替匈奴出谋划策报复汉朝，对匈奴与汉的关系造成了意想不到的破坏。汉、匈奴漠北之战前，中行说病死。死前，他献计单于，将病死的牛、羊全部丢入水源，欲使汉军染瘟疫而败，所幸汉军事先觉察，做了防范。中行说被称为“汉奸的始祖”，名副其实。

老上单于在位十四年，匈奴军事上空前强大，西击月氏，斩月氏王，平定西域，以月氏王头颅制作酒杯，威震西域；凭借塞外地理优势，对汉掠夺攻击，使汉朝防守疲于奔命。最大的一次侵略战争是孝文帝十四年(前 166 年)，匈奴十四万骑兵直抵朝那、萧关、彭阳等地，先头部队火烧回中宫，侦查骑兵逼近长安，烧杀抢掠。汉派兵反击，茫茫草原，却找不到匈奴的踪影。“汉患之，乃使使遗匈奴书”，汉、匈奴“复言和亲事”，并以长城为界，北属匈奴，南归汉朝。几年后，老上单于死了，其子军臣单于即位。“孝文皇帝复与匈奴和亲。而中行说复事之”。四年后，匈奴再次背弃信约，侵掠上郡、云中，“所杀略甚众而去”。

孝景帝时，与匈奴再次和亲，遣公主，通关市。

武帝即位后，与匈奴继续互通关市，赠送他们大量财物。匈奴自上而下都亲近汉朝，往来于长城之下。后来，汉武帝采纳王恢建议，以马邑城为诱饵，伏击单于，不料失败。五年后，将军卫青、公孙贺、李广、韩安国、霍去病等开始主动出击，征伐匈奴，先后斩杀匈奴二十多万人，汉朝边境逐渐安宁。

《匈奴列传第五十》文字相当精练，曾被梁启超列为《史记》十大名篇之一。

《游牧民族匈奴》记述的是匈奴的习俗。有关匈奴的风俗习惯、风土人情，传记中多次涉及。将其综合，则成为一部匈奴风俗书，也成为现今我们所能见到的早期最系统的匈奴历史资料。

鸣镝射父

单于(chán yú)有太子名**冒顿**(mò dú)。后有所爱**阏氏**(yān zhī,王后),生少子,而单于欲废冒顿而立少子,乃使冒顿**质**(做人质)于**月氏**(ròu zhī)。冒顿**既**(已经)质于月氏,而头曼急击月氏。月氏欲杀冒顿,冒顿盗其善马,骑之亡归。头曼以为壮,令将万骑。冒顿乃**作为鸣镝**(制作响箭),**习勒**(训练)其骑射,令曰:"鸣镝所射而不**悉**(都)射者,斩之。"行猎鸟兽,有不射鸣镝所射者,**辄**(就)斩之。已而冒顿以鸣镝自射其善马,左右**或**(有人)不敢射者,冒顿立斩不射善马者。居顷之,复以鸣镝自射其爱妻,左右或颇恐,不敢射,冒顿又复斩之。居顷之,冒顿出猎,以鸣镝射单于善马,左右皆射之。于是冒顿知其左右皆可用。从其父单于头曼猎,以鸣镝射头曼,其左右亦皆随鸣镝而射杀单于头曼,遂尽诛其后母与弟及大臣不听从者。冒顿自立为单于。

——《匈奴列传第五十》

【故事导读】

《匈奴列传第五十》中多数段落都采用简略叙述的写法,但《鸣镝射父》中冒顿取代头曼的过程叙述得很详细。冒顿调教部下,由射鸟兽到射良马,再到射其爱妾,最后射杀头曼,采用的是稳步推进的方式。用这种方式,冒顿终于实现了他篡权的野心。

冒顿灭东胡

冒顿(mò dú)**既立**(已经登上王位),是时东胡强盛,闻冒顿杀父自立,乃使使谓冒顿,欲得头曼时有千里马。冒顿问群臣,群臣皆曰:"千里马,匈奴宝马也,勿**与**(给予)。"冒顿曰:"奈何与人邻国而**爱**(吝惜)一马乎?"遂与之千里马。居顷之,东胡以为冒顿畏之,乃使使谓冒顿,欲得单于一**阏氏**(yān zhī,王后)。冒顿复问左右,左右皆怒曰:"东胡无道,**乃**(竟然)**求**(索求)阏氏!请击之。"冒顿曰:"奈何与人邻国爱一女子乎?"遂取所爱阏氏予东胡。东胡王愈益骄,西侵。与匈奴**间**(中间),中有弃地,莫居,千余里,各居其边为**瓯脱**(边境哨所)。东胡使使谓冒顿曰:"匈奴所与我**界**(交界)瓯脱外弃地,匈奴非能至也,吾欲有之。"冒顿问群臣,群臣**或**(有人)曰:"此弃地,予之亦可,勿予亦可。"于是冒顿大怒曰:"地者,国之本也,奈何予之!"诸言予之者,皆斩之。冒顿上马,令国中有**后者**(后退者)斩,遂东袭击东胡。东胡初轻冒顿,不为备。及冒顿**以**(率领)兵至,击,大破灭东胡王,而虏其民人及畜产。

——《匈奴列传第五十》

【故事导读】

冒顿鸣镝弑父、自立为单于不久,匈奴东边的东胡凭借自己的强盛趁冒顿立足未稳,派人索要匈奴的千里马坐骑;得到千里马后,东胡又索要冒顿最喜爱的美女王后;得到美女,东胡欣喜若狂,派人索要匈奴与东胡之间的一块土地。索马、索姬、索地,得寸进尺,没想到这一次算盘打空,遭到匈奴的强力反击,最终东胡被灭。冒顿乘胜发兵,向西驱逐月氏,向南吞并楼烦,收复了被秦朝大将蒙恬夺取的领地。最后,统一了蒙古草原,建立了强大的匈奴帝国。

舅甥并肩伐匈奴

元狩四年（前119年）春，上令大将军青、骠骑将军去病**将**（率领）各五万骑，步兵、**转者**（转运物资的人）、**踵军**（跟随军队的民夫，或指后续部队）数十万，而敢力战深入之士皆**属**（隶属）骠骑。骠骑始为出定襄，**当**（迎击）单于。**捕虏**（抓获的俘虏）言单于东，乃**更**（改）令骠骑出代郡，令大将军出定襄。**郎中令**（李广）为前将军，**太仆**（公孙贺）为左将军，主爵赵**食其**（yì jī）为右将军，平阳侯**襄**（曹襄）为后将军，皆属大将军。兵即**度幕**（越过沙漠。幕：通“漠”），人马**凡**（共）五万骑，与骠骑等**咸**（都）击匈奴单于。赵信为单于谋曰：“汉兵既度幕，人马**罢**（通‘疲’），匈奴可坐收虏耳。”乃**悉远北**（全部运送到遥远的北面）其辎重，皆以精兵待幕北。而适值大将军军出塞千余里，见单于兵**陈**（通“阵”）而待，于是大将军令**武刚车**（一种可用于进攻，也可用于防守的战车，类似于后世的坦克）自环为营，而**纵**（放出）五千骑往**当**（通“挡”，抵挡）匈奴。匈奴亦纵**可**（约）万骑。**会日且入**（恰巧太阳将要落山），大风起，沙砾击面，两军不相**见**（看见），汉**益**（增加）纵左右翼**绕**（迂回包抄）单于。单于视汉兵多，而士马尚强，战而匈奴不利，**薄**（迫，临近）**莫**（通“暮”），单于遂乘六骡，壮骑可数百，直**冒**（冲破）汉围西北驰去。时已昏，汉匈奴相纷**挐**（nù，混杂），杀伤大**当**（相当）。汉军左校捕虏言单于未昏而去，汉军因发轻骑夜追之，大将军军因随其后。匈奴兵亦散走。**迟明**（至天亮），行二百余里，不得单于，**颇**（很，甚）捕斩首虏万余级，遂至**窴颜山**（蒙古国杭爱山，乌兰巴托市西南。窴，tián）赵信城，得匈奴积粟**食军**（供军队食用。食，sì）。军留一日而还，**悉**（全部）烧其城余粟以归。

——《卫将军骠骑列传第五十一》

【故事导读】

卫青是平阳(山西临汾市)人,父亲郑季是县吏,在平阳侯家做事时与平阳侯的婢仆卫媪私通,生了卫青。卫媪的大女儿叫卫孺,是将军公孙贺的妻子;二女儿叫卫少儿,是陈掌的妻子;三女儿卫子夫,是后来的皇后。卫青成年后,当了平阳侯家的骑士,跟随平阳公主。建元二年(前139年)春,卫青的姐姐卫子夫进入皇宫,受到武帝的宠爱,卫青由建章监升为太中大夫。元朔元年(前128年),卫子夫生了儿子被立为皇后,卫青被封为将军。随后,卫青率三万骑兵从雁门出发攻打匈奴,斩杀几千敌人,夺取几十万头牲畜,改封平陵侯。

元朔五年(前124年)春,卫青再率三万骑兵攻打匈奴,包围了右贤王,俘获了右贤王的部下十多人、男女民众一万五千人,得牲畜千百万头。回到边塞,皇帝封他为大将军,加封六千户,并封其三个儿子为侯。第二年,卫青再出定襄,统领公孙敖、公孙贺、赵信、苏建、李广、李沮等将军,攻击匈奴,斩首万余。这一年,大将军卫青的外甥霍去病十八岁,受武帝赏识做了侍中。因为他善于骑马射箭,两次跟随大将军出征,受到大将军的关照,攻伐匈奴有功,被封为冠军侯。

元狩二年(前121年)春,霍去病被封为骠骑将军,率军出陇西,经过五个匈奴王国,转战六天,杀敌八千,皇帝加封他两千户。夏天,骠骑将军与合骑侯公孙敖兵分两路,同时从北地出击;博望侯张骞、郎中令李广同时从右北平出发,分道进军。霍去病越过居延泽,到达祁连山,斩敌三万多人,得到皇帝嘉奖。他的士兵都是经过挑选的精兵,战马、装备精良,又敢于孤军深入,从未遇到大的困境,因此功勋卓著,一天比一天更被皇帝亲近,跟大将军相仿佛。秋天,据守西方的浑邪王降汉,他奉诏前往迎接,接收几万名将士,再得皇帝厚赐。

骠骑将军为人少言寡语,做事有气魄,敢作敢为。天子想教他孙子与吴起兵法,他回答:"打仗只看战略如何就够了,不必学习古代兵法。"

天子为他修建府第，让他去看，他说：“匈奴还没消灭，不用考虑自家的事。”他少年时就在宫中侍奉皇帝，地位显贵，不知体恤士兵。打仗归来，车上丢弃着许多剩余的米、肉，但士兵还有吃不饱饭的；塞外打仗，士兵缺粮，有的饿得站不起来，他却画地为球场，踢球作乐。

元狩六年（前117年），霍去病去世，年仅二十四岁。汉武帝为他修建了一座形状像祁连山的坟墓，用来纪念他的战功。

《舅甥并肩伐匈奴》记述的是元狩四年（前119年）春汉朝对匈奴规模最大的一次战争，史称“漠北之战”。汉武帝命令大将军卫青、骠骑将军霍去病各率五万骑兵、几十万步兵以及转运物资的人，分两路合击匈奴。卫青从定襄出发，霍去病从代郡出发，穿过重重沙漠，一直追击到狼居胥山，斩俘匈奴达八万人。这段文字，景物、场面描写非常精彩。阴霾四起，狂风大作，飞沙走石，为战争渲染了凄清苍凉的氛围；大将军“令武刚车自环为营，而纵五千骑往当匈奴”，连夜追击二百多里，万马驰骋，兵威浩荡，使读者如见其景、如闻其声。

在这次战役中，前将军李广与右将军赵食其从东面进军，迷失方向，没能如期与大将军卫青合击单于。大将军命令长史按文书所列罪状责问李广，李广自杀；赵食其削职为民。大将军未得封赏，骠骑将军及其下属封赏甚多。舅甥二人同时当上大司马，官阶、俸禄相同。自此以后，大将军权势日日减退，骠骑将军日日显贵。大将军的门客、老友大都离开去侍奉骠骑将军，唯有任安在卫青大势已去、江河日下时仍留在将军府。

深不可测公孙弘

弘为人**恢**（宽广，气度恢弘）**奇**（奇异，不寻常）多闻，常称以为人主**病**（弊病）**不广大**（心胸狭窄），人臣病不俭节。弘**为**（用、盖）布被，食不**重**（chóng，两种）肉。后母死，服丧三年。每朝**会**（会同）议，**开陈**（讲出）其**端**（头绪，事情），令人主自择，不肯**面折**（当面驳斥）庭争。于是天子察其行敦厚，**辩论有余**（善言论），习**文法**（文书法令）吏事，而又**缘饰**（文饰）以儒术，上大**说**（通“悦”）之。**二岁中**（两年内），至左内史。弘奏事，有不可，不庭辩之。**尝**（曾经）与主爵都尉汲黯**请间**（请皇帝避开人单独接见他们），汲黯先**发**（说，提出建议）之，弘**推**（推究，阐述）其后，天子常说，所言皆听，以此日益亲贵。尝与公卿**约议**（约定好提某种建议），至上前，皆**倍**（通“背”）其约以顺上旨。汲黯庭**诘**（jié，责问）弘曰：“齐人多诈而无**情实**（真情），始与臣等**建**（提出）此议，今皆倍之，不忠。”上问弘。弘谢曰：“夫知臣者以臣为忠，不知臣者以臣为不忠。”上**然**（认为正确）弘言。左右幸臣每**毁**（诋毁）弘，上益厚遇之。

弘为人**意**（猜疑）**忌**（忌恨），外宽内**深**（刻毒）。**诸**（众，那些）尝与弘有**郤**（隔阂，矛盾）者，虽**详**（通“佯”）与善，阴报其祸。杀主父偃，徙董仲舒于胶西，皆弘之力也。**食一肉**（吃一种肉）**脱粟**（脱谷壳的粗米）之饭。**故人**（老朋友）所善宾客，**仰衣食**（靠他供给衣食），弘奉禄皆以给之，家无所余。士亦以此贤之。

——《平津侯主父列传第五十二》

【故事导读】

公孙弘是齐地淄川国薛县人,“少时为薛狱吏,有罪,免”;被举贤良文学之士后,出使匈奴,因述职不合天子意,又被免官。到了元光五年(前130年)时,他已七十高龄。淄川国再次推荐,他被天子召见,拜为博士,直至拜相封侯。

公孙弘身处三公之位,却生活俭朴,盖布被,食不重肉,大臣汲黯当众揭露这是欺诈、沽名钓誉。公孙弘用管仲“侈拟于君”与晏婴“此下比于民”的事例回答皇帝,柔中带刚,反而赢得谦让的美誉,官至丞相,被封为平津侯。朝廷追究淮南王与衡山王谋反的党羽时,公孙弘正重病在身。身为宰相的他担心自己一旦死去就无法搪塞责任,便上书皇帝,自揽过失,“愿归侯印,乞骸骨,避贤者路”,皇帝反而赐他牛酒、帛等物,以示抚慰。元狩二年(前121年),公孙弘病,“竟以丞相终”。

《深不可测公孙弘》记述了公孙弘的为人。公孙弘是一位儒士,在反对征伐匈奴、攻打朝鲜以及打通西南夷等决策上的主张,值得肯定。但其能言善辩,人品卑劣,为人阴险狡猾,面善心狠,表面与人为善,暗里打击报复;落魄时尝尽人间冷暖,得志后倒行逆施,疯狂的报复行为犹似当年的伍子胥,甚至对其兄弟、宾客都冷酷对待,未免寡恩少义。

夜郎自大

及**元狩元年**（前122年），博望侯张骞使**大夏**（西域国名，阿富汗北部）**来**（回来），言居大夏时见蜀布、**邛**（qióng，四川西昌市）竹杖，**使问所从来**（派人问这些东西是从哪里来的），曰"从东南**身毒国**（天竺，印度、巴基斯坦境内），可数千里，**得蜀贾人市**（从到身毒国做买卖的蜀地商人手中买来）"。**或**（有人）闻邛西**可**（大约）二千里有身毒国。骞因**盛**（极）言大夏在汉西南，慕**中国**（中原），患匈奴隔其道，**诚**（如果真的）**通**（打通）蜀，身毒国道便近，有利无害。于是天子乃令王然于、柏始昌、吕越人等，**使间**（暗中）出西夷西，**指**（通"旨"）求身毒国。至滇，滇王尝羌乃**留**（留下他们），**为**（替他们）求道西十余**辈**（批）。岁余，**皆闭**（堵塞，拒绝）昆明，莫能通身毒国。

滇王与汉使者言曰："**汉孰与我大**（汉朝与我们滇国相比，谁更大。孰与：与……比，谁……）？"**及**（使者到了夜郎国）夜郎侯亦然。以道不通故，各自以为一州主，不知汉广大。使者还，因盛言滇大国，**足事**（值得花力气使他们）亲附。天子**注意**（重视）**焉**（此事）。

——《西南夷列传第五十六》

【故事导读】

《西南夷列传第五十六》记述了今四川西部、云贵一带少数民族的地理分布、社会习俗以及汉武帝开拓这一地区的过程。西南夷的君长很多，势力最大的是夜郎、滇、邛都等。他们或农耕，或游牧；或盘发如锥，或梳发成辫；或有君长，或无君长：习俗、文化迥异。汉武帝时，唐蒙率由一千名士兵、一万名运输粮物的人组成的队伍进入夜郎，厚赏夜郎君长，约定在这里设置官吏，让夜郎君长的儿子当县令。朝廷调遣巴、蜀两郡的士兵修筑通往夜郎的道路，并派司马相如前往西南夷，劝谕他们归附朝廷。过了几年，修筑西南夷道路的士兵疲惫饥饿，遭受湿气，伤亡很大；西南夷又屡次造反，朝廷派军队攻打，耗费财力却无成果。汉武帝派公孙弘前往西南夷视察，公孙弘回来建议皇帝停止开发西南夷，集中力量对付匈奴。于是，朝廷只在南夷的夜郎设置了两县一都尉，停止了在西南夷的活动。

张骞出使西域，在大夏见到蜀郡出产的布帛、邛都出产的竹杖，询问其来历，说是从东南边的身毒国买来的，由此得知邛都西两千里地有身毒国，可以通往大夏。张骞乘机建议皇帝打通蜀道，通往身毒国，终至大夏。汉武帝命令王然于、柏始昌、吕越人等从西夷的西边出发寻找身毒国。他们经过滇国，到了夜郎，夜郎君长问使者："汉朝与我国相比，哪个大？"这就是《夜郎自大》的故事。

夜郎自大，这在当时西南少数民族地区是普遍现象。封闭的环境，狭小的天地，使他们几乎与外界隔绝，很容易产生妄自尊大的心理。后来，南越王造反，被平定后，依附南越的夜郎侯就主动前往长安朝见皇帝，汉武帝封他为夜郎王。随后，西南夷各君长或被杀，或进京朝见称臣，汉朝在南夷设置了牂(zāng)柯郡，在西夷也设了五个郡。西南夷的君长达一百多个，最后只有夜郎、滇的君长被授予王印。

文君当垆

酒酣，临邛（qióng）**令前奏琴**（县令献上琴）曰：“**窃**（我，私下）闻长卿好之，**愿以自娱**（希望为大家演奏一曲）。”相如辞谢，为**鼓一再行**（弹奏两支乐曲。鼓：弹奏。一再：两。行：乐曲，如《长歌行》《东门行》等）。是时卓王孙有女文君新寡，好音，故相如**缪**（通“谬”，佯）与令相**重**（敬重），而以琴**心**（从内心）**挑**（挑逗，诱发其爱慕之情）之。相如之临邛，**从车骑**（跟从着许多车骑），**雍容**（从容大方）**闲雅**（文雅。闲：通“娴”）甚**都**（漂亮，优美）；及饮卓氏，**弄**（弹）琴，文君**窃**（偷偷）从户窥之，心悦而好之，恐不得**当**（相称，相配）也。**既罢**（已经结束），相如乃使人重赐文君侍者**通**（转达）**殷勤**（殷切诚恳之意）。文君夜亡奔相如，相如乃与驰归成都。家居**徒**（空）四壁立。卓王孙大怒曰：“女**至**（极）**不材**（不成材，没出息），我不忍杀，不分一钱也。”人或谓王孙，王孙终不听。文君久之不乐，曰：“长卿**第**（只，只要）**俱如**（一起前往）临邛，**从**（向）昆弟**假**（借）贷犹足为生，何至自苦如此！”相如与俱之临邛，尽卖其车骑，买一酒舍**酤**（卖）酒，而令文君**当垆**（卖酒。垆：放酒坛的土台）。相如身自著**犊鼻裈**（形似牛犊鼻的围裙。裈，kūn），**与保庸杂作**（与雇工一起跑堂打杂），涤器于市中。卓王孙闻而耻之，为杜门不出。昆弟**诸公**（长辈等人）**更**（轮番）谓王孙曰：“**有**（仅有）一男两女，所不足者非财也。今文君已**失身**（嫁给）于司马长卿，长卿**故倦游**（本来厌倦远游），虽贫，其人材足依也，且又**令客**（县令的贵客），**独**（偏偏）奈何相辱如此！”卓王孙不得已，分予文君僮百人，钱百万，及其嫁时衣被财物。文君乃与相如归成都，买田宅，为富人。

——《司马相如列传第五十七》

【故事导读】

司马相如，蜀郡成都人，字长卿，因仰慕蔺相如的为人而改名叫相如。当初，他凭借家财做了郎官，侍卫景帝。景帝不喜欢辞赋，他以生病为由辞官，旅居梁国，写成了《子虚赋》。

汉武帝读了《子虚赋》，非常惊奇，召见司马相如。司马相如为武帝写了《上林赋》。数年后，司马相如升任中郎将，奉命出使西南夷。到达蜀郡，蜀郡太守及属官都到郊界恭迎，县令背负弓箭在前开路，蜀人以此为荣。卓王孙喟然而叹，自认为把女儿嫁给司马相如太晚，就厚分财物给司马相如。司马相如口吃，但善著文章。他为官不愿与公卿们一起商讨国事，常借病居家，不追求官爵。被授予汉文帝陵园令后，他见武帝喜欢仙道，就趁机献《大人赋》。皇帝读后特别高兴，飘飘然有凌驾云天之上的气概，心情好似遨游于天地之间那样爽快。

司马相如因病免官，闲居茂陵。病重之际，天子派人去取他的文章。使者到家，他已病死，其妻献出一卷《封禅书》。在生命的最后时期，他写下了《封禅书》，讴歌西汉盛世，颂扬汉武帝的非常之功，也为自己的文学创作画上了句号，向朝廷献上了他的一腔忠诚。

《文君当垆》的故事流传广远。梁孝王死后，司马相如只好返回成都，穷困潦倒，因与临邛县令王吉关系好而受邀前往临邛。临邛县的富豪卓王孙置办酒宴，招待县令与县令的贵客司马相如。酒兴正浓时，县令请司马相如弹奏一曲助兴。于是，发生了《文君当垆》的故事。卓文君私奔后，父亲卓王孙怒不可遏，断然拒绝给女儿任何资助，逼得司马相如不得不卖掉车骑，办起酒馆谋生，富家女卓文君也不得不当垆卖酒。等司马相如做了中郎将，出使西南夷，衣锦还乡时，卓王孙却恨女儿与司马相如相见太晚，将家产平分给女儿与儿子。贫困时，送去的是冷风寒气；富贵时，迎来的却是锦上添花。

淮南王谋反

淮南王**安**（刘安）为人好读书鼓琴，不喜**弋**（yì）猎狗马**驰骋**（骑马奔驰），亦欲以**行阴德**（暗中做好事）**拊循**（抚恤）百姓，**流**（传布）誉天下。时时**怨望**（怨恨）厉王死，时欲**畔**（通“叛”）逆，未有**因**（机会）也。及建元二年，淮南王入朝。**素善**（一向交好）武安侯，武安侯时为太尉，乃**逆**（迎接）王霸上，与王语曰：“方今上无太子，大王亲高皇帝孙，行仁义，天下莫不闻。即**宫车**（代指皇帝）一日**晏驾**（驾崩），非大王当谁立者！”淮南王大喜，厚遗武安侯金财物。阴结宾客，拊循百姓，**为**（准备，谋划）畔逆事。建元六年，彗星**见**（通“现”），淮南王心怪之。**或说**（有人劝说）王曰：“**先吴军**（原先吴楚七国）**起**（起兵造反）时，彗星出，长数尺，然尚流血千里。今彗星长**竟**（整，贯通）天，天下**兵**（战争）当大起。”王心以为上无太子，天下有变，诸侯并争，**愈益治**（更加准备）器械攻战具，积金钱**赂遗**（馈赠）郡国、诸侯、**游士**（说客）奇材。**诸辨士**（众辩士。辨，通“辩”）**为方略者**（出计谋的人），**妄作妖言**（胡乱编造荒诞的邪说），谄谀王，王喜，多赐金钱，而谋反**滋**（更加）甚。

王欲发国中兵，恐其相、二千石不听。王乃与伍被谋，先杀相、二千石；**伪**（假造）失火宫中，相、二千石救火，至即杀之。计未决，又欲令人**衣**（穿上）**求盗**（官名，亭长手下主管缉捕盗贼的小官吏）衣，持**羽檄**（紧急文书），从东方来，呼曰“南越兵入界”，欲**因**（趁机）以发兵。乃使人至庐江、会稽**为**（假装成）求盗，未发。王问伍被曰：“吾举兵西**乡**（通‘向’），诸侯必有应我者；**即**（如果）无应，奈何？”被曰：“南**收**（吞并）衡山以击庐江，**有**（占有）**浔阳**（湖北黄梅县）之船，守**下雉**（湖北阳新县。雉，zhì）之城，**结**（封锁）九江之浦，**绝豫章**（隔断江西南昌市）之**口**（口岸），强弩临江而守，以禁**南郡**（湖北江陵）之**下**（沿江而下），东收江都、会稽，南通劲越，**屈强**（使强大的屈服）江淮间，犹可得**延岁月之寿**(延长一段时间)。”王曰：“善，**无以易**(没有替代)此。急则**走**(逃到)越耳。”

——《淮南衡山列传第五十八》

【故事导读】

淮南王刘长，谥号厉，是汉高祖的小儿子，母亲是过去赵王张敖的嫔妃。高祖九年(前198年)，赵相贯高等人谋弑高祖，被发觉后赵王及其母亲、兄弟、嫔妃皆遭拘捕。厉王的母亲被拘捕后不久生下了刘长，她禀报自己生的是皇上的骨肉，但无人理会，于是心生怨恨，自杀身亡。两年后，淮南王黥布谋反，高祖亲征，剿灭了黥布，遂立刘长为淮南王。

淮南王有才智有勇力，力能扛鼎，却骄横乱法，对母亲当年受牵连而死耿耿于怀，记恨吕太后的宠臣辟阳侯见死不救，便用锤子锤死了辟阳侯。返回封地后，他更加骄纵，出行、理政俨然天子排场。文帝六年(前174年)，刘长开始谋反，并派使者联络闽越、匈奴发兵响应。事情败露后，朝廷大臣联合上书，认为“长当弃市，臣请论如法”。皇帝不忍治罪，交由列侯与二千石官员商议。群臣再次联名上书，请求治罪。最后，刘长被流放蜀地，一路用辎车押送，令沿途各县递解入蜀。途中，他绝食而死。其子刘安继封淮南王，刘赐转封衡山王。

《淮南王谋反》写的是刘安串通刘赐，弟兄二人密谋造反的事。刘安谋反案牵连出列侯、二千石级官员、地方豪强等几千人，这些人全部被处死；刘安自杀，王后荼、太子刘迁及所有谋反的人都被满门抄斩。淮南国被废除，成为汉代的九江郡。

刘安是一位才子，喜好读书，做淮南王时“招致宾客方士数千人”撰著《淮南子》，内容包罗万象，涉及各个领域，被梁启超誉为“汉人著述中第一流”。可惜，他才非所用，满腹怨恨，走上了不归之路。

不畏权贵的汲黯

黯为人性**倨**(jù,傲慢),少礼,**面折**(当面驳斥),不能容人之过。合己者善待之,不合己者不能忍见,士亦以此不附焉。然好学,**游侠**(仗义),**任**(任凭,听凭)气节,内行**修洁**(美好),好直谏,**数犯**(多次冒犯)主之颜色,常慕傅柏、袁盎之为人也。**善**(友善)灌夫、郑当时及宗正刘弃。亦以数直谏,不得久居位。

当是时,太后弟武安侯**蚡**(fén)为丞相,中二千石来拜谒,蚡不**为礼**(施礼,还礼)。然黯见蚡**未尝拜**(不曾叩拜),常揖之。天子方招文学儒者,上曰吾欲云云,黯对曰:"陛下内多欲而**外**(只在表面)施仁义,**奈何**(怎么)欲效唐虞之治乎!"上默然,怒,变色而罢朝。公卿皆为黯惧。上退,谓左右曰:"甚矣,汲黯之**戆**(zhuàng,愚直)也!"群臣或**数**(shǔ,数说,责备)黯,黯曰:"天子置公卿辅**弼**(bì,辅佐)之臣,**宁**(难道)令从谀**承意**(顺承皇帝旨意),陷主于不义乎?且已在其位,**纵爱身**(纵使吝惜自己身体),**奈辱朝廷何**(怎么能辱没朝廷呢。奈……何:固定句式)!"

大将军青**既益尊**(已经更加尊贵),姊为皇后,然黯与**亢**(通"抗",匹敌,对等)礼。人或说黯曰:"自天子欲群臣**下**(在……之下,尊敬)大将军,大将军尊重益贵,君不可以不拜。"黯曰:"夫**以**(因为)大将军**有揖客**(只有作揖行礼的客人。意为见大将军时不跪拜),反不**重**(受敬重)邪?"大将军闻,愈贤黯,数请问国家朝廷所疑,遇黯过于**平生**(平素,往日)。

——《汲郑列传第六十》

【故事导读】

汲黯字长孺，祖上世代在朝中做官，汲黯先后做过太子洗马、谒者、荥阳县令、中大夫、东海太守。他崇仰道家学说，理政力求无为而治，不苛求小节，不拘法令；与人相处傲慢，不讲究礼数，当面顶撞人，屡次触犯皇帝，大臣们都畏惧他。

张汤更改制定刑法后被任以廷尉，汲黯多次在皇帝面前质责张汤，说他破坏律令，成就自己的事业，而且竟然连高祖的法令都敢乱改一通，这样做会断子绝孙。朝廷征讨匈奴，招抚各地少数民族，汲黯常建议皇帝与匈奴和亲，不要兴兵打仗。汉武帝倾心儒学，尊用公孙弘，汲黯常诋毁儒学，抨击公孙弘"徒怀诈饰智以阿人主取容"，痛斥张汤"刀笔吏专深文巧诋，陷人于罪"。公孙弘、张汤对汲黯恨之入骨。

当初汲黯享受九卿待遇时，公孙弘、张汤不过是一般小吏而已。后来，公孙弘升任丞相，张汤官至御史大夫；汲黯的部属个个被重用，有的地位超过了他。汲黯朝见时，对皇帝抱怨："陛下用人如同堆柴垛一样，后来的堆在上面！"皇帝默然。不久，匈奴浑邪王率军投降，朝廷征发两万辆车、征调百姓马匹前去接运。汲黯认为不必骚扰全国百姓去侍奉匈奴降兵。皇上沉默，不予赞同。数月后，汲黯因犯法被判罪，遇赦免官，归隐田园。国家改铸五铢钱，百姓私铸钱币，楚地尤甚。汲黯被征召，任以淮阳太守，治理私铸钱币之事。

汲黯崇尚黄老，有侠气，能恪尽职守，不苟且迎合以讨好别人，甚至对天子也敢于犯颜直谏，与执政大臣田蚡、卫青更是敢于分庭抗礼。他和大臣郑当时在朝中为官时，家中宾客盈门；被免闲居后，门可罗雀。司马迁引用翟公的楹联"一死一生，乃知交情。一贫一富，乃知交态。一贵一贱，交情乃见"来慨叹世态炎凉。

辕固生辩“受命”

清河王（刘承）太傅辕固生者，齐人也。**以治**（因为研究）《诗》，孝景时为博士。与黄生争论景帝前。黄生曰：“**汤武**（商汤、周武王）**非受命**（不是秉承天命而成为帝王），**乃弑也**（而是弑君篡位。弑：臣杀君，子杀父）。”辕固生曰：“不然。夫桀纣虐乱，天下之心皆归汤武，汤武**与**（结交，顺应）天下之心而诛桀纣，桀纣之民**不为之使**（不肯为他们效命）而归汤武，汤武不得已而立，非受命为何？”黄生曰：“**冠虽敝**（帽子虽然破旧），**必加于首**（但一定戴在头上）；**履**（鞋）虽新，**必关**（通‘贯’，穿）于足。何者，上下之分也。今桀纣虽失**道**（道义），然君上也；汤武虽**圣**（圣明），臣下也。夫主有失行，臣下不能正言**匡过**（纠正过错）以尊天子，**反因**（反而借着）过而诛之，**代**（取代）**立践**（就任，登上）**南面**（面南，即称帝），非弑而何也？”辕固生曰：“**必**（如果一定）**若所云**（像你所说），**是**（这）高帝代秦即天子之位，**非邪**（也错吗）？”于是景帝曰：“食肉不食马肝，不**为**（算作）不知味；**言**（谈论）**学者**（有学问的人）无言汤武受命，不为愚。”遂罢。是后学者莫敢**明**（明辩）**受命放杀者**（汤武称王是“受命”还是“放杀其主”的问题）。

今上初即位，复以贤良**征固**（征召辕固生）。诸谀儒多**疾毁**（嫉妒诋毁）固，曰“固老”，罢归之。时固已九十余矣。固之征也，**薛**（山东滕州市）人公孙弘亦征，**侧目而视**（不敢正眼看）固。固曰：“公孙**子**（先生，尊称），**务正学以言**（务必以合乎正道的学问来论事），无曲学以**阿**（ē，迎合，阿谀）世！”自是之后，齐言《诗》皆本辕固生也。诸齐人以《诗》显贵，皆固之弟子也。

——《儒林列传第六十一》

【故事导读】

《儒林列传第六十一》记述的是西汉前期儒学大师的事迹以及大师的几十个传承弟子的事迹。因合写众多儒学之士，故称"儒林"。

传记一开始是作者的长篇序言，回顾了几百年来的儒学兴衰史，讲述孔子以来儒学走过的坎坷历程，探析了秦末焚书坑儒后儒生们积攒仇怨投奔陈胜以发泄愤懑的原因，描述了高祖杀死项羽、包围鲁国时儒生们仍在讲诵经书、"弦歌之音不绝"的场面，指出作为儒家文化发源地的鲁国以及与其毗邻的齐国重视文化礼仪的根源。

汉武帝对儒学心向往之，下令举荐品德贤良、通晓经学的文士学者，于是就有了申培公、赵绾(wǎn)、王臧(zāng)、辕固生、公孙弘、董仲舒等"五经"大师。

在汉代，研究《春秋》的大师级人物是董仲舒。《辕固生辩"受命"》中，辕固生与黄生在景帝面前争辩，围绕的是政权的合理性问题。辕固生认为夏桀暴虐，民心离散，汤伐夏是正义的。而黄生认为，桀、纣是君，汤、武是臣，君有过臣应匡正，而不能因过而诛，故汤、武伐夏是弑君，是非正义的。辕固生反驳说："照你这么说，始祖高皇帝灭秦也是造反了？"汉景帝默不作声，心想：要是顺着黄生说，就意味着我大汉的政权来路不明；要是赞成辕固生，那就意味着将来我的王朝也可能被别的王朝所代替。过了一会儿，汉景帝笑着摇摇头，说："好了，吃肉不吃马肝，不能算不知道马肉的味道。讨论学问的人不谈商汤、周武王受命的事情，也不能算愚蠢！"两个人这才停止了争论。

这段记载，对儒学乃至后世影响很大，几千年来儒者对此大伤脑筋。

鲁学大师董仲舒

董仲舒，**广川**（河北枣强县）人也。**以治**（因为研究）《春秋》，孝景时为博士。**下帷**（设帐，居家）讲诵，弟子传**以久次**（以入学长短，即让老弟子教新弟子）相受业，**或**（有的弟子）莫见其面，盖三年董仲舒不**观**（观赏，游玩）于舍园，其**精**（专心）如此。**进退容止**（出入时仪容举止），**非礼不行**（不符合礼仪的不做），学士皆**师**（师法）尊之。今上即位，为江都相。**以《春秋》灾异之变**（用《春秋》记载的特异现象）**推阴阳所以错行**（推求未来阴阳交替运行的原因），故求雨**闭**（关闭）**诸阳**（那些阳气），**纵**（放纵，释放）诸阴，其止雨反是。**行之一国**（将此法推行到整个江都），未尝不得所欲。**中**（中途，后来）废为中大夫，居舍，著《灾异之记》。是时辽东**高庙灾**（高祖庙发生火灾），主父偃**疾**（嫉妒）之，取其书奏之天子。天子召诸生示其书，**有刺讥**（儒生们认为书中有讽刺讥诮朝政的内容）。董仲舒弟子吕步舒不知其师书，**以为下愚**（认为它愚蠢至极）。于是下董仲舒吏，**当死**（判处死罪），诏赦之。于是董仲舒**竟**（终）不敢复言灾异。

董仲舒为人廉直。是时**方外攘四夷**（正向外驱除四方外族），公孙弘治《春秋》不如董仲舒，而弘**希世**（迎合世俗）**用事**（掌权），位至公卿。董仲舒以弘为从谀。弘**疾**（通"嫉"）之，乃言上曰："独董仲舒可使**相**（任丞相）胶西王。"胶西王素闻董仲舒有**行**（操行），亦善待之。董仲舒恐久获罪，疾免居家。至**卒**（死），终不治产业，以**修**（研修）学著书为事。故汉兴至于**五世**（五个朝代，即高祖、惠帝、文帝、景帝、武帝）之间，唯董仲舒**名**（扬名）为**明**（明白，精通）于《春秋》，**其传公羊氏也**（其传授的是公羊氏解说的《春秋》）。

——《儒林列传第六十一》

【故事导读】

董仲舒是西汉时期广川人。董仲舒学习的时候专心致志，大约有三年的时间，都不曾到家中的后花园里游玩。因为通晓《春秋》，汉景帝时，董仲舒被封为博士。

汉武帝时期，董仲舒根据《春秋》中有关自然灾害和奇异天象的变化规律来推测阴阳交替运行的原理。求雨时就关闭各类阳气，释放阴气；想让雨水停止时就用相反的方法。根据这个，他撰写了《灾异之记》一书。当时正好辽东高帝庙发生了火灾，主父偃忌妒他的才能，就将《灾异之记》献给皇上，想陷害他。皇上让儒生们传看这本书，儒生们都认为书中的内容带有讽刺意味。董仲舒的弟子吕步舒不知道是自己老师的书，也说书的内容下流愚蠢。于是，司法官判处董仲舒死刑，后来皇帝下诏赦免了他。从此，董仲舒再也不敢谈论有关灾异的事情了。

后来，董仲舒担心做官久了，难免得罪人，就假装有病辞官回家了。董仲舒从来不像其他官员那样为自己、为子孙后代置备家业，只是一心扑在研究学问、著书立说上，一直到他去世为止。

董仲舒是一位儒学大师。汉武帝诏征治国方略，董仲舒提出“罢黜百家，独尊儒术”的主张，被武帝采纳。从此，儒学成为中国社会的正统思想。司马迁曾向董仲舒学习公羊派《春秋》，所以对自己的业师怀有深深的崇敬之情，在“五经”儒师的记述中对业师的记述最为详细具体，对董仲舒怀才不遇、仕途坎坷感到不平。

“苍鹰”郅都

郅都者，**杨人**（山西洪洞县）也。**以郎事**（以皇帝的侍从官身份侍奉）孝文帝。孝景时，都为中郎将，敢直谏，**面折**（当面驳斥）大臣于朝。**尝从**（曾经跟从皇帝）入上林，贾姬**如**（到）厕，**野彘**（野猪）**卒**（通“猝”）入厕。**上目**（递眼色，示意）都，都不行。上欲自持**兵**（兵器）救贾姬，都**伏上前**（跪伏在皇帝面前）曰：“**亡**（失）一姬复一姬**进**（进宫），天下所少**宁**（难道）贾姬**等**（一样）乎？陛下**纵自轻**（纵然看轻自己），**奈宗庙太后何**（宗庙、太后怎么办）！”上还，彘亦去。太后闻之，赐都金百斤，由此重郅都。

都为人勇，有气力，公廉，不**发**（打开）**私书**（私人求情的书信），**问遗**（慰劳、馈赠）无所受，**请寄**（请求委托）无所听。常自称曰：“已**倍**（通‘背’，背离）亲而仕，身**固当奉职死节**（本来就应当奉公尽职，为节操而死）官下，终不顾妻子矣。”

郅都**迁**（升）为中尉。丞相条侯**至贵**（官位最高）**倨**（高傲）也，而都揖丞相。是时民朴，**畏罪自重**（怕犯罪而守法自重），而都**独先严酷**（偏偏首先施行严酷的刑罚），**致**（以致）行法不避贵戚，列侯宗室见都**侧目而视**（不敢正眼看），号曰“苍鹰”。

临江王（刘荣，景帝的太子，被废后封为临江王）**征诣**（征召到）中尉府**对簿**（回答质问。簿：文状），临江王欲得刀笔**为书**（写信）**谢上**（向皇上谢罪），而都禁吏不予。**魏其侯**（窦婴，刘荣的太傅）使人**以间与**（在暗中送给）临江王。临江王**既为书谢上**（已经给皇上写了谢罪的信），因自杀。窦太后闻之，怒，**以危法**（用峻法）**中**（陷，伤害）都，都免归家。孝景帝乃使使持节**拜**（授予，任命）都为雁门太守，而**便道之官**（让他由家里直接赴任，不必再到朝廷拜谢），**得以便宜从事**（可以根据实际情况随机处理政事）。匈奴**素**（一向）闻郅都节

(节操),居边,**为**(因为他)引兵去,**竟**(终,直到)郅都死不近雁门。匈奴**至为偶人**(甚至做了木偶人)象郅都,令骑**驰射**(驱马射击),莫能中,**见**(被)惮如此。匈奴患之。窦太后乃竟中都以汉法。景帝曰:"都忠臣。"欲释之。窦太后曰:"临江王**独**(难道)非忠臣邪?"于是遂斩郅都。

——《酷吏列传第六十二》

【故事导读】

《酷吏列传第六十二》共记述了以凶狠残暴、严刑峻法著称的十个官吏,重点记述张汤、王温舒、杜周三人。

张汤的父亲是长安县丞。一次,父亲出门,让年纪很小的张汤在家看门。父亲回来,看到老鼠偷了家里的肉,就发怒鞭打了张汤。张汤掘开老鼠洞,抓出老鼠和老鼠吃剩的肉,在家里设置公堂,审问老鼠,记录审问过程,把判决的罪状报告上级"官署",将老鼠分尸。父亲见他的判词如同老练的法官所写,特别惊讶,就让他学习断案的文书。张汤被周阳侯田胜、宁成、武安侯田蚡等权贵赏识,节节升迁,官至御史大夫。张汤为人多诈,与人交往虽内心不合,但表面装出仰慕的样子。判决要案时一味顺承旨意,得到汉武帝的恩宠。

王温舒年轻时干盗墓等坏事,侍奉张汤而升为御史。他任用下属都选择豪放勇敢之人,在广平办案一次就株连一千多家,罪大者灭族,罪小者处死,处死的人血流十余里。天子听后,认为他有才能,擢升其为中尉。王温舒为人谄媚,善于巴结有权势之人;即使是皇亲,他也欺侮,审理奸猾之民必定穷究其罪,大多数人被打得皮开肉绽,死于狱中。

杜周就是当年审理司马迁案子的酷吏。他外表和善,内心阴沉,残刻至骨,善于窥测皇帝的意图。皇帝想排挤的人,他趁机加以陷害;皇帝想宽释的人,他长期囚禁待审,故意显示犯人有冤情。当了廷尉后,二千石级的官员被拘捕的达一百多人,要审理的案件一年中达一千多件。杜周治理政事,残酷暴烈比王温舒有过之而无不及。

《“苍鹰”郅都》中的郅都是西汉时期河东郡杨县人。汉文帝在位时,他担任郎官。汉景帝继位后,他又晋升为中郎将。郅都性格耿直,敢于直言进谏,经常当面训斥有过错的大臣,很快就得到了汉景帝的信任与重用。当时,丞相条侯尊贵傲慢,郅都对他只是作揖行礼。这个时期,社会安定,民风淳朴,人们不轻易触犯法律。犯法的人多是皇亲国戚、功臣列侯。郅都率先采用酷刑,致使列侯和皇室贵族都胆战心惊,不敢正视他的眼睛。人们背后叫他“苍鹰”,形容他执法异常凶狠。

汉景帝废掉的太子临江王刘荣,因为占用宗庙的土地修建宫室而犯了法,被传到中尉府受审,由郅都负责审理。当时临江王非常害怕,请求郅都给他纸和笔,想直接写信给汉景帝谢罪,郅都没有答应。这时魏其侯窦婴派人偷偷给临江王送去纸和笔,临江王写完谢罪信后就自杀了。窦太后知道此事后大怒,怨恨郅都连皇上的儿子都不肯宽容,就逼汉景帝罢了郅都的官,把他遣送回家。

郅都回家后不久,汉景帝就派专使来到郅都的家乡,任命他为雁门郡太守,命令他前去抗击匈奴。匈奴人对郅都的为人处世早有耳闻,一听说他来戍守边境,个个惊恐万分,立即带领军队撤了回去,从此远离雁门。一直到郅都死,匈奴人都不敢靠近雁门郡。郅都虽是酷吏,但与其他酷吏比,其“伉直”及“行法不避贵戚”“奉职死节官下,终不顾妻子”等廉洁奉公的品德和“居岁余,郡中不拾遗”的治绩,得到了司马迁的赞扬。

张骞出使西域

张骞，**汉中**(陕西安康市)人，建元中为**郎**(皇帝侍从官)。是时天子问匈奴降者，皆言匈奴破**月氏**(ròu zhī，阿富汗北部)王，以其头为饮器，月氏遁逃而常怨仇匈奴，无与共击之。汉方欲事灭胡，闻此言，因欲通使。道**必更**(一定要经过)匈奴中，**乃募能使者**(于是招募能出使的人)。骞以郎应募，使月氏，与堂邑氏胡奴甘父俱出陇西。经匈奴，匈奴得之，**传诣**(用驿车送到)单于。单于**留**(扣留)之，曰："月氏在吾北，汉何以得往使？吾欲使越，汉肯听我乎？"留骞十余岁，与妻，有子，然骞持汉节不失。

居匈奴中，**益宽**(看管渐渐宽松)，骞**因**(趁机)与其属**亡**(逃跑)**乡**(通"向")月氏，西走数十日至**大宛**(哈萨克斯坦与乌兹别克斯坦交界地区)。大宛闻汉之**饶**(丰饶)财，欲通不得，见骞，喜，问曰："**若**(你)欲**何之**(之何，到哪里)？"骞曰："为汉**使**(出使)月氏，而为匈奴所闭道。今亡，**唯**(希望)王使人**导送**(引导护送)我。**诚得**(如果真的能)至，**反**(通'返')汉，汉之**赂遗**(馈赠)王财物不可**胜**(尽)言。"大宛以为然，遣骞，为发导**驿**(通"译"，翻译)，抵**康居**(哈萨克斯坦南部)，康居**传致**(用驿车送到)大月氏。大月氏王已为胡所杀，立其太子为王。**既臣**(已经臣服)**大夏**(阿富汗北部)而居，地肥饶，少寇，志**安**(安逸)乐。又自以远汉，**殊无报**(一点儿都没有报复。殊：非常，很)胡之心。骞从月氏至大夏，竟不能得月氏**要领**(明确的态度)。

留岁余，还，**并**(bàng，沿着)南山，欲从**羌中**(新疆东南部羌族部落)归，复为匈奴所得。留岁余，单于死，左**谷蠡**(lù lí)王攻其太子自立，国内乱，骞与胡妻及堂邑父俱亡归汉。汉**拜**(授予，任命)骞为太中大夫，堂邑父为奉使君。

骞为人**强**(坚强)力，宽大信人，蛮夷爱之。堂邑父**故**(以前)胡人，善射，**穷急**(窘困时)射禽兽**给**(补给)食。初，骞行时百余人，去十三岁，唯二人得还。

——《大宛列传第六十三》

【故事导读】

《大宛列传第六十三》是一篇详细记述打通丝绸之路全过程的最原始的珍贵资料。全文分两部分,前一部分记述了张骞两次出使西域的经过，后一部分着重记述了李广利征伐大宛的过程。张骞第一次出使西域,历经十三年,最后只有两人回到汉朝。回来后,他向汉武帝详细陈述了在大宛、乌孙、康居、奄蔡、月氏、安息、条枝、大夏八个西域国家的见闻,引起了皇帝第二次通西域的想法。

汉武帝任命张骞为中郎将,率三百人,每人两匹马,带上几万只牛羊、价值几千万的布帛等物品,第二次出使西域。到了乌孙国,乌孙国分裂、内乱,国王不敢答应与汉朝交往。张骞便派副使分别出使大宛、康居、月氏等国。返汉后,张骞被任命为大行令,官位在九卿之列。跟随张骞而来的乌孙国使者看到汉朝人多财丰,回去报告国王,国王便开始主动与汉朝来往,此即选文《汗血宝马》。

汉灭南越后,西南夷诸国震恐,请求汉朝在此置官吏并允许他们入朝拜见天子。于是,汉朝在西南夷设置了各郡,准备连成一片,再通往大夏。但被昆明所阻,使者被杀,财物被抢,反复几次后,汉朝放弃了由昆明通往大夏的计划。

自从张骞开辟了通往西域的道路而得到富贵、荣耀后,跟随张骞出使的官员与士卒争相上书,请求充当使者出使西域。他们常常侵吞出使的财物,天子便深究其罪,令其出钱赎罪;赎罪后,这些人一贫如洗,就要求再次出使,将汉朝与西域的物品低买高卖,获取利益。这样,汉朝与西域的交往、贸易就越来越频繁。

汉武帝派使者携带丰厚的财物去换大宛的宝马,遭到大宛的拒绝。为了获得大宛贰师城的良马，汉武帝任命李广利为贰师将军，征讨大宛。军队几经周折,攻破大宛的外城,掠取三千多匹大宛马,与大宛订立盟约后撤军。归国途中,沿途小国纷纷派他们的子弟随军入朝进贡,拜见天子，做人质。后来，汉朝派十几批使者前往大宛西边的国家，在敦煌、酒泉设置郡都尉，沿途设有亭鄣，积聚粮食，以供给来往于丝绸之路的使者。

《张骞出使西域》中的张骞是西汉时期汉中人，汉武帝建元元年（前140年）担任郎官。建元二年（前139年）出使西域，途经匈奴被俘，被扣押了十多年。在匈奴，张骞娶妻生子，但他仍然保存着汉使的符节。时间长了，匈奴对他放松了警惕，张骞与堂邑父骑上马向西逃跑，几十天之后逃到了大宛。历尽千辛万苦，十三年后回到了汉朝。张骞被封为太中大夫，堂邑父被封为奉使君。第二次出使西域回来后，张骞被任命为大行令，官位列于九卿之中。一年后，张骞生病去世。

张骞是我国最早的大探险家，是丝绸之路的开拓者。张骞开辟了通往西域的道路，为汉朝打开了一扇窗户，使人们看到了外面富有神奇色彩的广阔天地，也为东西方文化的传播做出了历史性贡献。

汗血宝马

乌孙使**既**(已经)见汉人众富厚,归报其国,其国**乃益重**(就更加重视)汉。其后岁余,骞所遣使通大夏之**属**(类)者皆**颇**(大多)与其**人**(该国使者)俱来,于是西北国始通于汉矣。然张骞**凿空**(开辟通往西域的通道。空:通"孔"),其后使往者皆称博望侯,**以为质**(以此取信)于外国,外国由此信之。

自博望侯骞死后,匈奴闻汉**通**(交往)乌孙,怒,欲击之。**乃汉使**(于是汉朝出使)乌孙,**若**(或者)出**其**(乌孙)南,抵大宛、大月氏**相属**(相连,络绎不绝),乌孙乃恐,使使献马,愿得**尚**(娶)汉**女翁主**(诸侯王之女)**为昆弟**(结为兄弟之国)。天子问群臣议计,皆曰"必先**纳聘**(收聘礼),然后乃遣女"。初,天子**发书**(打开占卜用的书)《易》,云"神马当从西北来"。得乌孙马好,**名**(命名)曰"天马"。及得大宛汗血马,**益壮**(马更加健壮),更名乌孙马曰"西极",名大宛马曰"天马"云。而汉始**筑**(筑城)**令居**(甘肃永登县)以西,初置酒泉郡以通西北国。因**益发**(更加派)使抵**安息**(伊朗)、**奄蔡**(也称"阖苏",咸海、黑海一带)、**黎轩**(土耳其)、**条枝**(伊拉克)、**身毒国**(天竺,印度、巴基斯坦境内)。而天子好宛马,使者**相望**(络绎不绝)于道。诸使外国一**辈**(批)大者数百,少者百余人,人所**赍操**(携带,指携带的东西。赍,jī)大**放**(通"仿")博望侯时。其后**益习**(出使的事更加习以为常)而**衰少**(出使人数、携带的东西反而逐渐减少)焉。汉**率**(大概)一岁中使多者十余,少者五六辈,远者八九岁,近者数岁而**反**(通"返")。

乌孙以千匹马**聘**(订婚,迎娶)汉女,汉遣宗室女**江都**(江都王刘建)翁主往妻乌孙,乌孙王昆莫以为右夫人。匈奴亦遣女妻昆莫,昆莫以为左夫人。昆莫曰"我老",乃令其孙岑(cén)娶妻翁主。乌孙多马,其富人**至**

(极,最多)有四五千匹马。

——《大宛列传第六十三》

【故事导读】

博望侯张骞死后,汉朝派使者出使乌孙,从它南边到达大宛、月氏,使者接连不断。乌孙感到恐惧,派使者向汉朝献马,希望能娶汉朝诸侯的女儿做妻子,同汉朝结为兄弟之国。汉武帝向群臣征求意见,群臣都说:“一定要先让他们送来聘礼,然后才能把诸侯女嫁过去。”汉武帝将乌孙马命名为“西极”,将大宛马命名为“天马”。汉朝设置酒泉郡,以便沟通西北各国,同时加派使者抵达安息、奄蔡、黎轩、条枝、身毒国。汉武帝喜欢大宛的马,因此出使大宛的使者络绎不绝。

汉武帝派使者出使西域,有其战略上的考虑。最初出使西域,是为了联合月氏、乌孙来制衡匈奴。随着西汉财物大量输入西域,西域的特产、名马、杂技、魔术等进入中原,这时侵掠奇物、扩大疆土便成了目的。而实施的策略,一是沿途步步为营,攻取城池后设置郡县,迁徙百姓定居,派军守卫。二是各个击破,采用金元外交,以大量的财物笼络西域小国。三是采用美女外交,派皇室公主和亲,用婚姻稳固政治关系。四是诱人以利,使者一批批前往,暴富后以法重罚,使他们又一贫如洗,不得不在利益的诱惑下再次出使,如此循环往复,丝绸之路渐渐形成。

吸脓得铜山

邓通，蜀郡**南安**（四川乐山市）人也，以**濯**（通“棹”，划）船为**黄头郎**（头缠黄布的郎官。按照五行，黄色代表土，能克水，故划船的郎官都头缠黄布）。孝文帝梦欲上天，不能，有一黄头郎从后推之上天，**顾**（回头）见其衣**裻**（dǔ，衣衫的横腰）**带**（衣带）后**穿**（洞，有个破洞）。**觉而之渐台**（醒来后去渐台游玩），以梦中阴目求推者郎，即见邓通，其衣后穿，梦中所见也。召问其名姓，姓邓氏，名通，文帝**说**（通“悦”）焉，尊**幸**（宠）之日异。通亦**愿谨**（老实），不好外交，虽赐**洗沐**（官员每五日休假，此指赐他休假），不欲出。于是文帝赏赐通巨万以十数，官至上大夫。文帝时时**如**（到）邓通家**游戏**（游玩）。然邓通无他能，不能有所荐士，**独**（只是）自谨其身以媚上而已。上使善**相者**（相面的人）相通，曰“当贫饿死”。文帝曰：“能富通者在我也。何谓贫乎？”于是赐邓通蜀**严道**（四川荥经县）铜山，得自铸钱，“邓氏钱”布天下。其富如此。

文帝尝病**痈**（yōng，毒疮），邓通常为帝**唶吮**（zuō shǔn，用嘴吸。唶：通“嘬”）之。文帝不乐，**从容**（悠闲随意）问通曰：“天下谁最爱我者乎？”通曰：“**宜**（应该）莫如太子。”太子入问病，文帝使唶痈，唶痈而色难之。已而闻邓通常为帝唶吮之，心惭，由此怨通矣。及文帝崩，景帝立，邓通免，家居。居无何，人有告邓通**盗**（偷偷）出**徼外**（边境线之外。徼，jiào）铸钱。下吏验问，颇有之，遂**竟案**（最终查办），尽**没入**（没收入公府）邓通家，**尚负责**（还负债。责：通“债”）数巨万。**长公主**（景帝的姐姐）赐邓通，吏**辄**（就）随没入之，**一簪**（连一个绾发的簪子）不得**著**（着）身。于是长公主乃令**假**（借，给予）衣食。竟不得**名**（占有）一钱，**寄死人家**（寄住、死在别人家）。

——《佞幸列传第六十五》

【故事导读】

《佞幸列传第六十五》篇幅很短，记述了靠巧言令色取媚于人的三个宠臣的故事。

第一个佞臣是文帝时的邓通，其故事即选文《吸脓得铜山》。

第二个佞臣是武帝时的韩嫣。韩嫣是高祖时期韩王信的曾孙，韩颓当的孙子。他善骑马射箭，善谄媚，常与皇帝同卧同起。江都（江苏扬州市）王刘非进京朝见皇帝时，随皇帝到上林苑打猎，皇帝的车驾因清道警戒未出发，就派韩嫣乘副车先去察看兽类。江都王远远望见韩嫣的车队，还以为是皇帝，赶快趴伏在路旁拜见，韩嫣却若无其事，驰骋而去。江都王羞愤难忍，向太后哭诉，“太后由此嗛（xián，怀恨）嫣”。韩嫣受宠，能自由出入后宫，终因与嫔妃、宫女淫乱而被太后赐死。

第三个佞臣是武帝时的李延年。李延年因犯法被处以宫刑，入宫后给汉武帝养狗。李延年一家都是歌舞艺人，他的妹妹能歌善舞、年轻貌美，被皇帝宠幸入宫，李延年也随即显贵。李延年善歌，常为皇帝创作新歌曲，迎合皇帝，官至二千石。妹妹李夫人死后，李延年渐渐失宠。

《吸脓得铜山》中，邓通是一个不学无术、没有任何特长的宠臣。他善承上意，察言观色，专以谄媚事主，甚至不惜丧失人格吸脓取宠。其暴富暴穷，极具讽刺意味。

齐威王罢长夜之饮

威王大**说**(通"悦"),置酒后宫,召**髡**(kūn)赐之酒。问曰:"先生能饮几何而醉?"对曰:"臣饮一斗亦醉,**一石**(dàn,约今之三十公斤)亦醉。"威王曰:"先生饮一斗而醉,**恶**(wū,怎么)能饮一石哉!其说可得闻乎?"髡曰:"赐酒大王之前,**执法在傍**(执法官站在旁边。傍:通'旁'),御使在后,髡恐惧俯伏而饮,不过一斗**径**(直,就)醉矣。若**亲**(父母)有**严客**(尊客),髡**帣**(juǎn,通'卷',卷起袖子)**韝鞠**(gōu jū,弯腰)**跽**(jì,曲身跪坐),侍酒于前,时赐**余沥**(剩酒),**奉觞上寿**(举杯敬酒),**数起**(多次起身敬酒),饮不过二斗径醉矣。若朋友交游,久不相见,**卒**(通'猝')然相睹,欢然**道故**(说过去,叙旧),私情相语,饮**可**(大约)五六斗径醉矣。若乃**州闾**(乡里,邻里)之会,男女杂坐,行酒**稽留**(停留,长时间饮宴),**六博投壶**(一种游戏),**相引为曹**(呼朋唤友,相邀成对。曹:结伴),握手无罚,**目眙不禁**(眉目传情,不受禁止。眙,chì,直视),前有**堕**(丢掉的)**珥**(ěr,耳饰),后有遗簪,髡**窃**(私下)乐此,饮可八斗而醉**二参**(二三分醉意。参:三)。日暮酒**阑**(尽,结束),**合尊**(酒桌合并。尊:通'樽')**促坐**(靠近坐),男女同席,履**舄**(xì,鞋)交错,杯盘狼藉,堂上烛灭,主人留髡而送客,**罗襦**(薄纱短衣)襟解,微闻**芗**(通'香')泽,当此之时,髡心最欢,能饮一石。故曰酒极则乱,乐极则悲;万事尽然。"**言不可极**(以上这些话,说的是凡事不可到极点),极之而衰,以**讽谏**(用委婉含蓄的话规劝)焉。齐王曰:"善。"乃罢长夜之饮,以髡为诸侯主客。宗室置酒,髡**尝**(通"常")在侧。

——《滑稽列传第六十六》

【故事导读】

《滑稽列传第六十六》分两部分，前面是司马迁所写，后面是褚少孙的补叙。

司马迁所写，第一个是淳于髡。淳于髡身高不足七尺，为人滑稽，能言善辩。齐威王彻夜宴饮，不理朝政，文武百官荒淫放纵，国家危亡在旦夕之间。淳于髡用隐语讽谏，收到奇效。楚国进犯齐境，齐王派淳于髡带上微薄的礼物出使赵国求救，淳于髡仰天大笑，用故事讽谏齐王，齐王"乃益赍黄金千溢，白璧十双，车马百驷"。出使成功，赵王派兵十万、战车千乘来救齐。齐威王很高兴，后宫设宴，款待淳于髡。长夜之饮，淳于髡从一斗、二斗说到五斗，再到八斗、一石，欲擒故纵却又绘声绘色，韵散交错，如行云流水，达到了劝谏齐威王不要过度饮酒的目的。

第二个是优孟。

第三个是优旃。优旃身材矮小，擅长言辞。秦始皇宫中设宴，正遇大雨，卫士淋雨受寒，优旃故意在群臣祝酒、高呼万岁时对卫士大声说："你们虽然长得高大，但有何好处？只能露天淋雨。我虽然长得矮小，却有幸在殿内休息。"于是，秦始皇准许卫士减半值班，轮流休息。秦始皇想扩建苑囿，面积数百里，优旃说："好！多养禽兽，敌人来犯时派麋鹿去用角抵抗就够了。"二世想用漆涂饰城墙，优旃说："漆城虽然耗费巨大，但城墙光亮平滑了，敌人爬不上来。但难办的是在哪儿找个大房子把城墙装进去阴干呢？"

褚少孙的补叙，重点记述了东方朔、西门豹两个人。

优孟哭马

优孟，**故**（原来）楚之乐人也。长八尺，**多辩**（善辩），常以谈笑讽谏。楚庄王之时，有所爱马，衣以**文**（通"纹"）绣，置之华屋之下，席以**露**（无帷帐）床，啖以枣脯。马**病肥**（得肥胖症）死，使群臣丧之，欲以棺**椁**（guǒ，棺材外面套的大棺材）大夫礼葬之。左右争之，以为不可。王下令曰："有敢以马谏者，罪至死。"优孟闻之，入殿门，仰天大哭。王惊而问其故。优孟曰："马者王之所爱也，以楚国堂堂之大，何求不得，而以大夫礼葬之，薄，请以人君礼葬之。"王曰："何如？"对曰："臣请以雕玉为棺，文**梓**（zǐ）为椁，**楩枫豫章为题凑**（楩、枫、豫、章：贵重木材。章：通'樟'。题凑：护棺的木头），**发**（派）甲卒为穿**圹**（kuàng，墓穴），老弱负土，齐赵**陪位**（陪侍，陪祭）于前，韩魏**翼卫**（护卫）其后，**庙**（为之建庙）食**太牢**（有牛、羊、猪的祭祀），奉以万户之邑。诸侯闻之，皆知大王贱人而贵马也。"王曰："寡人之过**一**（竟）至此乎？为之奈何？"优孟曰："请为大王**六畜**（马、牛、羊、鸡、犬、猪）葬之。以**垄灶**（土灶）为椁，铜**历**（lì，同'鬲'，锅）为棺，**赍**（jī，给予）以姜枣，**荐**（垫，加进）以木兰，祭以**粳**（jīng）稻，衣以火光，葬之于人腹肠。"于是王乃使以马**属**（交给）**太官**（主管皇帝膳食的官），无令天下久**闻**（传扬）也。

——《滑稽列传第六十六》

【故事导读】

本文与《优孟衣冠》是 2005 年全国高考语文试题的原文。

优孟是春秋时楚国著名的演杂戏的人，擅长滑稽讽谏。楚庄王平生喜欢马，喜欢到了发狂的程度。他有一匹宝马，他为这匹马披上华丽的锦绣，养在一间雕梁画栋的房子里，还让它睡在松软舒适的床上，喂的是香甜的枣脯。时间久了,这匹马由于营养过剩,得了肥胖症死了。楚庄王对爱马的死非常伤心,下令要按大夫的礼仪为死马举行盛大的葬礼,让大臣们为死马戴孝送葬。大臣们都认为楚庄王这样做太过分了,但是楚庄王一向专横跋扈,大臣们都敢怒不取言。优孟听说此事后,径直闯入宫中,仰天大哭,声泪俱下,边哭边说:"堂堂楚国要什么没有,却只用大夫的礼仪埋葬国王的爱马,实在太薄待马了。应该用国君的葬礼来安葬马!"庄王听了他的话,恍然大悟,面带愧色,说:"难道寡人的过错竟然到了这样的地步吗?这事怎么办好呢?"优孟趁机答道:"用土灶作为椁,用铜锅作为棺,放进姜、枣作为陪葬品,用稻草作为祭品,用火光作为马的衣裳,把它安葬在人的肚子里。"优孟不按常规出牌,正话反说,反而出奇制胜,获得了超乎寻常的效果。

优孟衣冠

楚相孙叔敖知**其**(优孟)贤人也,善待之。病**且**(将要)死,**属**(通“嘱”)其子曰:“我死,汝必贫困。**若**(你)往见优孟,言我孙叔敖之子也。”居数年,其子穷困**负薪**(打柴,卖柴),逢优孟,与言曰:“我,孙叔敖子也。父且死时,属我贫困往见优孟。”优孟曰:“**若无远有所之**(你不要到远处去。意谓恐怕楚王日后找他找不到)。”即**为**(穿上)孙叔敖衣冠,**抵掌谈语**(模仿孙叔敖的手势、声音。抵掌:击掌)。岁余,像孙叔敖,楚王及左右不能别也。庄王置酒,优孟前**为寿**(敬酒,祝福)。庄王大惊,以为孙叔敖复生也,欲以为相。优孟曰:“请归与妇计之,**三日**(三日之后)而为相。”庄王许之。三日后,优孟复来。王曰:“妇言谓何?”孟曰:“妇言**慎**(千万)无为,楚相不足为也。如孙叔敖之为楚相,尽忠为廉以治楚,楚王得以霸。今死,其子无立锥之地,贫困负薪以**自饮食**(自己打柴谋生)。必如孙叔敖,不如自杀。”因歌曰:“山居耕田苦,难以得食。起而为吏,身**贪鄙**(贪婪卑鄙)者**余财**(积下余财),不顾耻辱。身死家室富,又恐受**赇**(qiú,贿赂)枉法,为奸触大罪,身死而家灭。贪吏安可为也!**念**(想,一想到)为廉吏,奉法守职,**竟**(终,直到)死不敢为非,廉吏安可为也!楚相孙叔敖持廉至死,方今妻子穷困负薪而食,不足为也!”于是庄王谢优孟,乃召孙叔敖子,封之**寝丘**(河南沈丘县)四百户,以奉其祀。

——《滑稽列传第六十六》

【故事导读】

楚国宰相孙叔敖很看重优孟的人品与才能,待他很好。优孟也视孙叔敖为知己。孙叔敖患病将要死的时候,嘱咐儿子说:"我死之后,你一定很穷困,到那时,你可以去找优孟,就说你是孙叔敖的儿子,他一定会想办法帮助你的。"

孙叔敖死后没几年,他的儿子果然变得穷困潦倒,靠打柴度日。一天,孙叔敖的儿子在去打柴的路上遇到了优孟。他对优孟说:"我是孙叔敖的儿子,我父亲临死的时候,嘱咐我贫困时就来找你。"优孟安慰他说:"你不要忧愁,我会帮你想办法,希望你不要到远处去。"

优孟回家后,就制作了一套孙叔敖生前穿戴的衣帽,自己穿戴起来,然后开始模仿孙叔敖的音容笑貌、动作举止。经过一年多的练习,优孟模仿得神态逼真。

有一天,楚庄王大摆筵席,优孟穿戴上孙叔敖生前的装束,上前祝酒,举止神态,活像孙叔敖。楚庄王见了,大吃一惊,以为孙叔敖复活了。楚庄王由于很怀念孙叔敖,就想假戏真做,任命优孟为楚国国相。优孟一口回绝,说:"我不能做楚国的国相,已故国相孙叔敖忠心廉洁,一心为公,他的儿子却靠打柴为生。若当孙叔敖那样的国相,还不如自杀!"说着便唱了起来,以此讽谏楚庄王。楚庄王听后很自责,深感愧对已故国相孙叔敖,便召见了孙叔敖的儿子,封他四百户城邑,用来祭奠孙叔敖,以后一直延续到第十代。

优孟衣冠的故事,演化为成语优孟衣冠,也成为后世戏曲的素材。

狂人东方朔

武帝时，齐人有东方生名朔，**以好古传**（因为爱好古代的史传之类）书，爱经术，多所博观**外家之语**（诸子百家的作品）。朔初入长安，至**公车**（公车府，官署名）上书，**凡**（共）用三千**奏牍**（给皇帝上书所用的木片。当时无纸，字都写在竹简或木片上）。公车令两人共持举其书，**仅然能胜之**（刚刚能抬动）。人主从**上方**（即“尚方”，皇帝的居处）读之，**止**（每读完一段），**辄乙**（就画个钩，做个记号）其处，读之二月乃尽。诏拜以为郎，常在侧**侍中**（在宫廷听候支使）。数召至前谈语，人主未尝不**说**（通“悦”）也。时诏赐之食于前。饭已，尽**怀**（怀揣）其余肉持去，衣尽污。数赐缣帛，**檐揭**（用肩扛着）而去。**徒**（只，专门）用所赐钱帛，**取**（娶）少妇于长安中好女。**率**（大概）取妇一岁所者即弃去，更取妇。所赐钱财**尽索之于女子**（全都花在了女人身上）。人主左右诸郎半呼之“狂人”。人主闻之，曰：“**令朔在事无为是行者**（假如东方朔当官行事没有这些荒唐行为），**若等安能**（你们怎么能）及之哉！”朔任其子为郎，又为侍**谒者**（为皇帝掌管传达和收发文书的官），常持节出使。朔行殿中，郎谓之曰：“人皆以先生为狂。”朔曰：“如朔等，所谓避世于朝廷闲者也。古之人，乃避世于深山中。”时坐席中，酒酣，**据**（趴）地歌曰：“**陆沉**（陆地无水而下沉，喻沦落、隐居）**于俗**（在世俗中），避世金马门。宫殿中可以避世全身，何必深山之中，蒿庐之下。”金马门者，宦者署门也，门**傍**（通“旁”）有铜马，故谓之曰“金马门”。

——《滑稽列传第六十六》

【故事导读】

东方朔是个狂人。博士们聚会，大家认为东方朔恃才傲物、狂妄自大，就故意嘲讽他为官数十年，仅仅混了个侍郎而已。他反驳道："此一时，彼一时。今天天下太平，诸侯宾服，治理国家贤与不肖有何区别？假使苏秦、张仪与我同时代，他们恐怕连侍郎也当不上。"一次，他语重心长地劝武帝远离小人，不要听信谗言。武帝听后，觉得很奇怪，就感叹地说："今天东方朔倒说了很多好话！"不久，东方朔病死。

东方朔是西汉著名的文学家。武帝时，征召四方贤士，东方朔上书自荐，诏拜为郎。东方朔说话诙谐，言辞敏捷，滑稽多智，在武帝面前谈笑取乐，借机谈政治、说农本，但皇帝始终把他当作俳优（演滑稽戏的艺人。俳，pái）看待，不予重用。东方朔著述颇丰，代表作是《答客难》《非有先生论》。在伴君如伴虎的朝堂，东方朔举止洒脱，不拘世俗，被人们称为"大隐"；在中国历史上，东方朔是智慧的化身，是游戏人生的典范。

西门豹治邺

至其时，西门豹往**会**（会面）之河上。**三老**（掌管教化的官）、官属、**豪长**（豪绅，当地有势力的人）者、**里父老**（乡间有名望的老人）皆会，**以**（同“与”，以及）人民往观之者三二千人。其巫，老女子也，已年七十。从弟子女十人所，皆**衣**（穿着）**缯**（丝织品）单衣，立大巫后。西门豹曰：“呼河伯妇来，视其**好**（美，漂亮）丑。”**即**（就）将女出帷中，来至前。豹视之，**顾**（回头）谓三老、巫祝、父老曰：“**是**（这个）女子不好，烦大巫妪为入报河伯，得**更**（另外）求好女，后日送之。”即使吏卒共抱大巫妪投之河中。有顷，曰：“巫妪何久也？弟子**趣**（通‘促’）之！”复以弟子一人投河中。有顷，曰：“弟子何久也？复使一人趣之！”复投一弟子河中。**凡**（共）投三弟子。西门豹曰：“巫妪弟子是女子也，不能**白**（告诉，禀报）事，烦三老为入白之。”复投三老河中。西门豹**簪笔**（把毛插在簪上，当作笔）**磬折**（像石磬那样弯着腰，做出恭敬的样子），向河立待良久。长老、吏**傍**（通“旁”）观者皆惊恐。西门豹顾曰：“巫妪、三老不来还，奈之何？”欲复使**廷掾**（县廷中的官吏）与豪长者一人入趣之。皆叩头，叩头**且**（将要）破，额血流地，色如死灰。西门豹曰：“诺，**且留待之须臾**（暂且再等一会儿）。”须臾，豹曰：“廷掾起矣。**状**（看样子，估计）河伯留客之久，**若**（你，你们）皆罢去归矣！”邺吏民大惊恐，从是以后，不敢复言为河伯娶妇。

——《滑稽列传第六十六》

【故事导读】

西门豹是魏文帝时的邺县(河北临漳县)县令。到任后,看见这里人烟稀少,土地荒芜,一片凄凉。他召集长老,查问原因。长老说:“邺县的三老、廷掾勾结巫婆,假托为‘河伯娶妇’,搜刮民财,强选民女投入河中,将大部分搜刮来的钱财私分;多年来,这里年轻姑娘很多都被沉入河里,送去给河神做媳妇了;有女孩的人家都怕巫婆看中自己的女儿,大都带着女儿远走他乡了,所以人越来越少,也越来越穷了。”

西门豹一听,就问:“老人家,河伯是谁啊?”老人叹了口气,回答:“这河伯啊,是漳河的神,他每年要娶一个年轻漂亮的姑娘。要是不给他送一个姑娘的话,他就会生气,生起气来啊,就会让漳河发大水,把我们的田地和村庄全淹了。”西门豹问:“是谁说河伯要娶媳妇的?”长老说:“巫婆、三老和廷掾!”西门豹知道了事情的原委,就对老人说:“等到下次河伯娶媳妇的时候,麻烦您告诉我一下,我也去送送那个姑娘。”

到了河神娶妇的日子,西门豹早早来到河边,在河伯娶妇的仪式上,他接连将大巫婆、大巫婆的三个弟子、三老投入河中。从此,邺县谁也不敢再提为河神娶妇的事了。西门豹以其政治智慧和远见卓识,惩恶扬善,兴修水利,使邺地由贫而富,美名远扬,其恩泽流芳后世。

肩负使命著信史

太史公（司马谈，司马迁之父）**既掌天官**（已经掌管天文之学），**不治民**（不治理民事）。有子曰迁。

迁生**龙门**（陕西韩城市），耕牧河山之**阳**（山之南、河之北）。年十岁则诵**古文**（经书）。二十而南游江、淮，上会稽，**探**（探寻）**禹穴**（会稽山上洞穴名。相传禹曾进去过，故称“禹穴”），**窥九嶷**（窥察九嶷山。相传舜巡狩至此而死，葬于此。九嶷山在湖南宁远县。嶷，yí），**浮**（游，乘船）于沅、湘；北涉汶、泗，**讲业**（讲习儒学）齐、鲁之都，观孔子之遗风，**乡射**（举行乡射之礼）邹、**峄**（yì，山东邹城市）；厄困**鄱**（同“蕃”，山东滕州市）、薛、**彭城**（江苏徐州市），过梁、**楚**（河南睢阳区）以归。于是迁仕为**郎中**（皇帝侍从官），奉使**西征**（此指考察）巴、蜀以南，南**略**（视察）**邛**（qióng，四川西昌市）、**笮**（zuó，四川汉源县）、昆明，**还**（返回朝廷）报命。

是岁（前110年）天子始建汉家之**封**（封禅大典），而太史公留**滞**（因病留）**周南**（河南洛阳市），**不得与从事**（不能参与封禅大典。司马谈参加过封禅典仪的制定，封禅活动又是太史令应管之事，故其深以不能参与此次活动为憾），故发**愤**（愤懑）**且卒**（将要死）。而子迁**适使反**（刚好出使返回），见父于河洛之间。太史公执迁手而泣曰：“余**先**（祖先）周室之太史也。自上世**尝**（曾经）显功名于虞夏，**典**（主管）天官事。后世中衰，**绝**（断绝）于予乎？汝复为太史，则续吾**祖**（祖先的事业）矣。今天子**接**（继续）千岁之**统**（一统大业），封泰山，而余不得从行，是命也夫，命也夫！余死，汝必为太史；为太史，无忘吾所欲**论著**（指写《史记》）矣。且夫孝始于事亲，中于事君，终于立身。扬名于后世，以显父母，此孝之大者。夫天下称诵周公，言其能**论歌**（论述、歌颂）**文武**（周文王、周武王）之德，宣**周**（周公）**邵**（召公。邵：通‘召’，shào）之风，**达**（通晓）太王王季之思虑，**爰及**（乃至。爰，yuán）公刘，以尊**后稷**（周朝的祖先)也。**幽厉**(周幽王、周厉王)之后,王道缺,礼乐衰,孔子**修旧**(编修旧有的典籍)**起废**(振兴废弃的礼乐),**论**(研究阐释)《诗》《书》,作《春秋》,则学者至今**则之**(以之为准则)。自**获麟**(鲁哀公西狩获麟)以来四百有余岁,而诸侯相**兼**(兼并),**史记放绝**(各国史书散失断绝)。今汉兴,海内一统,明主贤君忠臣死义之士,余**为**(作为)太史而**弗论载**(没能论述、记载),废天下之**史文**(历史文书),余甚惧焉,汝其**念**(想,记在心上)哉!"迁俯首流涕曰:"小子不**敏**(聪敏),请**悉论**(全部阐发)先人**所次旧闻**(所依次编辑的旧史逸闻),弗敢**阙**(通'缺')。"

七年(前99年)而太史公遭李陵之祸,幽于**缧绁**(léi xiè,捆绑犯人的绳索,借指牢狱)。乃喟然而叹曰:"**是**(这是)余之罪也夫?是余之罪也夫!身毁**不用**(没有用)矣。"退而深**惟**(思)曰:"夫《诗》《书》**隐约**(含蓄简约)者,欲**遂**(实现,表达)其**志**(思想)之**思**(思绪,情绪)也。昔西伯拘**羑里**(河南汤阴县。羑,yǒu),**演**(推演)《周易》;孔子**厄**(困)陈蔡,作《春秋》;屈原放逐,著《离骚》;左丘失明,**厥**(jué,乃)有《国语》;孙子**膑脚**(双腿被处以膑刑),而**论**(论撰)《兵法》;不韦迁蜀,世传《吕览》;韩非囚秦,《说难》《孤愤》;《诗》三百篇,大抵贤圣**发**(抒发)愤之所为作也。此人皆**意**(心中)有所郁结,不得**通**(实现)其**道**(理想)也,故**述**(追述)往事,思**来**(未来)者。"

——《太史公自序第七十》

【故事导读】

《太史公自序第七十》是《史记》的最后一篇,也是司马迁的自传。全文分两大部分,第一部分叙述自己的生平、家世与写作《史记》的缘由,

第二部分是《史记》各篇的小序,介绍了各篇的基本内容。

司马迁的家世,历经千年,作者仅用三百多字,谱系井然;儒、墨、名、法、道、阴阳六家学派,作者分析要旨,指陈得失;自己的少年经历,接受父亲遗嘱,悲慨诚挚;围绕《史记》与《春秋》的关系,与壶遂辩论,洋洋洒洒;遭逢李陵之祸,被囚禁狱中,抑郁不平;《史记》一百三十篇,每篇序言几十字,一篇一段,行列整齐,最后叙述一百三十篇总目,百川归海。

司马迁十岁开始学习《尚书》,老师是大名鼎鼎的经学家孔安国。后来学习《春秋》,老师即儒学大师董仲舒。二十岁游历全国,返回长安做了皇帝的近侍郎中,跟随汉武帝到过甘肃平凉崆峒,奉使出使过巴蜀、昆明。元封元年(前110年),汉武帝在泰山举行封禅大典,步骑十八万,旌旗千余里,浩浩荡荡。司马迁的父亲司马谈是史官,本应从行,但因病滞留洛阳。临终前,他拉着儿子的手哭道:“我们的先祖是周朝的太史,远在虞夏时就已扬名,后世衰落,今天会断绝在我的手里吗?天子封禅大典,作为起草拟定封禅典仪的史官,我却不能随行,这是命吗?这是命啊!我死之后,你要继续我们祖先的事业,立身扬名。”司马迁俯首流泪,向父亲郑重承诺,一定牢记父亲的谆谆嘱托,不辜负父亲的殷切期望。

接受父亲遗嘱后,司马迁赶往泰山,参加封禅大典。元封三年(前108年),司马迁三十八岁,子承父业,正式做了太史令。太初元年(前104年)动手著《史记》。天汉二年(前99年),因替李陵辩说,惹怒汉武帝,被下监狱,处以宫刑,囚于狱中。太始元年(前96年),汉武帝改元,大赦天下,五十岁的司马迁走出了监狱。出狱后,他继续著史,征和二年(前91年)《史记》完成。第二年,司马迁逝世。

《史记》开创了我国传记文学的先河,其主体部分是十二本纪、三十世家、七十列传,其中列传是全书的精华。《史记》“其文直,其事核,不虚美,不隐恶,故谓之实录”(班固),《史记》是“史家之绝唱,无韵之离骚”(鲁迅)。二十四史,《史记》是公认的成就最高的史家之经典。

后　记

2012 年开始研读《史记》，至今八九年时间了。从最初下载、打印，到依据中华书局三家注版本一篇一篇校对，再到逐篇注释、研读；从手不释卷反复品读，到旁批点评；最后，直到书中某一人物、事件，前后贯通、立体地呈现在脑海中时，四五年过去了。这时，才觉得读《史记》读得有点眉目了。

2015 年，我尝试将《史记》中的一部分篇目作为教学内容加进课堂。当时，正值高二下学期、高三上学期，学生面临高考，课业繁忙，但我们师生共同挤时间、赶进度，在保证高考复习的情况下，一年内学完了十二篇本纪和近十篇列传。

与此同时，我制订计划，确定篇目，开始辅导本校老师的孩子学习《史记》。从初一开始，利用一百二十次课，学习近五十篇作品。其间，孩子们兴趣浓厚，我也乐在其中。两年结束时，我让这些孩子做高二年级的文言文试题与高考文言文试题，让人惊喜的是这些孩子阅读速度很快、得分也高，许多孩子的文言文能力与高二学生不相上下。我坚信，有趣的《史记》学习，奠定的是这些孩子未来在历史与文言文方面的坚实基础。

偶然的一次，宁夏社会科学院历史研究所所长、区域历史文化研究专家薛正昌先生看到我打印、注释过的一摞《史记》文稿，建议我以“点评本”出版。我想：研究《史记》的名家辈出，我这样一个喜好《史记》的无名小卒哪敢点评？随着我对《史记》一遍又一遍的品读，随着所教的一届又一届孩子的喜爱，我决定精选故事，通过引导读者阅读《史记》里的故事来提高其文言文阅读能力，积淀中国历史与文化知识，从而进一步了解《史记》。考虑到初一、初二的孩子尚能读得津津有味，我便选取了文言文故事。最初，觉得这一工作轻车熟路，应该很轻松，等到花了大半年的时间筛选出故事、做了注释后，才发现后面的导读不轻松。一是量大，涉及了《史记》除十表、八书以外的八十篇作品；二是最初雄心勃勃，将原著里的每一篇作品从头到尾都做了概括介绍，后来发现这样做的结果是书的文字量大增，重史却轻文，反而很繁琐。于是，推倒重来，改为只叙述和选文故事相关的情节，并引导阅读、评述故事。但由于能力所限，仅此一项就耗去了一年中的所有业余时间。

作为一名教师，我的天地是很狭小的，除了工作，业余时间几乎都在乱翻书刊。平日喜静不喜闹，喜独处不喜群聚，这样的生活很无趣，但它让我有充足的时间做一些自己想做的事。兴之所使，先后出版了《高中语文知识与能力训练》《高中课外阅读读引》《高一古诗文诵读》《高二古诗文诵读》《高中古代文化常识》，参与编著了《固原二中三十年》《山村孩子的城市学校》《百善孝为先》，发表了十余篇教育教学方面的论文和近二十篇报告文学、通讯。转眼间几十年过去了，这些都已成历史。今天，这本《〈史记〉故事导读》，算是给我退休前的生活和从教四十一年画了一个句号。

借此，谨向在以上书籍出版时曾给予我大力支持的固原二中原校长韩宏先生、宁夏六盘山高级中学校长金存钰先生、宁夏育才中学校长邓树栋先生表示衷心的感谢！谨向在本书出版中给予我倾心帮助的阳光出版社社长唐晴女士及严谨细致的编辑李少敏道一声谢谢！

王国忠

2021 年 1 月